gut gedacht ist halb gelöst

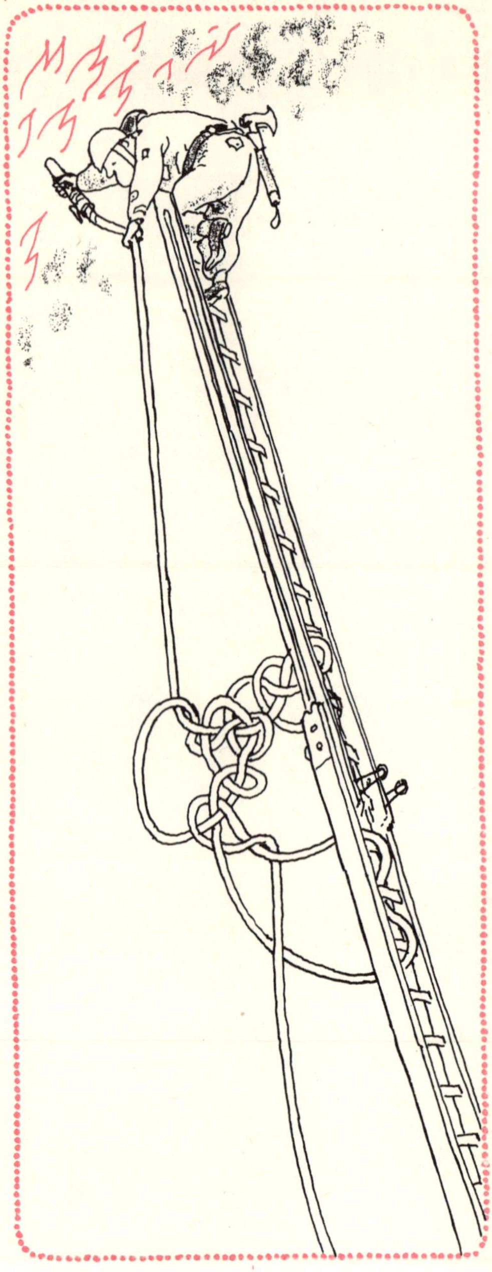

gut gedacht ist halb gelöst

200 Knobeleien

Klaus Freyer
Rainer Gaebler
Werner Möckel

AULIS VERLAG
DEUBNER & CO KG
KÖLN

Bestell-Nr. 3560
4. für den Aulis Verlag veranstaltete Auflage

Leipzig/Jena/Berlin
Verlag für populärwissenschaftliche Literatur, 1972
Lizenzausgabe für den AULIS VERLAG DEUBNER & CO KG
Köln, 1981
Printed in the German Democratic Republic
ISBN 3-7614-0175-2

Inhalt

Physikalische Denkaufgaben

Was Wärme vermag

Wasser und Luft

Wo Kräfte walten

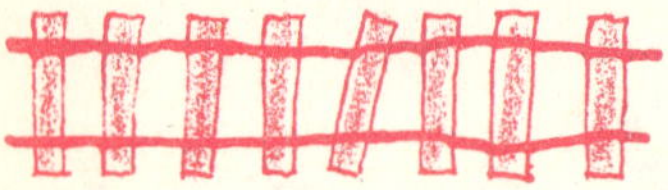

Licht und Elektrizität – zwei gute Bekannte

Was – wie – warum?

Mathematische Denkaufgaben

Es müssen nicht immer gleich Formeln sein!

Schon Grundkenntnisse genügen!

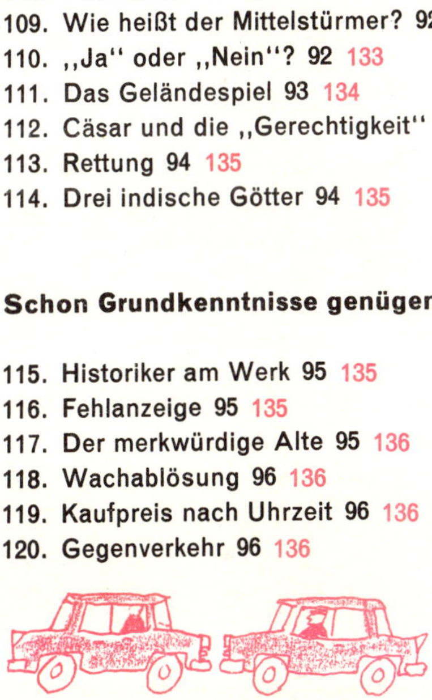

Auf den Ansatz kommt es an!

Die Anschauung nicht vergessen!

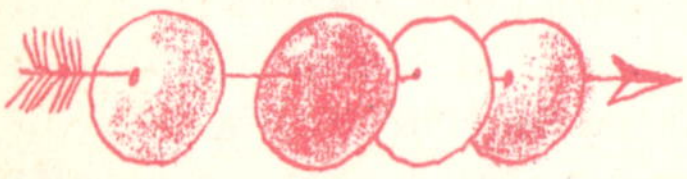

Kombiniere – Rechne – Schlußfolgere!

Fortsetzung und Verallgemeinerung führen zum Ziel!

Vorwort

Im vorliegenden Buch ist eine Vielzahl unterhaltsamer Denkaufgaben aus verschiedenen Teilgebieten von Mathematik und Physik zusammengestellt worden. Es handelt sich nicht um ein Lehrbuch, sondern um eine Auswahl von Problemen, die vorwiegend durch logische Betrachtungen mit einem Minimum an Rechenaufwand gelöst werden sollen und auch gelöst werden können. Mit den Aufgaben und den dazugehörigen Lösungen soll gezeigt werden, daß Physik und Mathematik nicht nur aus aufwendigen Rechnungen und langen schwierigen Formeln bestehen, sondern daß logisches Denken hier wie auch auf allen anderen Gebieten der Wissenschaft besonders wichtig ist. Der Schwierigkeitsgrad der Aufgaben ist unterschiedlich und so gestaltet, daß Schüler des 5. bis 12. Schuljahres eine Fülle interessanter Probleme vorfinden. Innerhalb der einzelnen Abschnitte — nach Sachgebieten im weiteren Sinne eingeteilt — wurde eine Abstufung nach dem Schwierigkeitsgrad der Aufgaben angestrebt. Dabei wurde berücksichtigt, daß Sachgebiete, die sowohl hinsichtlich des Denk- und Schlußfolgerungsvermögens als auch im Hinblick auf die formalrechnerischen Voraussetzungen keine großen Schwierigkeiten bereiten, als Einführung in schwierigere Zusammenhänge dienen können. Sie stehen deshalb am Anfang der beiden Hauptteile. Lösungen, die für den betreffenden Aufgabentyp charakteristisch sind, wurden im Lösungsteil durch einen roten Pfeil hervorgehoben. Hat sich der Leser mit einer derartigen Lösung gründlich vertraut gemacht, wird es ihm leichter fallen, die der betreffenden Aufgabe unmittelbar folgenden zu bewältigen. Im Inhaltsverzeichnis sind die Seiten, auf denen sich die Lösungen befinden, durch rote Ziffern gekennzeichnet.

Die Grundgedanken vieler der hier zusammengetragenen Probleme, vor allem der mathematischen, sind zum Teil seit Hunderten von Jahren bekannt. In erster Linie jedoch wurde eine Auswahl von Aufgaben getroffen, die solche Gebiete der Mathematik vertreten, die für den heutigen Stand der mathematischen Wissenschaft besonders wichtig sind. Selbstverständlich kann dabei keinesfalls der Anspruch auf Vollständigkeit geltend gemacht werden. Auf jeden Fall aber waren die Bearbeiter dieser Aufgabensammlung bemüht, breitesten Kreisen gerecht zu werden und Probleme zu stellen, die — sieht man einmal von den durch die Altersstufen bedingten Unterschieden des Denk- und Schlußfolgerungsvermögens der Schüler ab — von jedem interessierten Leser gelöst werden können. Und gewiß wird es ihm auch eine innere Befriedigung bereiten, vom Einfachen zum Komplizierten vorzudringen.

Die im Text verstreuten, als Scherzaufgaben zu wertenden „Bilderrätsel" sollen den Leser beim Nachdenken hin und wieder zu wenig anstrengenden Verschnaufpausen anregen.

Physikalische Denkaufgaben

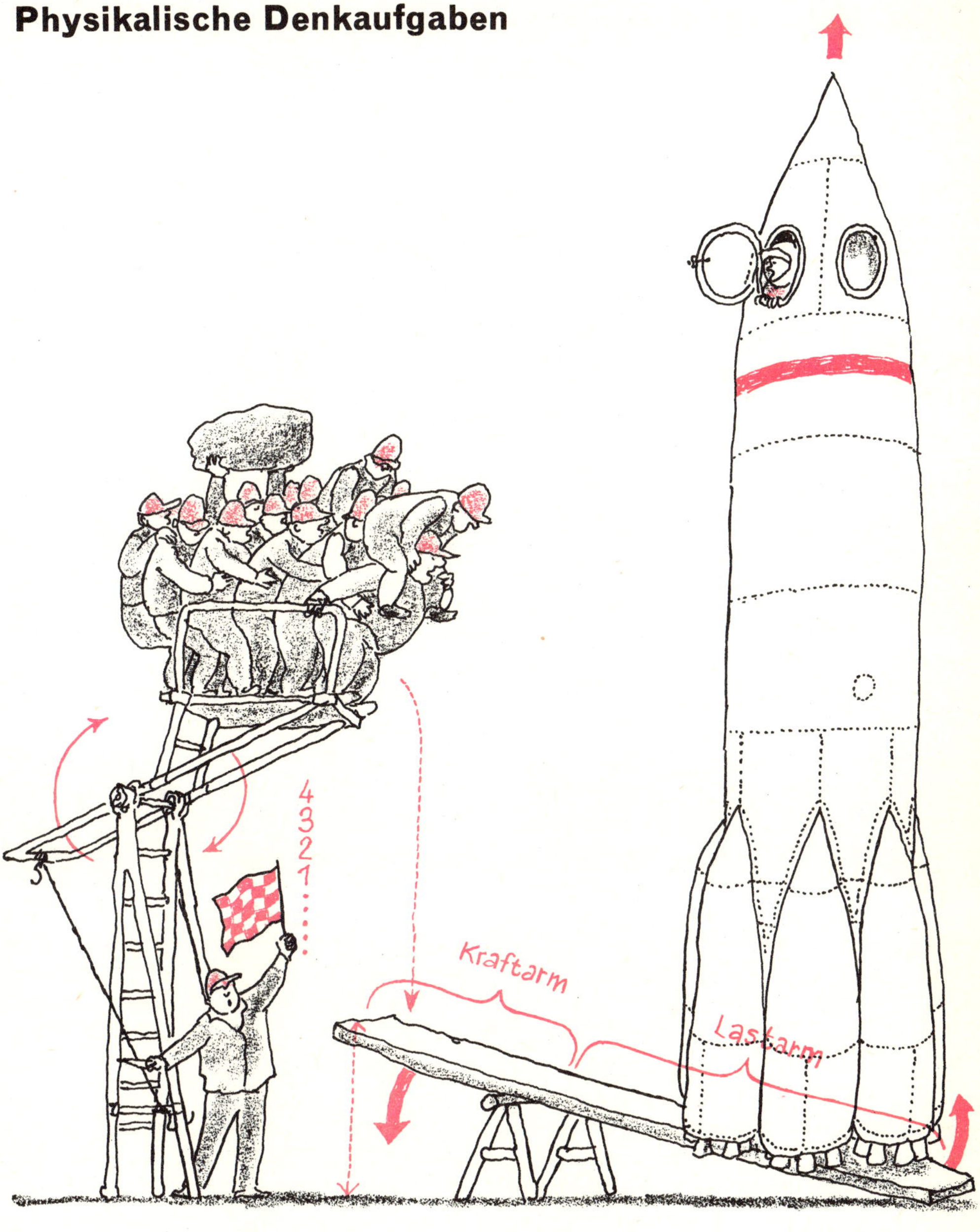

Was Wärme vermag

1. Das „Innenleben" einer Hohlkugel

Alle festen und flüssigen Körper (mit Ausnahme des Wassers in einem kleinen Temperaturbereich) erlangen bei Erwärmung ein größeres Volumen: Sie dehnen sich aus.
Wird der Durchmesser des im Innern einer eisernen Hohlkugel befindlichen Raumes größer oder kleiner, wenn wir die Kugel erwärmen?

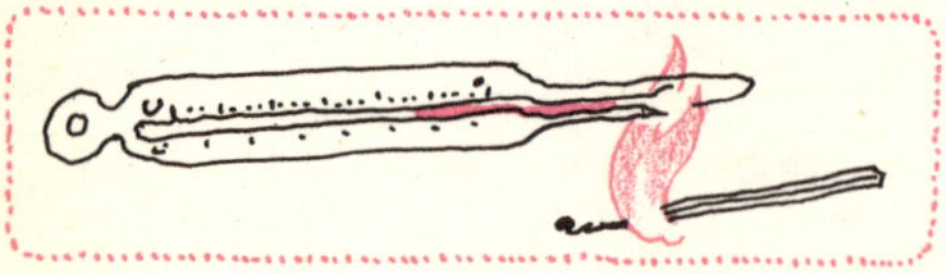

2. Spuk im Thermometer?

Wenn man ein brennendes Streichholz unter den Vorratsbehälter eines Zimmerthermometers – meist ein kugeliges oder zylindrisches Gefäß – hält, kann man beobachten, daß im ersten Moment der Quecksilberspiegel etwas absinkt und dann rasch steigt.
Wie ist diese Erscheinung zu erklären?

3. Scherben...

Bei Versuchen im Chemieunterricht gibt es häufig Scherben, weil die verwendeten Glasgeräte, wie Bechergläser, Erlenmeyerkolben und Reagenzgläser, meist sehr dünnwandig sind.
Warum werden solche Geräte nicht aus dickerem Glas gefertigt?

4. Die verbeulte Teeflasche

Eine Studentengruppe befand sich ein paar Wochen auf dem Lande, um bei der Ernte zu helfen. Einer der Studenten hatte sich eine dünnwandige, luftdicht verschraubbare Aluminiumflasche mitgebracht. Jeden Morgen füllte er sie randvoll mit heißem Tee, um in der Mittagspause eine Erfrischung zu haben. Am Abreisetag stellte der Student fest, daß der Behälter über und über mit Einbuchtungen bedeckt war, obwohl die Flasche nie heruntergefallen oder auf andere Weise mechanisch beschädigt worden war.
Wie sind die Beulen wohl zustandegekommen?

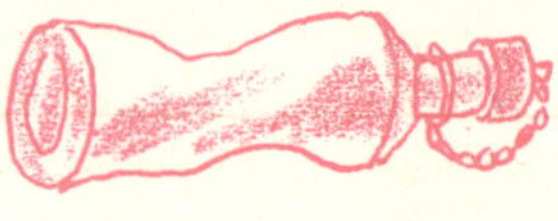

5. Die gefüllte Glaskugel

Physikalische Experimente bringen häufig überraschende Ergebnisse. Stellen Sie sich vor, daß eine dünnwandige, mit Wasser ge-

füllte Hohlkugel aus Glas an einem Faden frei in der Luft hängt. Sie hat an der Unterseite eine haardünne Öffnung.
Läuft das Wasser aus oder nicht? Begründen Sie Ihre Antwort!

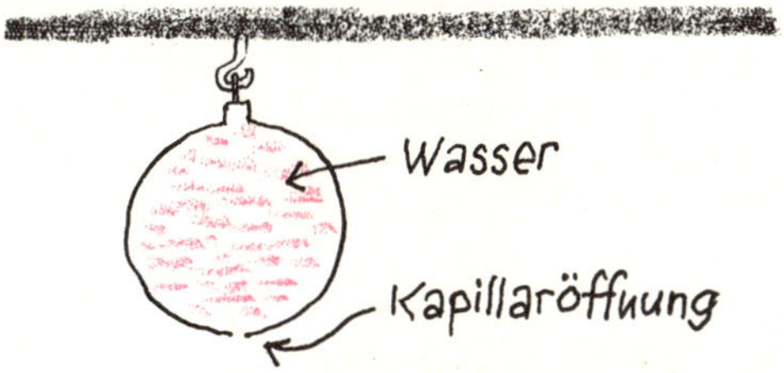

6. Eine dünne Stelle im Eis

Auf einem Stausee, der von einer dicken Eisdecke überzogen war, brach eines Tages ein Junge ein. Er konnte in letzter Minute vor dem Ertrinken gerettet werden. Eine Untersuchung des Unglücksfalles ergab, daß sich unter der Einbruchstelle die Reste eines Gebäudes befanden, die beim Anlegen des Sees mit überflutet worden waren.
Warum war an dieser Stelle das Eis weniger fest als an anderen?

7. Trinkwasser aus Eisschollen?

Zwei Seeleute erzählten, daß ihr Schiff auf einer Fahrt durch das Nördliche Eismeer bei einer Havarie den Trinkwasservorrat verlor. Da das salzige Meerwasser nicht als Trinkwasser zu verwenden ist, wurden einige der im Wasser schwimmenden Eisstücke aufgefischt und geschmolzen.
War das auf diese Weise gewonnene Wasser genießbar, oder war es ebenso salzig wie das Meerwasser?

8. Zweige auf der Waage

Auf jeder Schale einer Hebelwaage steht ein mit Wasser gefülltes Becherglas. In ein Glas wird ein Zweig gesteckt, ein zweiter, gleich schwerer Zweig wird quer über das andere Glas gelegt, so daß er das Wasser nicht berührt. Zu diesem Zeitpunkt befindet sich die Waage im Gleichgewicht.
Wie verhält sich die Waage, wenn der flach auf dem Glas liegende Zweig vertrocknet?

9. „Wasserkessel-Raten"

Petra stellt zwei gleich große Wasserkessel von gleicher Form auf die heiße Herdplatte. Der erste Kessel ist fast bis zum Rand gefüllt, der zweite enthält nur wenig Wasser. Als das Wasser in beiden Kesseln siedet, ruft Petra ihre Freundinnen herein und fordert sie auf, den Kessel mit der kleineren Wassermenge zu bestimmen, ohne die Kessel anzuheben oder in sie hineinzuschauen.
Wie können sie die Aufgabe lösen?

10. Tanzende Wassertropfen

In zwei Metallschalen – die eine wenig über 100°C erwärmt, die andere bis zur Rotglut erhitzt – läßt man je einen Wassertropfen fallen.
In welcher Schale verdampft der Tropfen schneller?

11. Überraschung beim Einkochen

Läßt sich der Konservierungsvorgang abkürzen, wenn man Gemüse in luftdicht verschlossenen Blechdosen statt im Wasserbad über dem offenen Feuer einkocht?

12. Thermometer als Höhenmesser?

Bei einer Wanderung im Gebirge ergab sich die Frage, wie man die Höhe der Berggipfel bestimmen könne. Ein Tourist behauptete, daß man auch mit einem Thermometer recht genau Höhen messen könne.
Ist eine Höhenbestimmung auf diese Weise möglich?

13. Sieden durch Abkühlung?

Klaus und Peter erwärmten Wasser in einem Glaskolben bis zum Sieden. Sie verschlossen das Gefäß mit einem Korken und hielten es dann mit der verschlossenen Öffnung nach unten. Nun gossen sie kaltes Wasser über den Boden des Kolbens, worauf das Wasser erneut heftig zu sieden begann.
Wie ist diese Erscheinung zu erklären?

14. Eine merkwürdige Lücke

Heiner beobachtet vorüberfahrende Züge. Bei Dampflokomotiven fällt ihm auf, daß die Dampfwolken im Gegensatz zu den Rauchwolken erst in einem gewissen Abstand hinter bzw. über dem Schornstein der Lokomotive sichtbar werden.
Worauf ist dies zurückzuführen?

15. Eis und Wasser

Ein Kilogramm Eis mit einer Temperatur von 0°C, das sich in einem Thermosbehälter befindet, wird mit einem Kilogramm siedendem Wasser (100°C) übergossen.
Welche Temperatur hat das Wasser, sobald das Eis restlos geschmolzen ist?

16. Wasser kontra Frost

Seit einigen Tagen herrscht leichter Frost. Als Uwe beim Umgraben im Garten hilft, macht er eine interessante Feststellung: Der trockene Boden unter einem Baum an der Stelle, wo ein Plastzelt gestanden hat, ist

tiefer eingefroren als das feuchte Erdreich im übrigen Garten.
Wie kann man sich diese Erscheinung erklären?

17. Kaltes oder heißes Wasser?

Frau B. hatte nach dem Feuermachen die Tür des Ofens offengelassen und war unvorsichtigerweise aus der Wohnung gegangen. Glühende Kohle fiel auf den Fußboden und verursachte einen Brand. Ihre Nachbarn brachen die Wohnungstür auf und rückten dem Feuer zu Leibe. Wasser war in genügender Menge vorhanden: In der Küche standen zwei mit kaltem Wasser gefüllte Eimer, und auf dem Herd befanden sich mehrere große Töpfe, in denen Wasser brodelte. Sie löschten das Feuer mit dem Wasser aus den beiden Eimern und mit Wasser, das sie der Wasserleitung entnahmen. Die Töpfe mit dem siedenden Wasser ließen sie auf dem Herd stehen.
Wäre es nicht wirksamer gewesen, zum Löschen des Brandes das heiße Wasser zu verwenden?

18. Lieber blasen als Blasen

Soll heiße Suppe abkühlen, rührt man sie um. Auch das Hineinblasen bewirkt ein Kühlerwerden.
Worauf beruht der Abkühlungseffekt?

19. Abkühlung durch Reibung

Jeder weiß, daß durch Reibung Wärme entsteht, auch bei der Reibung eines Körpers an der Luft. Zum Beispiel werden Erdsatelliten, die mit hohen Geschwindigkeiten in die Atmosphäre eintauchen, so stark erwärmt, daß sie verdampfen.
Hält man die Hand aus dem Fenster eines schnellfahrenden Zuges, so spürt man die Reibung, empfindet jedoch eine Abkühlung der Hand. Warum?

20. Trockene Hitze

Wissenschaftler stellten fest, daß ein Mensch in trockener Luft Temperaturen von 55°C bis 60°C ertragen kann, ohne dabei Schaden zu nehmen, während er in Wasser mit gleicher Temperatur Verbrühungen davontragen würde.
Warum ist das so?

21. Teekannen physikalisch untersucht

Zwei Studenten, die ein Zimmer gemeinsam bewohnten, bereiteten sich regelmäßig zum Abendessen Tee. Beide verwendeten bis zum Rand gefüllte Teekessel von gleicher geometrischer Form, jedoch von unterschiedlicher Größe. In welchem der beiden Kessel kühlte der Tee nach dem Aufbrühen schneller ab?

22. Kühlt Milch heißen Kaffee ab?

Von mehr theoretischem als praktischem Wert – die Effekte sind äußerst gering – ist folgendes Problem: Ein Gast, der in großer Eile ist, hat beim Ober eine Tasse Kaffee mit Milch bestellt. Der Kaffee ist beim Servieren sehr warm. Der Gast muß also eine bestimmte Zeit warten, bis der Kaffee soweit abgekühlt ist, daß er ihn trinken kann.
Ist es nun günstiger, die Milch sofort in den Kaffee zu gießen und das Getränk abkühlen zu lassen, oder sollte man besser Kaffee und Milch getrennt stehen lassen und erst nach einer gewissen Zeit die Milch zugießen? Bei welcher Verfahrensweise kann der Gast den Milchkaffee eher trinken?

23. Heißes Essen

Zu hastiges Essen warmer Speisen kann unangenehme Folgen haben. Obwohl die Wärmekapazität des flüssigen Teils einer Suppe größer ist als die der darin schwimmenden Kartoffelstückchen, verbrüht man sich beispielsweise den Gaumen eher an einem Kartoffelstückchen als an einem Löffel Flüssigkeit.
Wodurch ist das zu erklären?

24. Eine „warme" Blechdose

Steckt man die Hand in eine leere Dose aus blankem Blech, so hat man das Gefühl, im Innern des Behälters sei es wärmer als außerhalb. Beim Berühren des Metalls stellt man aber fest, daß das Metall relativ kühl ist. Wodurch wird diese merkwürdige Erscheinung hervorgerufen?

25. Eis im Federbett

Gerd hatte einige Freunde eingeladen. Für jeden kaufte er eine Portion Speiseeis. Leider war der elektrische Kühlschrank defekt, und das Eis drohte zu schmelzen, ehe er seine Freunde damit überraschen konnte. Er überlegte, wie er den Schmelzprozeß verhindern oder doch wenigstens verzögern könnte. Gerd tat etwas Außergewöhnliches: Er steckte die Schüssel mit den Eisportionen unter ein Federbett. Hatte er damit Erfolg?

26. Kühlschrank als Klimaregler?

Martin saß an einem heißen Sommertag schwitzend über seinen Schularbeiten. War sein Gedanke richtig, die Zimmertemperatur durch Öffnen der Tür des elektrischen Kühlschrankes herabzusetzen?

Wasser und Luft

27. Seltsame Mischung

Dirk will sein neues Luftgewehr ausprobieren. Beim Öffnen der Blechschachtel, in der sich die Luftgewehrmunition befindet, passiert ihm ein Mißgeschick: Alle Bleikugeln fallen in eine Kiste voller Sägespäne. Mühsam liest Dirk einige Kugeln heraus. Schon will er seine Bemühungen aufgeben, da kommt ihm ein Gedanke, wie er die Bleikugeln schnell von den Sägespänen trennen kann. – Was ist ihm eingefallen?

28. Ein guter Einfall

Als Dieter eines Tages aus der Schule nach Hause kam, lief ihm seine Schwester weinend entgegen. Ihr Ball war in ein senkrecht in die Erde eingegrabenes Tonrohr gefallen, das zum Aufstellen eines Pfahls dienen sollte. Das enge Rohr war so tief in die Erde eingelassen, daß der Ball mit den Händen nicht ergriffen werden konnte. Dieter kam auf eine Idee, und nach kurzer Zeit war der Ball mit einfachen Mitteln wieder herausgeholt. – Wie gelang ihm das?

29. Der „weiche" Eimer

Für eine Campingausrüstung wäre ein leichter, „zusammenlegbarer" Eimer aus weichem, wasserdichtem Stoff geradezu ideal. Nehmen wir an, wir füllen einen derartigen „Ersatz"-Eimer mit Wasser. Der Behälter würde sofort in sich zusammensinken, sobald wir ihn auf den Boden stellten. Das Wasser liefe aus. Wäre es nicht zweckmäßig, am oberen Eimerrand innen einen Schwimmkörper, z.B. einen Holzring oder auch einen aufblasbaren Gummiring, anzubringen?
Kann der Eimer dann aufgestellt werden, ohne in sich zusammenzusinken?

30. Tiefgang

Ein Hochsee-Frachtschiff nahm oberhalb der Mündung des Ganges Ladung auf. Das Schiff lag danach bis zur Lademarke im Wasser.

Warum befand sich später im offenen Meer die Lademarke ein beträchtliches Stück über dem Wasserspiegel?

31. Mit dem Waschzuber in Seenot

Hartmut und sein Freund waren eines Tages in einem Waschzuber auf einen See „hinausgerudert". Plötzlich kam heftiger Wind auf, und die Wanne, deren Rand nur wenig über die Wasseroberfläche hinausragte, drohte umzukippen.
Wie konnten die beiden Jungen das Kentern verhindern?

32. Münchhausen und die Badewanne

Nachdem Hartmut erzählt hatte, wie sein Freund und er sich aus einer gefährlichen Situation gerettet hatten, in die sie bei einer „Waschzuberreise" geraten waren, meinte einer ihrer Schulkameraden, er habe einmal eine Zinkbadewanne in einem Gewässer so weit vor sich hertreiben lassen, bis er den Grund des Gewässers mit seinen Füßen gerade noch berühren konnte. Dann habe er die Wanne umgedreht, so daß sie mit dem Boden nach oben auf dem Wasser lag. Auf diese Weise sei der Rand der Wanne unter Wasser gekommen, und dieses „Gefährt" habe deshalb nicht sinken können. Nachdem Hartmut eine Weile nachgedacht hatte, war er davon überzeugt, daß der Bericht seines Schulkameraden nicht der Wahrheit entsprach.
Welche Überlegung hatte Hartmut angestellt?

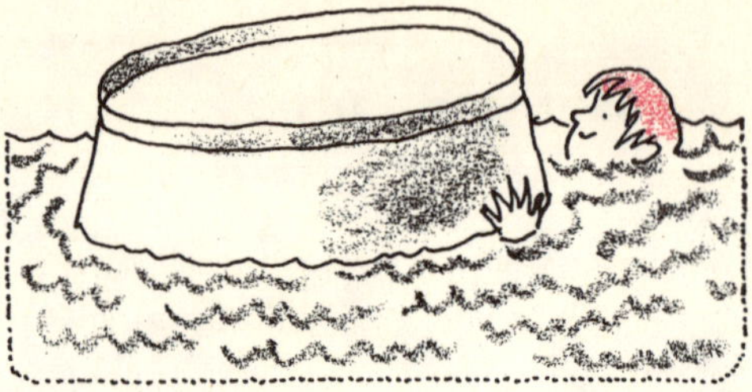

33. Essig und Öl

Zum Camping nehmen Müllers auch Öl und Essig für die Zubereitung von Salaten mit. Um nicht zwei Flaschen einpacken zu müssen, gießt Herr Müller Essig und Öl zusammen in eine Flasche.
Wie soll nun Frau Müller die für die einzelnen Gerichte doch recht unterschiedlichen Mengen Essig und Öl aus dieser Flasche entnehmen?

34. Identifizierung

In einem Glasgefäß befinden sich zwei geschmacklose, nicht miteinander mischbare farblose Flüssigkeiten von unterschiedlicher Dichte. Eine von ihnen ist Wasser.
Auf welche Weise kann man mit einfachen Mitteln feststellen, welche dieser beiden Flüssigkeiten Wasser ist?

35. Randvolle Gläser

Zwei Freunde sitzen in einer Gaststätte und lassen sich je ein Glas Selterswasser bringen. Die Gläser sind bis zum Rand mit Flüssigkeit gefüllt, und in jedem Glas schwimmt ein großer Eiswürfel. Der eine greift hastig zu seinem Glas, um sofort zu trinken, weil er fürchtet, das Glas könne überlaufen, wenn der Eiswürfel schmilzt.
Ist seine Befürchtung berechtigt?

36. Läuft das Glas über?

Die Lösung der Aufgabe 35 ist aber nur dann richtig, wenn der Eiswürfel in Wasser, in einer Flüssigkeit mit der Dichte $\varrho = 1 g/cm^3$, schwimmt. Was wäre beim Schmelzen des Eiswürfels geschehen, wenn nicht Wasser, sondern eine spezifisch leichtere Flüssigkeit (z. B. reiner Alkohol mit $\varrho = 0{,}79 g/cm^3$) oder eine spezifisch schwere Flüssigkeit mit einer Temperatur von 0°C im Glas gewesen wäre?
Allerdings erheben wir unsere Aufgabe mit dieser Frage zu einem rein theoretischen Problem. Aus verständlichen Gründen „empfiehlt" es sich nicht, ein „Getränk", dem zum Beispiel eine spezifisch schwerere Flüssigkeit beigegeben wurde, zu servieren!

37. Die hängende Schraube

Auf einer Waage steht eine zu Dreiviertel mit Wasser gefüllte Schüssel. Wirft man eine eiserne Schraube hinein, so zeigt die Waage eine Massenzunahme entsprechend dem Gewicht der Schraube an.
Ist auch dann eine Massenzunahme feststellbar, wenn die Schraube, an einem dünnen Faden hängend, in das Wasser gehalten wird?

38. Schiffe auf der Brücke

Ein älterer Kanal, der an verschiedenen Stellen über Straßen und andere Verkehrswege führt, soll auch von größeren Schiffen befahren werden. Ein Ingenieur wird damit beauftragt, alle Anlagen des Kanals auf technisch einwandfreien Zustand zu überprüfen, denn die Wasserstraße, die für Schiffe bis 500 Tonnen gebaut worden war, soll nunmehr auch von Schiffen bis zu einer Gesamtmasse von 1000 Tonnen befahren werden.
Mußte die Tragfähigkeit der Brücken, über die der Kanal führt, erhöht werden?

39. Experiment in der Badewanne

Manfred sitzt in der Badewanne und läßt sein großes Schiff aus Kunststoff schwimmen. Es ist voll beladen mit Messingschrauben. Plötzlich kippt das Schiff um, und die Messingschrauben fallen ins Wasser.
Steigt der Wasserspiegel in der Wanne?

40. Landratten im Segelboot

Unerfahrene Segelsportler, die in Küstennähe ankerten, gerieten in Gefahr, als der Anker bei schwerem Seegang losgerissen wurde und das Boot zu stranden drohte.
Was hatten sie falsch gemacht?

41. Kraftprobe

Zwei gleich schwere, oben offene zylindrische Gefäße mit gleich großen Rauminhalten, jedoch unterschiedlichen Höhen und mit verschiedenen Durchmessern sollen mit der Öffnung nach unten senkrecht so weit in Wasser eingetaucht werden, daß sich ihre Bodenflächen gerade unter der Wasseroberfläche befinden (s. Skizze).
Bei welchem Gefäß muß eine größere Kraft aufgewendet werden, um es unter der Wasseroberfläche zu halten?

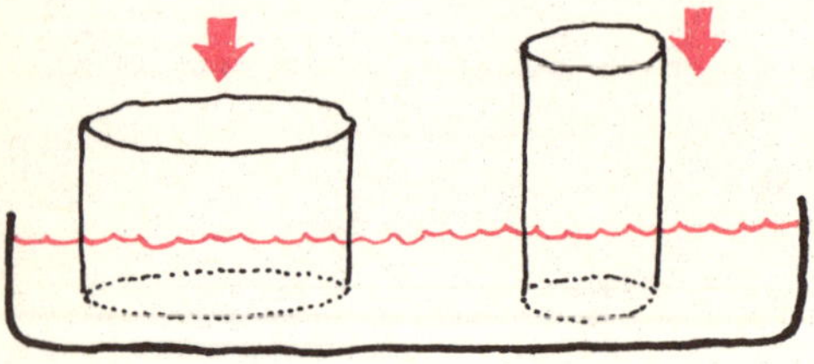

42. Wasserstoff oder Helium?

Meßgeräte für kosmische Strahlung werden an gasgefüllten Ballons in große Höhen emporgetragen (Radiosonden).
Mit welchem Gas (Wasserstoff oder Helium) müßte man einen solchen Ballon füllen, damit er eine möglichst große Tragfähigkeit besitzt?

43. Kontrollwägung

Eine Laborantin ermittelt die Masse einer bestimmten Flüssigkeitsmenge, die auf nahezu 100°C erwärmt ist, mit Hilfe einer Präzisionswaage. Sie wiederholt zur Kontrolle einige Stunden später die Wägung. Die Flüssigkeit ist in der Zwischenzeit auf Zimmertemperatur abgekühlt.
Stimmen unter der Voraussetzung, daß sich die Flüssigkeitsmenge – beispielsweise durch Verdunsten – nicht geändert hat, die Ergebnisse der beiden Wägungen überein?

44. Ärger beim Staubwischen

An einem kalten Wintertag kommt Ingrid aus der Schule nach Hause. Die Mutter hat gerade Staub gewischt. Sie steht am offenen Fenster und schüttelt den Staublappen aus. Dabei wird jedoch viel Staub wieder ins Zimmer hereingeweht.
Ingrid weiß aus dem Physikunterricht die Erklärung dafür. Sie sagt der Mutter, was sie tun muß, damit der Staub draußen bleibt. Wie lautet ihre Erklärung?

45. Trockene Luft

Während ihres Studiums wohnten zwei Physikstudenten in einem fernbeheizten Zimmer. Die Heizkörper waren dicht unter den Fenstern angebracht. Um die Luftfeuchtigkeit im Zimmer zu erhöhen, hingen an den Heizkörpern keramische Verdunstungsgefäße, die oben offen waren. Da den Studenten die Luft im Zimmer trotzdem zu

trocken schien, führten sie Luftfeuchtemessungen durch. Dabei stellten sie fest, daß in einiger Entfernung vom Heizkörper keine Erhöhung der Luftfeuchtigkeit zu verzeichnen war, selbst dann noch nicht, als sie anstelle der normalen Verdunstungsgefäße flache, wassergefüllte Schalen oder nasse Tücher verwendeten.
Welche Ursache lag dieser Erscheinung zugrunde?

46. Ein Schuß unter Wasser

Nach dem Training unterhielten sich Sportschützen darüber, ob es möglich sei, auch unter Wasser, beispielsweise auf dem Meeresgrund, mit einer Pistole zu schießen. Was kann zu diesem Problem gesagt werden?

47. Grundwasser

In manchen Kleingartenanlagen wird das Wasser noch mit Hilfe von Schwengelpumpen aus den tieferen Schichten an die Erdoberfläche gepumpt. Beide Ventile einer solchen Pumpe haben Durchlaßrichtungen von unten nach oben. Eines der beiden Ventile ist am unteren Ende des Zylinders, das andere im Pumpenkolben eingebaut. Wird der Kolben mit Hilfe des Schwengels

nach oben gezogen, so entsteht im Zylinder ein Unterdruck. Dadurch wird das Wasser durch das untere Ventil in den Zylinder gesaugt. Wird der Kolben wieder nach unten bewegt, so strömt das im Zylinder befindliche Wasser bei geschlossenem unteren Ventil durch das obere Ventil in den Raum über dem Kolben, und dieses übergeströmte Wasser fließt beim nächsten Hub über ein seitlich angesetztes Rohr nach außen ab.
Kann mit einer solchen Pumpe das Wasser aus einer Tiefe von 20 m heraufgepumpt werden?

48. Das Ei in der Milchflasche

Versuchen Sie doch einmal, ein geschältes, hartgekochtes Ei in eine gewöhnliche Milchflasche hineinzuschieben! Das ist nicht einfach, denn die in der Flasche eingeschlossene Luft drückt gegen das Ei und erschwert das Einschieben.
Wollen Sie das Ei wieder aus der Flasche herausholen, so verschließt es beim Umdrehen der Flasche zunächst den Flaschenhals von innen. Es wirkt wie ein Kugelventil. Wissen Sie, wie das Ei unbeschädigt und ohne die Flasche zu zerstören in diese hinein- und wieder aus ihr herausgebracht werden kann?

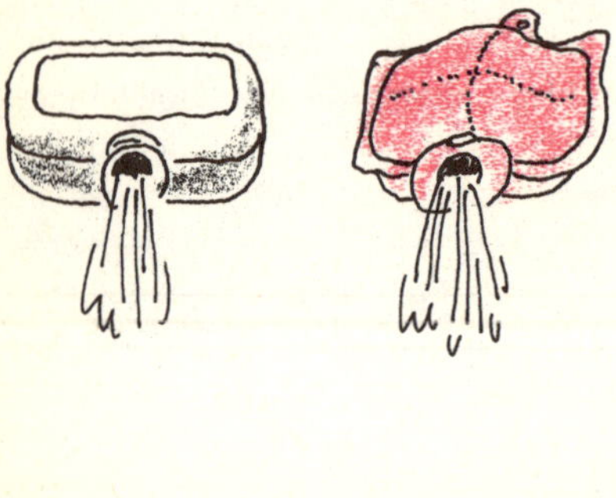

49. Wärmflaschen

Aus zwei gleich großen Wärmflaschen von gleicher geometrischer Form wird die gleiche Menge Wasser gleichzeitig ausgegossen. Die eine der Wärmflaschen besteht aus Gummi, die andere aus Metall. Welche der beiden ist zuerst leer?

Wo Kräfte walten

50. Rätsel um Hünengräber

Manches Hünengrab besteht aus einem riesigen, viele hundert Tonnen schweren Findling, der auf niedrigen, säulenähnlichen Steinen ruht. Bis heute ist nicht genau bekannt, wie diese riesigen Steine gehoben und auf die kleineren Steine gesetzt worden sind. Man kann durch eine einfache Rechnung ermitteln, daß dazu mehrere tausend Menschen gleichzeitig hätten ihre Kräfte vereinigen müssen, denn schiefe Ebenen oder gar Kräne waren damals noch unbekannt. Wegen des kleinen Umfangs der Steinblöcke konnten aber nicht so viele Menschen gleichzeitig zufassen.

Auf welche Weise können solche Riesenblöcke, die doch immerhin eine beträchtliche Masse haben, auf die kleineren Steine gebracht worden sein?

51. Schieben oder ziehen?

Rainer und sein Vater transportieren auf einem Handwagen Dünger für den Garten. Dabei muß Rainer den Wagen schieben, während der Vater an der Deichsel zieht. Rainer möchte lieber ziehen, aber der Vater meint, die jetzige Arbeitsteilung sei für beide besser.
Worauf gründet sich diese Behauptung?

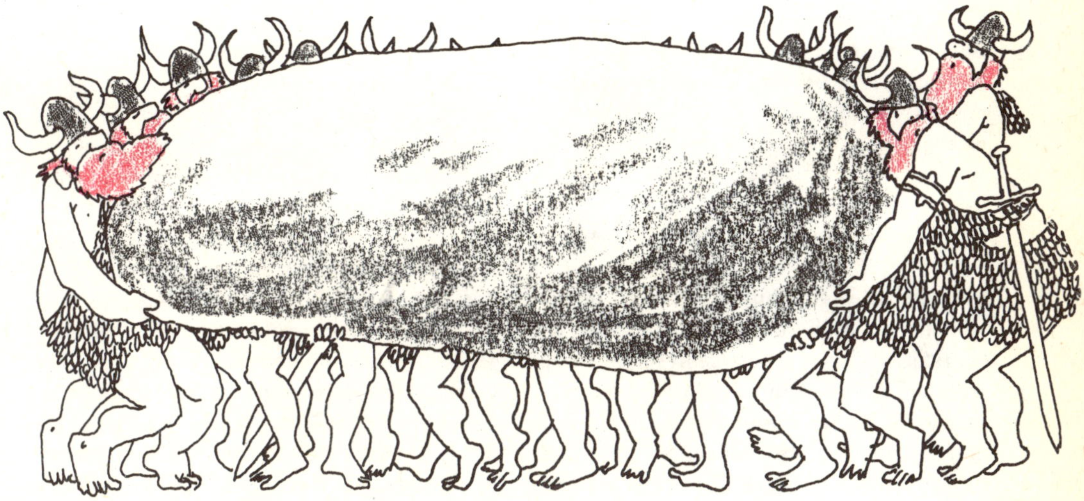

52. Winterliche Fahrbahnen

An zweispurigen, in beiden Richtungen etwa gleich häufig befahrenen, geneigten Fahrbahnen (Abhängen) beobachtet man im Winter eine merkwürdige Erscheinung. Auf der Fahrbahnseite mit abwärts führendem Verkehr liegt eine geschlossene, festgefahrene Schneedecke.
Warum aber ist die Schneedecke auf der Fahrbahnseite für den aufwärtsführenden Verkehr aufgewühlt und mit stark verschmutzten Schneeschollen übersät?

53. Schnelle Überfahrt

Eine Schulklasse hatte Wandertag. Um den letzten Zug nach Hause zu erreichen, mußten sich die Kinder beeilen. Auf dem Weg zum Bahnhof hatten sie einen Fluß mit relativ starker Strömung zu überqueren. Da es keine Brücke gab, setzten sie mit einem kleinen Motorfährschiff über.
In welche Richtung mußte der Fährmann das Schiff lenken (quer zur Strömung, schräg flußaufwärts oder schräg flußabwärts), damit es in kürzester Zeit das Gegenufer erreichte?

54. Hufeisen und Holzstäbchen

Nehmen Sie ein hufeisenförmig ausgeschnittenes Stück dünne Pappe und zwei Holzstäbchen. Das hufeisenförmige Pappstück muß etwas länger als die Holzstäbchen sein (s. Skizze). Lehnen Sie das Pappstück und eines der Holzstäbchen auf einer rutschfesten Unterlage (Tischtuch) aneinander (s. Skizze). Versuchen Sie jetzt, mit Hilfe des zweiten Holzstäbchens das Pappstück und das daran lehnende Holzstäbchen gleichzeitig hochzuheben und eine Weile über der Tischplatte zu halten!
Weitere Hilfsmittel sind nicht erlaubt; außerdem dürfen die Teile weder geknickt noch irgendwie aneinander befestigt werden.

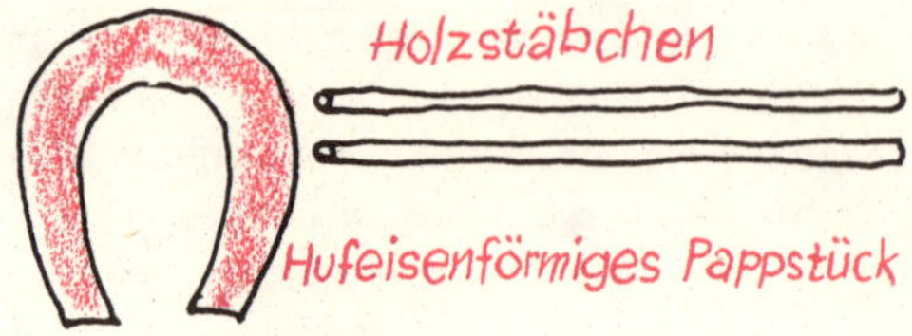

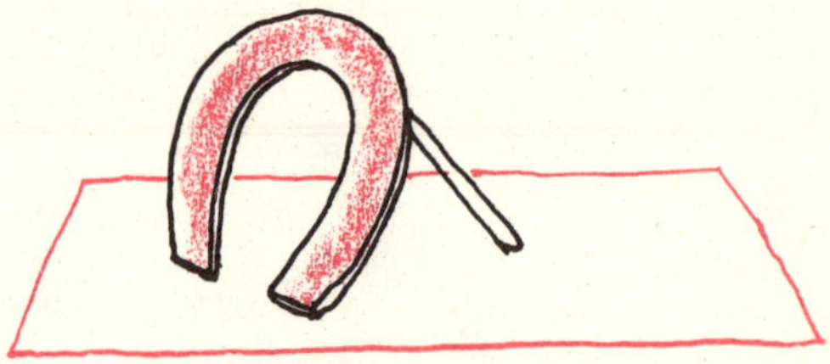

55. „Sanduhr“ im Glaszylinder

Ein Physiklehrer führte in der ersten Physikstunde nach den Ferien seinen Schülern ein „physikalisches Spielzeug“ vor. In einem abgeschlossenen, mit Wasser gefüllten Glaszylinder schwamm unmittelbar unter dem Deckel ein Glasgefäß, das einer Sanduhr ähnlich war (s. Skizze).
Der Durchmesser dieses Glasgefäßes war nur wenig kleiner als der Innendurchmesser des Zylinders. Die obere und untere Begrenzungsfläche des Glasgefäßes wölbten sich nach außen, und der untere Teil des Glasgefäßes war gerade mit soviel feinem Sand gefüllt, daß das Glasgefäß noch genügend Auftrieb hatte und schwamm. Wurde der Zylinder um 180° gedreht, so daß

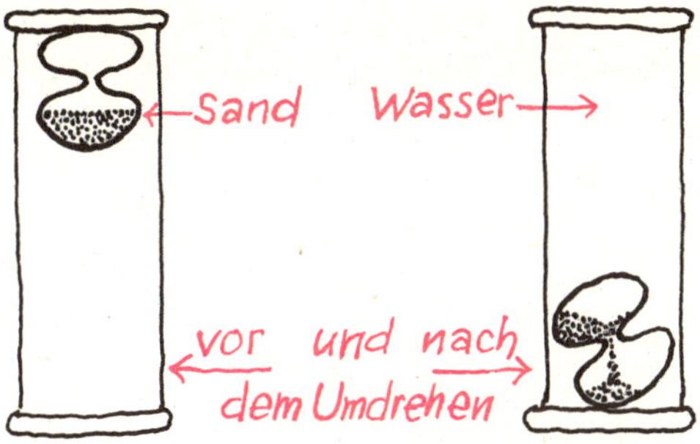

sich das Glasgefäß jetzt am Boden des Zylinders befand, begann der Sand in die andere Gefäßhälfte zu rieseln. Eigenartigerweise stieg nach dem Umdrehen des Zylinders das Glasgefäß nicht sofort wieder nach oben, sondern blieb zunächst am Boden. Erst als etwas Sand in den unteren Gefäßteil gerieselt war, begann das Glasgefäß zu steigen. Wie ist das Verhalten des Glasgefäßes zu erklären?

56. Hoch hinaus!

Sind in einem Hochhaus, dessen Außenwände genau senkrecht zur Erdoberfläche gebaut und dessen Wände überall gleich dick sind, die Fußböden der Räume in der untersten und der obersten Etage gleich groß? Es sei vorausgesetzt, daß die Räume in jeder Etage in der gleichen Weise angeordnet sind.

57. Sonne, Mond und Erde

Der Mond, unser Erdtrabant, wird sowohl von der Sonne als auch von der Erde angezogen (Gravitation).
Wer übt die stärkere Anziehungskraft aus, die Erde oder die Sonne?

58. Fallgesetze unter Tage

Die überall auf unserer Erde wirkende Schwerkraft äußert sich als eine zum Massenmittelpunkt der Erde hin gerichtete Kraft. Läßt man einen Stein fallen, so wird er durch diese Kraft beschleunigt. Er erreicht nach einer bestimmten Zeit die Erdoberfläche.
Fällt der Stein auf der Sohle eines Schachtes in 4000 m Tiefe aus 1 m Höhe schneller herab, fällt er langsamer, oder braucht er die gleiche Zeit wie an der Erdoberfläche? (Vgl. auch Aufgabe 85.)

59. Sandwolken und Wasserspritzer

Wie kommt es, daß bereits relativ schwache Winde, z. B. in Wüsten, große Sandwolken aufwirbeln, während kräftige Stürme über dem Meer nur wenige Wasserspritzer erzeugen, obwohl die Dichte des Sandes etwa dreimal so groß wie die des Wassers ist?

60. Steighöhen

Taucht man ein enges Glasröhrchen in Wasser, so steigt das Wasser im Röhrchen ein Stück über die Wasseroberfläche.
Steigt warmes Wasser höher als kaltes?

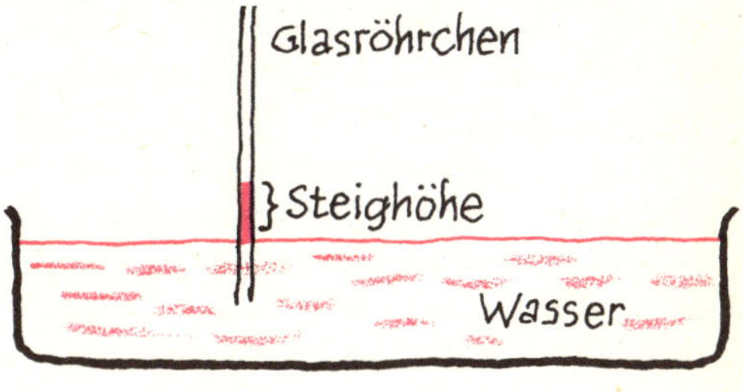

61. Ein Widerspruch?

Im Sommer lockern erfahrene Gärtner die feste, obere Bodenschicht der Beete, um – wie sie sagen - die Feuchtigkeit im Boden zu erhalten.
Steht diese Erfahrung nicht im Widerspruch zu der Tatsache, daß man das Verdunsten des Wassers aus einem Gefäß mit Hilfe eines festen Verschlusses verhindert?

62. Auf der schiefen Bahn

Auf einem langen, glatten, schräggestellten Brett ließen Bauhandwerker aus der ersten Etage Ziegelsteine in den Hof hinabgleiten, wo sie von einem Jungen gestapelt wurden. Alle Steine hatten die gleiche Masse, gleiche Abmessungen und gleiche Oberflächenbeschaffenheit. Einer der Männer ließ gleichzeitig zwei dieser Steine abwärtsgleiten, einen auf der Breitseite, den anderen auf der Schmalseite. Beide Steine bewegten sich anfangs mit gleich großen Geschwindigkeiten. Während des Rutschens verringerte der Junge den Neigungswinkel des Brettes. Welcher der beiden Ziegel kam als erster zur Ruhe?

63. Abgenutzte Gleise

Gleisbauer berichten, daß an Eisenbahngleisen, die in nord–südlicher Richtung verlaufen und stets nur in einer Richtung befahren werden, eine Schiene stärker abgenutzt ist als die andere. An Gleisen in west–östlicher Richtung tritt dagegen keine unterschiedliche Abnutzung der beiden Schienen auf.
Wie ist das zu erklären, und welche der beiden Schienen einer Nord–Süd–Strecke wird stärker abgenutzt?

64. Glasrohr als Kompaß

Die Idee für die folgende Aufgabe hatte der bekannte amerikanische Physiker und Nobelpreisträger A. H. Compton. Ein ringförmig gebogenes, mit Wasser gefülltes Glasrohr (Torus) ist so aufgehängt, daß es um eine horizontale Achse gedreht werden kann. In dem Wasser schweben Teilchen. Mit Hilfe eines Mikroskops kann man durch Beobachtung dieser Teilchen feststellen (siehe Skizze), ob sich das Wasser in dem Torus bewegt.

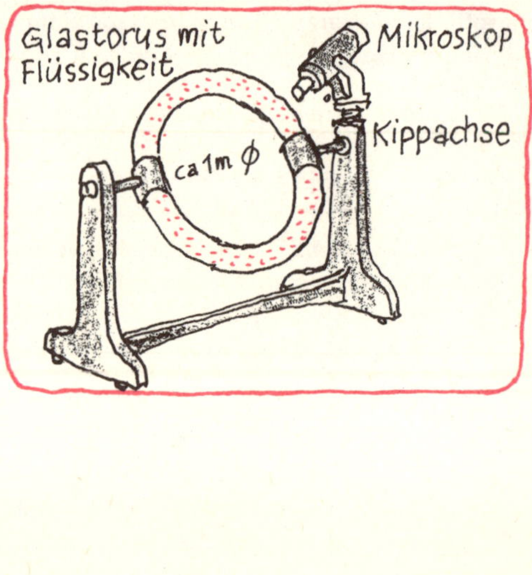

Wie kann man mit diesem drehbaren Torus ohne irgendwelche anderen Hilfsmittel (außer dem Mikroskop) die vier Haupthimmelsrichtungen bestimmen?

65. Lärm im Überschallflugzeug

Strahltriebwerke moderner Flugzeuge verursachen sehr starke Geräusche. Selbst in großen Höhen fliegende Düsenmaschinen sind von der Erdoberfläche aus noch zu hören.
Kann auch der Pilot eines mit Überschallgeschwindigkeit fliegenden Düsenjägers, dessen Triebwerke sich am hinteren Ende des Flugzeugrumpfes befinden, das Geräusch der Triebwerke hören? Was würde er hören, wenn er den Kopf aus der Kabine halten könnte?

66. Rotierende Punkte

Peter hatte auf jede Außenseite der Reifen seines Fahrrades einen weißen Punkt gemalt.
Warum sahen seine Freunde, wenn er an ihnen vorüberfuhr, die Punkte scharf und deutlich, wenn sich die Punkte in ihrer tiefsten Lage nahe dem Erdboden befanden, während sie in ihrer höchsten Lage kaum zu erkennen waren?

67. Eigenartige Behauptung

Ein Fahrgast in einem Schnellzug meinte, daß es an jedem noch so schnell fahrenden Zug Punkte gibt, die sich für Bruchteile einer Sekunde nicht in Fahrtrichtung des Zuges, sondern – auf die Gleise bezogen – entgegen der Fahrtrichtung bewegen. Hatte der Fahrgast mit seiner Behauptung recht?

68. Schornsteinsprengung

Ein altes Fabrikgebäude mit einem Schornstein wurde gesprengt. Aus sicherer Entfernung beobachteten Rainer und Michael die Sprengung. Zu Hause malte Rainer ein Bild vom Einsturz des Schornsteins (s. oben). Warum war Michael der Meinung, daß Rainer den Vorgang nicht richtig dargestellt hatte?

69. Zeitvertreib mit Steinchen

An einem Sommertag bestiegen Arndt und Jürgen ein Fahrgastschiff der Weißen Flotte, um von Dresden nach Königstein zu fahren. Die beiden Jungen standen auf dem oberen Deck des Schiffes und vertrieben sich die Zeit bis zur Abfahrt damit, kleine Steine in eine Konservendose fallen zu lassen, die – einige Meter tiefer – an der

senkrecht abfallenden Wand des Deckaufbaus stand. Bald hatten sie so viel Übung, daß jedes Steinchen in der Dose landete. Auch nach der Abfahrt des Motorschiffes – es bewegte sich gleichförmig geradlinig mit der üblichen Reisegeschwindigkeit – setzten sie ihr Spiel fort.
Fielen jetzt die Steinchen, die die Jungen von der gleichen Stelle wie vorher fallen ließen, wieder in die Konservendose, oder schlugen sie infolge der Vorwärtsbewegung des Schiffes ein Stück neben der Dose auf?

70. Der Lastenaufzug

Wolfgang stand auf einem großen Baugelände und sah zu, wie die Monteure Baumaterial mit einem Lastenaufzug, der durch eine motorgetriebene Seilwinde bewegt wurde, auf das Dach eines nahezu fertigen Hauses beförderten. Besonders interessierte ihn die große Trommel, auf die sich das Drahtseil aufspulte. Wolfgang meinte, daß der Aufzug nach oben zu immer schneller werden müsse. Der Maschinenmeister erklärte jedoch, daß der Motor die Seiltrommel mit gleichbleibender Drehzahl ziehe. Warum hatte Wolfgang trotzdem recht?

71. Defekter Kilometerzähler?

Ein Mann hatte seinen „Wartburg" zur Reparatur gebracht. Dem Leiter der Kfz-Reparaturwerkstatt erklärte er, daß er vier neue Reifen benötige. Außerdem müsse wahrscheinlich der Kilometerzähler repariert werden, weil dieser mehr anzeige, als der Wagen wirklich gefahren sei. Nach der Reparatur stellte der Mann fest, daß alle in Auftrag gegebenen Arbeiten ordnungsgemäß durchgeführt waren, nur am Kilometerzähler war nichts geändert worden. Er war darüber sehr erbost. Doch auf der nächsten längeren Fahrt stellte sich heraus, daß das Instrument wieder richtig anzeigte. Woran lag das?

72. Zerreißprobe

Um eine grundlegende Eigenschaft aller Körper zu demonstrieren, hängen wir eine große Schraube an einem Zwirnsfaden auf.

Ein zweiter, gleicher Faden wird unten an die Schraube gebunden (nebenstehende Abb.). Welcher der beiden Fäden reißt, wenn wir allmählich, und welcher, wenn wir ruckartig am unteren Faden ziehen?

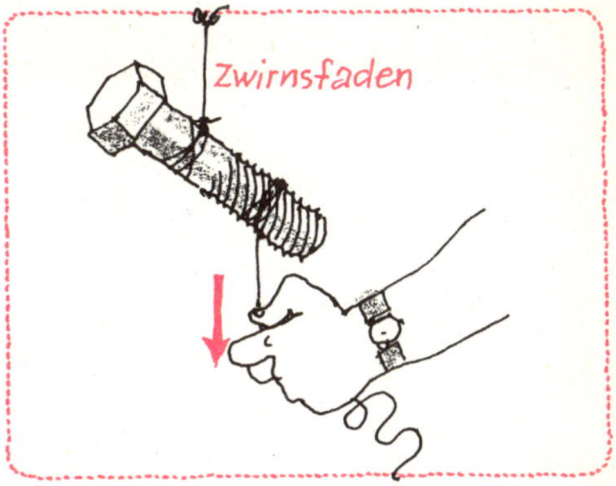

73. Ein Ballon in der Limousine

Wir befördern in einem geschlossenen Pkw einen mit Helium gefüllten kleinen Ballon. Beim Beschleunigen des Kraftwagens, beim Bremsen und in Kurven bewegt sich der an einem Faden gehaltene Ballon dicht unter dem Wagendach äußerst merkwürdig.
Was für Bewegungen führt der Ballon aus?

74. Naturgesetz in der Straßenbahn

Beim plötzlichen Bremsen eines Fahrzeuges verspüren alle Insassen einen kräftigen Ruck nach vorn, am deutlichsten wohl die in der Straßenbahn oder im Bus stehenden Fahrgäste. Diese Erscheinung beruht auf der Trägheit der Körper (1. Newtonsches Axiom). Wie kann man aber die den Newtonschen Prinzipien scheinbar widersprechende Tatsache erklären, daß bei allmählichem Abbremsen (z. B. vor Haltestellen der Eisenbahn oder Straßenbahn) die Fahrgäste zunächst eine Kraft nach vorn verspüren und dann beim Halten des Fahrzeugs einen Ruck nach hinten?

75. Eisenbahn in der Kurve

Im theoretischen Unterricht der Fahrschule wurde die Funktion des Differentialgetriebes bei Kraftwagen erläutert. Beim Durchfahren von Kurven müssen die an den Enden der Achsen befestigten Räder verschieden lange Wege zurücklegen. Diese Wegunterschiede gleicht das Differentialgetriebe aus, indem es verschiedene Drehzahlen der beiden Hälften der treibenden Achse zuläßt. Wie aber werden bei Schienenfahrzeugen in einer Kurve diese Wegunterschiede ausgeglichen?
Es ist ja bekannt, daß beispielsweise die Räder einer Lokomotive oder eines Eisenbahnwagens starr mit den durchgehenden Achsen verbunden sind, so daß sich beide Räder auf einer Achse nur mit der gleichen Drehzahl drehen können.

76. Fliege auf der Waage

Auf eine Waagschale einer sehr empfindlichen Waage wird ein abgedecktes Becherglas gestellt, in dem eine große Fliege ein-

geschlossen ist. Wenn die Fliege auf dem Boden des Gefäßes sitzt, wird die Waage ins Gleichgewicht gebracht. Das Insekt fliegt zuerst nach oben, bleibt eine Weile in gleicher Höhe in der Luft, sinkt dann nach unten und setzt sich wieder auf den Boden des Gefäßes.
Wie reagiert dabei die Waage?

77. Der „pfiffige" Kraftfahrer

Eine merkwürdige Geschichte wird über einen Lkw-Fahrer erzählt, der eines Tages mit einem großen Lastwagen eine altersschwache Brücke überqueren mußte. Kurz vor der Brücke hielt er an. Er stieg aus und schlug mit einer Stange längere Zeit kräftig an die hohe, geschlossene Holzverkleidung der Ladefläche des Lastwagens. Dann sprang er in das Fahrerhaus. Der Motor heulte auf. Rasch überquerte der Wagen die Brücke. Über sein seltsames Verhalten befragt, erklärte der Fahrer, er habe einige hundert Tauben transportiert. Die Tauben hätten ein beträchtliches Gewicht, und weil er nicht genau wußte, ob die Brücke den Lastwagen mit den Tauben tragen konnte, habe er die Vögel durch den Lärm an der Außenwand aufgescheucht, damit sie umherflatterten und so den Lkw entlasteten.
Waren die Überlegungen des Kraftfahrers richtig?

78. Rodler kontra Kosmonaut

Martina und Angelika rodeln. Sie setzen sich auf horizontaler Bahn auf ihre Schlitten und bewegen sich, ohne mit den Beinen oder Armen den Boden zu berühren, durch ruckartige Bewegungen ihrer Körper mit den Schlitten vorwärts.
Könnte sich ein Kosmonaut in einer im Kosmos schwebenden Raumkapsel auf die gleiche Weise mit dem Raumflugkörper vorwärtsbewegen?

79. Wettkampf an der Rolle

Um den Sportunterricht möglichst interessant und abwechslungsreich zu gestalten, ließ ein Sportlehrer in der Turnhalle Wettkämpfe nach Vorschlägen der Schüler durchführen. An der Decke der Turnhalle war eine feste Rolle angebracht. Ein Junge schlug vor, ein Seil über diese Rolle zu legen und an den beiden herabhängenden Seilenden zwei gleich schwere Schüler um die Wette klettern zu lassen (s. Skizze). Der Lehrer meinte jedoch, daß das kein Wettkampf sei, denn es gebe dabei stets zwei Sieger.
Was läßt sich dazu sagen?

80. Die Kerze im Fahrstuhl

Wird in einem geschlossenen, in Ruhe befindlichen Fahrstuhl eine Kerze angezündet, so brennt sie normal. Beginnt sich der Fahrstuhl abwärts zu bewegen, nimmt die Flamme eine kugelförmige Gestalt an. Die Kerze verlischt bei zunehmender Fahrgeschwindigkeit. Wie kann man diese Erscheinung erklären?

81. Ballspiel

Jutta ließ von ihrem Fenster aus zwei Bälle, einen luftgefüllten Gummiball und einen Vollgummiball, auf den Hof fallen. Sie wunderte sich darüber, daß der luftgefüllte Ball viel höher zurücksprang als der Vollgummiball.
Wie ist das zu erklären? Und warum prallt ein auf die Erde fallender Ball eigentlich wieder zurück?

82. Wasser oder Quecksilber?

Zwei gleichgeformte Gefäße mit gleichem Fassungsvermögen, deren Böden an gleicher Stelle gleich große, verschließbare Abflußlöcher haben, werden mit verschiedenen Flüssigkeiten gefüllt, eines der Gefäße mit Wasser, das andere mit Quecksilber. Die Abflußlöcher beider Gefäße werden gleichzeitig geöffnet.
Welche der beiden Flüssigkeiten ist zuerst vollständig aus dem Gefäß ausgelaufen – und warum? (Bei der Lösung der Aufgabe sollen die Einflüsse der Viskosität – Zähigkeit – der Flüssigkeiten auf den Vorgang unberücksichtigt bleiben.)

83. Das „schwimmende" Eisen

Wird in einem künstlichen Satelliten, der die Erde auf einer Kreisbahn umläuft, ein Stück Eisen auf Wasser schwimmen oder darin sinken?

84. Zugseil am Fahrrad

An das nach unten gerichtete Pedal eines Fahrrades mit Freilauf wird ein Seil gebunden. Damit das Fahrrad nicht umfällt, stützen wir es von der Seite nur leicht am Sattel. Nun zieht jemand nach hinten parallel zur Ebene der Straße am Seil (s. Skizze).
Bewegt sich dabei das Fahrrad vorwärts, rückwärts oder überhaupt nicht?

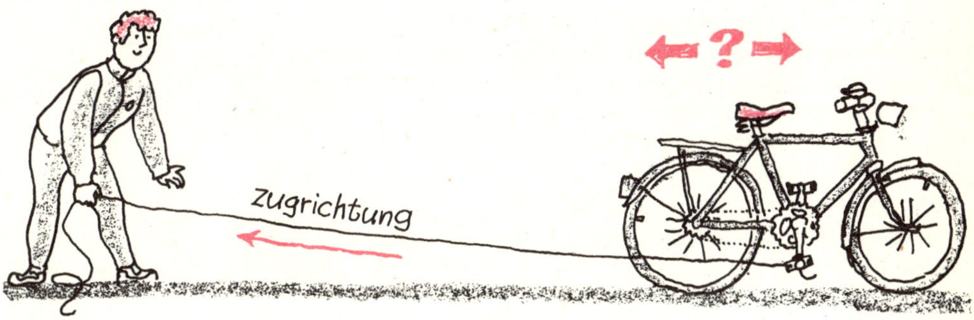

85. Ein Schacht durch die Erde

Angenommen, es gelänge einen Schacht durch die Erde zu bohren, der geradlinig vom Nordpol zum Südpol durch den Erdmittelpunkt, also entlang der Polarachse, führt. Wie verhielte sich ein Stein, den man von einem Ende des Schachtes in die Tiefe fallen ließe? Würde er durch den gesamten Schacht fallen und auf der anderen Seite der Erde wieder zum Vorschein kommen?

86. Die unentschlossene Kugel

Auch das folgende Gedankenexperiment bereitet sicherlich Vergnügen:
Eine große, völlig ebene, kreisförmige Platte sei genau horizontal am Äquator aufgestellt. Eine ideal runde Kugel soll sich auf dieser Platte reibungsfrei bewegen können. Wir stellen uns vor, daß sie an einer beliebigen Stelle, die sich in der Nähe des Randes der Platte befindet, auf die Platte gelegt wird. Wie verhielte sich die Kugel?

87. Hohlkugel oder Vollkugel?

Von zwei gleich großen Metallkugeln mit gleichen Massen wissen wir nur, daß eine der beiden eine Vollkugel, die andere eine Hohlkugel ist.
Wie können wir herausfinden, welche der beiden die Hohlkugel ist? Außer dem Tisch, auf dem die Kugeln liegen, dürfen keine anderen Hilfsmittel verwendet werden.

88. „Verschwundene" Energie?

Spannt man eine Spiralfeder, z. B. beim Aufziehen einer Armbanduhr, so erhält sie einen Vorrat an potentieller Energie, den sie beim Entspannen wieder abgibt. Bei der Uhr wird die gespeicherte Energie in Bewegungsenergie des Uhrwerks und der Zeiger umgesetzt. Wohin „verschwindet" aber die gespeicherte Energie, wenn man eine gespannte Spiralfeder arretiert, damit sie sich nicht entspannen kann, und die Feder dann in eine Säure legt, so daß sie sich allmählich auflöst und in ihrer ursprünglichen Form zerstört wird?

Licht und Elektrizität – zwei gute Bekannte

89. Schwarz auf Schwarz ist Weiß

Früher erlernten die Kinder das Schreiben, indem sie mit Schieferstiften auf Schiefertafeln schrieben. Warum sieht man auf der Oberfläche der Schiefertafel helle Spuren, obgleich beide Schieferstücke, Tafel und Griffel, von gleicher dunkler Farbe und gleicher chemischer Beschaffenheit sind?

90. Dunkle Spiegelbilder

Unter den Landschaftsaufnahmen, die Herr Meier während seines Sommerurlaubs gemacht hatte, befanden sich auch einige, die Bäume, Gebäude, Wolken usw. und ihre Spiegelbilder in einem See zeigen. Bei diesen Aufnahmen bemerkte er, daß die Spiegelbilder stets dunkler erscheinen als die im Wasser gespiegelten Gegenstände. Aufmerksam geworden, stellte er fest, daß diese Erscheinung nicht nur für seine Fotos, sondern auch in Wirklichkeit zutrifft.
Was ist die Ursache dafür?

91. Dämmerzeiten

Warum ist der Übergang zwischen Tag und Nacht, die Dämmerung, in unseren Breiten im Winter länger als im Sommer?

92. Regenbogen in der Nacht?

Kann man einen Regenbogen auch in den Mittagsstunden oder nachts beobachten?

93. Die Farbe des Mondhimmels

In welcher Farbe erscheint den Kosmonauten der Himmel, wenn sie sich auf dem Mond befinden?

94. Blauer Dunst

Wie erklären Sie es sich, daß der Rauch am glimmenden Ende einer Zigarette in blauer, am Mundstück dagegen in weiß-gelblicher Farbe erscheint?

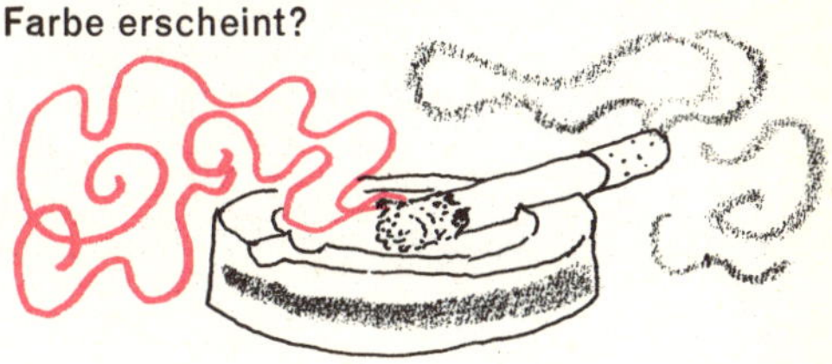

95. Magnet gesucht!

Gisela wird in einen Raum geführt, in dem sich außer zwei Eisenstäben, von denen einer magnetisch ist, keine anderen metallischen Gegenstände befinden. Sie soll den magnetischen Stab herausfinden. Gisela überlegt. Hätte sie einen Faden, so könnte sie die beiden Stäbe nacheinander horizontal aufhängen, um nachzuprüfen, welcher von ihnen sich wie eine Magnetnadel verhält. Einen Faden hat sie aber nicht.
Wie kann Gisela das Problem trotzdem lösen?

96. Wechselstrom oder Gleichstrom?

Jochen hat sich eine große elektrische Eisenbahnanlage gebaut. Einen Teil der Anlage (Zubehör) will er über einen Transformator mit Wechselstrom, den anderen Teil mit Gleichstrom betreiben. Als er die Anlage anschließen will, kann er nicht mehr herausfinden, welche Leitungen zur Wechselspannungsquelle und welche zur Gleichspannungsquelle führen. Wie kann Jochen mit einfachsten Hilfsmitteln feststellen, an welchen beiden Kabelenden die Wechselspannung des Trafos und an welchen die Gleichspannung liegt?

97. Der elektrische Würfel

Bekanntlich kann man den Gesamtwiderstand einer Schaltung, die aus mehreren zueinander parallel oder in Reihe geschalteten elektrischen Widerständen besteht, mit Hilfe der Kirchhoffschen Regeln berechnen. Ist eine solche Schaltung aus einer größeren Zahl kompliziert aneinandergeschalteter Widerstände aufgebaut, so müssen zur Bestimmung des Gesamtwiderstandes häufig langwierige Rechnungen durchgeführt werden. In manchen Fällen kann jedoch der Rechengang durch Überlegung beträchtlich verkürzt werden, wie an dem folgenden Problem zu erkennen ist.
Bestimmen Sie durch möglichst wenig Rechnung, vielmehr durch etwas Nachdenken, den elektrischen Widerstand zwi-

schen den Punkten A und B eines „Würfels“, der aus zwölf kleinen Widerständen von je 100 Ω als Würfelkanten aufgebaut ist (s. Skizze).

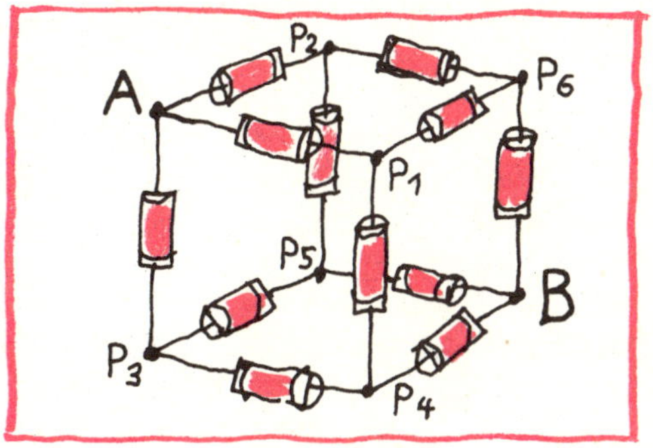

98. Die Aquarienheizung

Siegfried hat sich für sein Aquarium eine elektrische Heizung gebaut. Sie besteht aus einer in einem wasserdichten Gehäuse befindlichen Drahtspirale, die sich bei Stromdurchgang erwärmt. Er betreibt sie mit einer Batterie. Bei ununterbrochener Benutzung war die Batterie nach zehn Stunden erschöpft. Um die Betriebsdauer seiner Aquarienheizung zu verlängern, schaltete Siegfried zwei dieser Batterien hintereinander. Hatte er damit Erfolg?

99. Erhöhte Lebensdauer?

Ein Glühlämpchen, das von einer Taschenlampenbatterie gespeist wird, leuchtet bei Dauerbetrieb eine gewisse Zeit t_K, bis die Batterie erschöpft ist. Betreibt man mit der gleichen Batterie gleichzeitig zwei Glühlämpchen, so ist bei Parallelschaltung der Lämpchen die Batterie in kürzerer Zeit erschöpft. Bei Reihenschaltung, wo jedes Lämpchen nur mit halber Spannung betrieben wird, werden die Lämpchen von der Batterie nahezu genauso lange gespeist wie eine Lampe. Sie erreichen jedoch nicht ihre volle Leuchtkraft.
Verbindet man die beiden Glühlämpchen abwechselnd mit der Batterie, so leuchtet jede Lampe, während sie angeschlossen ist, mit normaler Helligkeit. Baut man nun einen Schalter ein, der automatisch einmal das eine, einmal das andere Lämpchen mit der Batterie verbindet, und zwar so schnell wechselnd, daß das menschliche Auge kein Flackern mehr wahrnimmt, so leuchten dennoch während der gleichen Zeit t_K, in der sonst ein Lämpchen von der Batterie gespeist werden konnte, zwei Glühlämpchen mit normaler Helligkeit.
Was meinen Sie zu diesem Gedankengang? Ergibt sich hieraus etwa ein Widerspruch zum Energieerhaltungssatz?

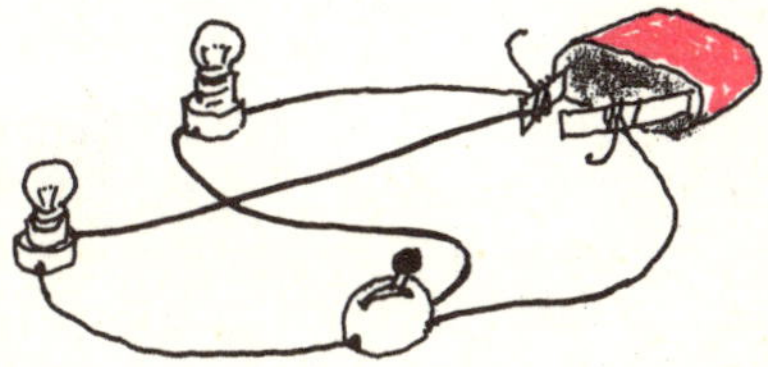

100. Die mysteriöse Reihenschaltung

Eine an eine Spannungsquelle angeschlossene Reihenschaltung elektrischer Widerstände stellt einen unverzweigten Stromkreis dar. Wie Sie wissen, kann man mit Hilfe eines Schalters, den man an beliebiger Stelle in den Stromkreis einbaut, den Kreis öffnen bzw. schließen.

In völligem Widerspruch zu den über den unverzweigten Stromkreis bekannten Tatsachen und Gesetzen scheinen dagegen die Vorgänge zu stehen, die Sie an der nachstehend beschriebenen Schaltung beobachten können. Geschickte Bastler können sich die Schaltung ohne große Schwierigkeiten anfertigen. Sie werden beim Vorführen viele erstaunte Gesichter zu sehen bekommen.
Auf eine Platte aus durchsichtigem Kunststoff sind zwei Fassungen mit 110-V-Glühlampen und zwei normale Ausschalter montiert. Diese vier Teile sind miteinander in Reihe geschaltet (s. Skizze).

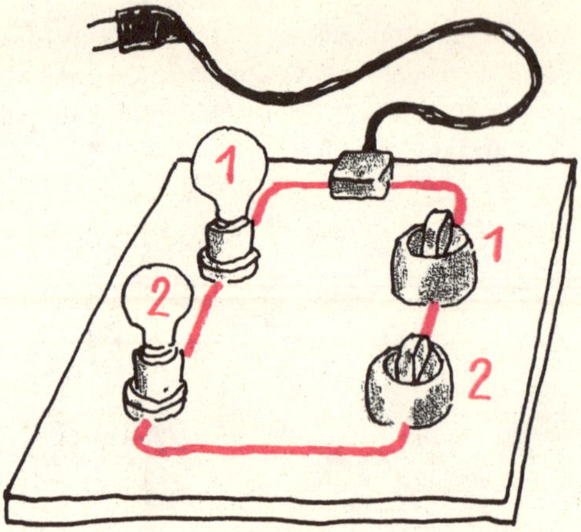

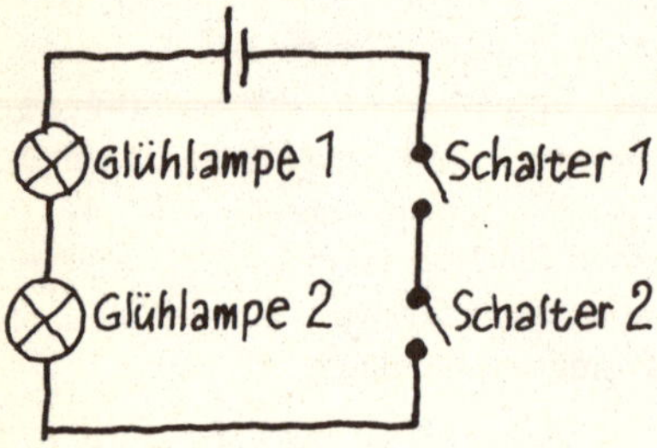

Die Schaltung wird an 220 V Wechselspannung angeschlossen. Beide Schalter stehen zunächst auf „Aus", die Lampen leuchten erwartungsgemäß nicht. Nach gleichzeitigem Einschalten beider Schalter leuchten beide Lampen, wie es den physikalischen Gesetzen entspricht. Wird eine der Lampen aus der Fassung geschraubt, so verlischt, weil der Stromkreis unterbrochen wird, auch die zweite Lampe. Etwas Unerwartetes tritt ein, wenn man nur Schalter 1 betätigt, denn jetzt leuchtet nur Lampe 1 auf. Entsprechendes geschieht bei Betätigung des Schalters 2. Noch verblüffender ist, daß nach Vertauschen von Lampe 1 mit Lampe 2 weiterhin mit dem Schalter 1 die Lampe 1 und mit dem Schalter 2 die Lampe 2 ein- und ausgeschaltet werden können. In der Kunststoffplatte, auf die die Schaltung montiert ist, sind keine zusätzlichen Einrichtungen versteckt, und es gibt auch keinerlei zusätzliche unsichtbare Leitungen außer denen an der Oberfläche der Platte.
Welche Erklärung gibt es für diese den Gesetzen des unverzweigten Stromkreises widersprechenden Vorgänge?

101. Startschuß

Im Leipziger Zentralstadion fanden Leichtathletikmeisterschaften statt. Dicht neben dem Starter, der gerade die Pistole zum Startschuß für den Endlauf über 100 m hob, stand das Mikrofon des Reporters.
Wer hörte den Startschuß eher, die Zuschauer auf den Rängen in 50 m Entfernung vom Starter oder die Sportanhänger an ihren Rundfunkgeräten im 400 km entfernt gelegenen Rostock?

Was – wie – warum?

102. Zeitmessung ohne Uhr

Einige Freunde unterhielten sich darüber, wie schwer es sei, Entfernungen oder Höhen einigermaßen richtig zu schätzen, und sie kamen zu der Meinung, daß das menschliche Schätzungsvermögen unvollkommen sei. Konrad widersprach und behauptete, kleinere Zeitabstände mit großer Genauigkeit ohne Uhr schätzen zu können. Es wurde vereinbart, daß er ohne Uhr eine Zeit von 5 Minuten auf 10 Sekunden genau bestimmen sollte. Trotz strenger Kontrolle gelang es ihm.
Wie hatte er das gemacht?

103. Rund oder oval?

Bei der Besichtigung eines Wärmekraftwerkes sahen die Exkursionsteilnehmer die Einstiegsöffnungen an den großen Dampfkesseln, sogenannte Mannlöcher, durch die man bei Reparaturen in das Innere der Kessel gelangen kann. Warum besitzen solche Mannlöcher elliptische Form, obgleich die Anfertigung kreisförmiger Öffnungen und Verschlüsse viel einfacher und billiger wäre?

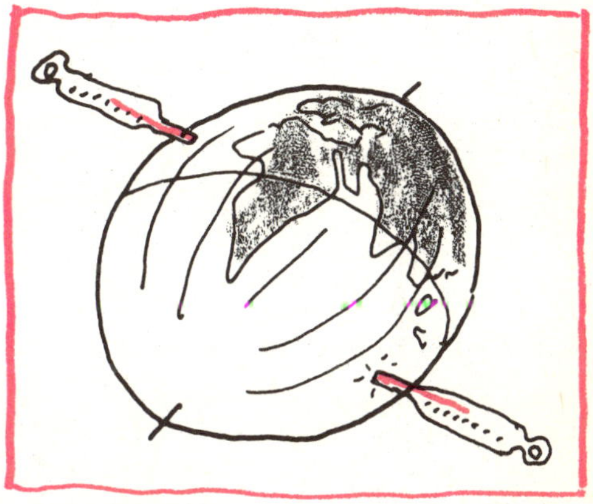

104. Antipoden

Lassen sich auf der Erde zu jedem Zeitpunkt zwei antipodische Punkte finden, an denen man sowohl gleich hohe Temperaturen als auch gleich hohe Luftdrücke messen kann?

105. „Magnetische" Schiffe

Alte Seeleute, die noch auf großen Segelschiffen die Weltmeere befuhren, berichten, wie schwierig es war, mit einem kleinen Boot, das dicht neben einem großen Segler im Wasser lag, von dem Segelschiff loszukommen.
Warum wurde das Boot gewissermaßen wie von einem Magnet an die hohen Bordwände des Segelschiffes gesogen?

106. Sonnenaufgang im Westen?

Ein neues, sehr schnelles Überschallpassagierflugzeug mit außerordentlich großer Reichweite wurde getestet. Ein am Testflug teilnehmender Ingenieur erzählte später, er habe bei diesem Flug den Eindruck gehabt, die Sonne ginge im Westen auf.

Welche Route war die Maschine geflogen, zu welcher Tageszeit war sie gestartet, und wie lange dauerte der Flug, wenn man voraussetzt, daß das Flugzeug die Erde in etwa 24 Stunden einmal umfliegen kann?

107. Naturkonstanten einmal anders

Viele Naturkonstanten werden in der Physik als Bezugswerte und zur Definition von Maßeinheiten benutzt. Solche Konstanten sind beispielsweise die Lichtgeschwindigkeit im Vakuum, der Schmelzpunkt des Eises, die elektrische Elementarladung und der Betrag g der Fallbeschleunigung in 45° geographischer Breite und in Meereshöhe. Es ist sehr interessant, darüber nachzudenken, was alles geschehen würde, wenn sich plötzlich eine dieser Naturkonstanten veränderte. Welche Folgen hätte es, wenn beispielsweise die Fallbeschleunigung plötzlich den doppelten Betrag 2 g annehmen würde?
Gingen dann Pendeluhren und Armbanduhren noch richtig?
Erhielte man mit Federwaagen und mit Hebelwaagen die gleichen Wägeergebnisse wie vorher?
Änderte sich der Tiefgang eines Schiffes?
Verbesserte sich die Leistungsfähigkeit von Wasserkraftanlagen?

Lösungen

L 1.

Bei Erwärmung vergrößert sich jede Abmessung eines festen Körpers. Die Länge l_t, die z. B. ein Eisenstab mit der Anfangslänge l_0 nach dem Erwärmen hat, wird durch die Beziehung

$$(1) \quad l_t = l_0 \quad (1 + \alpha \cdot \Delta t)$$

beschrieben. Dabei bedeuten Δt die Differenz der Temperaturen vor und nach der Erwärmung und α den linearen Ausdehnungskoeffizienten des Eisens.

Ein oberflächlicher Betrachter unseres Hohlkugelproblems meint vielleicht, daß der Durchmesser des Hohlraumes kleiner werden müsse, weil sich das Eisen ja nach allen Richtungen, also auch nach innen, ausdehnt. Diese Schlußfolgerung ist jedoch falsch. Selbstverständlich vergrößert sich die Wandstärke

$$x = \frac{d_A - d_I}{2}$$

(s. Skizze), aber nicht auf Kosten des Hohlraumes. Bei der Erwärmung eines Körpers nimmt jede Abmessung zu, auch der Innendurchmesser d_I. Die absolute Längenzunahme ist, wie wir der Gleichung (1) entnehmen können, proportional der vor der Erwärmung gemessenen Länge. Da der Außendurchmesser d_A größer als der Innendurchmesser d_I ist, weist er auch eine größere Längenzunahme auf.

Das richtige Ergebnis lautet: Die Wandstärke des Eisenmantels und der Durchmesser des Hohlraumes in der Eisenkugel vergrößern sich.

L 2.

Das Glasgefäß wird zuerst erwärmt und dehnt sich aus. Dadurch sinkt der Quecksilberspiegel, denn das Volumen des Glasgefäßes hat etwas zugenommen. Erst dann wird die Wärme durch den schlechten Wärmeleiter Glas auf das Quecksilber übertragen, das sich nunmehr rasch ausdehnt, da sein Wärmeausdehnungskoeffizient im Vergleich zu dem des Glases sehr groß ist.

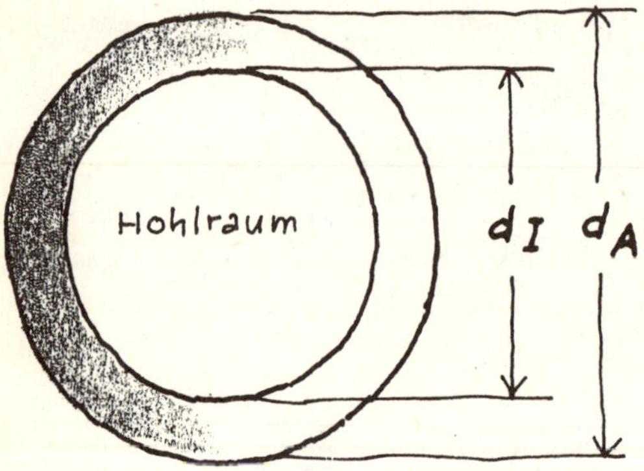

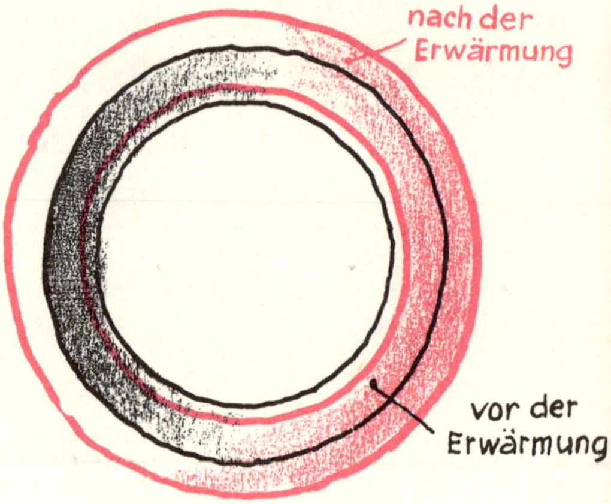

L 3.

Glasgeräte für chemische Experimente sind oft plötzlichen und großen Temperaturänderungen ausgesetzt. Glas hat nur eine geringe Wärmeleitfähigkeit. Deshalb erfolgt der Temperaturausgleich, z. B. beim Erwärmen, zwischen Außen- und Innenseite des Gefäßes sehr langsam. Je dicker das Glas der Gefäßwand ist, um so größer können die Temperaturunterschiede zwischen Außenwand und Innenwand werden, und um so größer werden die inneren Spannungen, die schließlich zum Zerspringen des Glases führen. Dünnere Glaswände werden gleichmäßiger erwärmt, deshalb zerspringen solche Gefäße beim Erwärmen nicht so leicht.

L 4.

Die Beulen kamen durch Einwirkung des äußeren Luftdrucks zustande. Die Flasche wurde jeden Morgen nach dem Füllen mit heißem Tee luftdicht verschlossen. Der Tee

kühlte sich im Laufe der folgenden Stunden ab, und dabei verkleinerte sich sein Volumen. Da keine Luft nach innen strömen konnte, entstand im Inneren des Behälters ein Unterdruck. Das weiche, dünne Aluminium hielt dem von außen auf die Flasche wirkenden Luftdruck nicht stand und verformte sich jedesmal so weit, bis das Flaschenvolumen dem Volumen des abgekühlten Tees angepaßt war und kein Druckunterschied zwischen innen und außen mehr bestand.

L 5.

Befindet sich die wassergefüllte Hohlkugel in einem Raum, der eine konstante Temperatur aufweist, also in einer Umgebung ohne Temperaturschwankungen, so verhindert der von außen auf die kleine Öffnung wirkende Luftdruck ein Auslaufen des Wassers. In einem Wohnraum treten jedoch immer Temperaturschwankungen auf, z. B. durch das Öffnen und Schließen von Fenstern und durch Wärmeabgabe von Personen. Diese Temperaturschwankungen können sehr klein sein, sie genügen aber, um die mit Wasser gefüllte Hohlkugel auf Grund der Ausdehnung von Luft und Wasser durch Erwärmung allmählich zu entleeren. Bei geringer Erwärmung der Kugel dehnt sich das Wasser etwas aus. Dabei tritt eine kleine Wassermenge durch die Öffnung an der Unterseite nach außen, tropft ab oder verdunstet. Nimmt danach die Temperatur der Kugel ab, so verringert sich das Volumen des darin befindlichen Wassers wieder. Dabei strömt etwas Luft ins Kugelinnere und sammelt sich über dem Wasser an. Bei der nächsten Temperaturerhöhung dehnen sich sowohl die eingeschlossene Luft als auch das Wasser aus. Der Ausdehnungskoeffizient der Luft ist wesentlich größer als der des Wassers. Dadurch vergrößern sich die herausgepreßte Wassermenge und die daraufhin eindringende Luftmenge von Mal zu Mal, und der Entleerungsvorgang geht immer schneller vor sich. Auf diese Weise wird die Kugel regelrecht leergepumpt, zuerst langsam, dann immer schneller. Befindet sich erst einmal etwas Luft in der Kugel, so können auch Schwankungen des Luftdrucks den Vorgang des Entleerens beschleunigen.

L 6.

Wasser hat bei 4°C seine größte Dichte. Sobald es diese Temperatur erreicht hat, ist es spezifisch am schwersten. Es sinkt zu Boden. Die untersten Schichten in einem nur an der Oberfläche gefrorenen Gewässer sind deshalb niemals kälter als 4°C. Gebäudereste mit ihrer gegenüber Wasser größeren Wärmeleitfähigkeit leiten Wärme von den untersten Schichten in weiter oben gelegene Wasserschichten, wodurch deren Temperatur erhöht wird. Deshalb ist an diesen Stellen die Eisdecke nicht so dick.

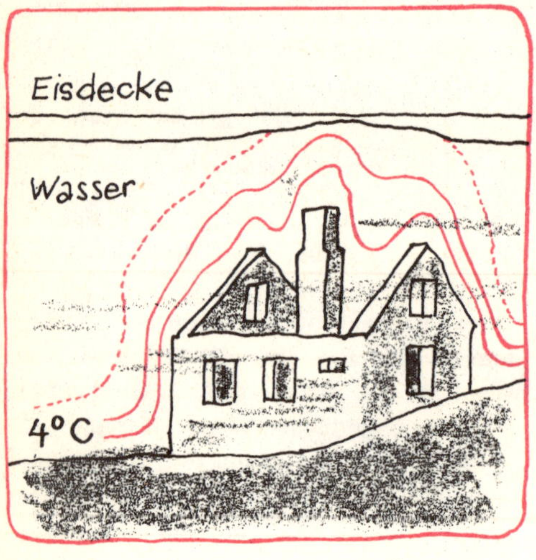

L 7.

Das Eis im Meerwasser besteht aus Gletscherbruchstücken, die aus Süßwasser entstanden sind, und aus Treibeisschollen, die sich im Salzwasser gebildet haben. Beim Abkühlen einer nichtgesättigten Lösung unter ihren Gefrierpunkt wird das reine Lösungsmittel in fester Form abgeschieden, sofern Lösungsmittel und gelöster Stoff keine Mischkristalle bilden. Das salzige Meerwasser ist eine solche ungesättigte Lösung verschiedener Salze in Wasser. Das System Salz–Wasser bildet keine Mischkristalle. Beim Abkühlen von Salzwasser scheidet sich demnach das Lösungsmittel – hier also das Wasser – in reiner Form ab, das heißt, es entsteht salzfreies Eis. Das daraus gewonnene Wasser muß also ebenfalls salzfrei und damit genießbar sein.

L 8.

Das Wasser verdunstet aus den Bechergläsern und aus den Blättern der Zweige. Die beiden Wasseroberflächen in den Bechergläsern sind nahezu gleich groß. Der Zweig, der im Wasser steckt, saugt fortwährend Wasser auf, das über die Oberfläche der Blätter verdunstet. Deshalb verdunstet aus diesem Becherglas viel mehr Wasser als aus dem anderen, was man auch an den Wasserständen in den beiden Bechergläsern erkennen kann. Daraus folgt, daß sich die Schale mit dem vertrocknenden Zweig senkt.

L 9.

Aus dem Kessel mit der geringeren Wassermenge strömt ein starker Dampfstrahl.
Die Dampfmenge ist abhängig von der Größe der Wasseroberfläche, die mit der Luft in Verbindung steht. Man erkennt an der Abbildung, daß aus diesem Grund im ersten Kessel wenig Dampf entsteht, während dem zweiten Kessel ein kräftiger Dampfstrahl entweicht.

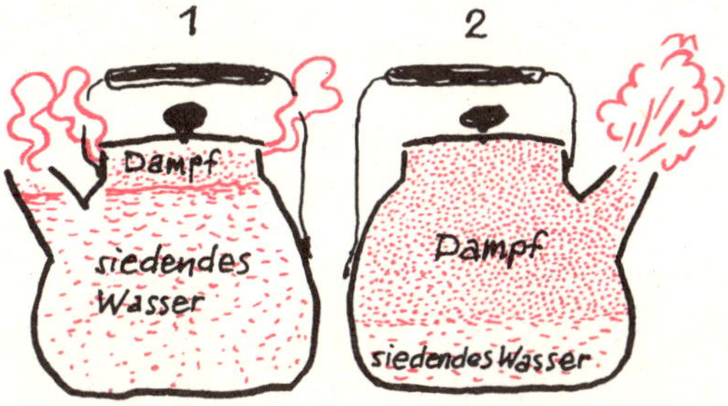

L 10.

Der Tropfen in der rotglühenden Schale verdampft wesentlich langsamer, weil er sich beim Auftreffen mit einer schützenden Wasserdampfhülle umgibt, die ein schlechter Wärmeleiter ist (Leidenfrostsches Phänomen). So tanzt die kleine Wasserkugel geraume Zeit auf der heißen Oberfläche umher, während der Tropfen in der anderen Schale sofort breitläuft und verdampft.

L 11.

Vorsicht! Die nicht im Wasserbad erwärmten Dosen explodieren! Das beruht auf einem einfachen physikalischen Zusammenhang: Der Dampfdruck einer Flüssigkeit steigt mit zunehmender Temperatur. Am Siedepunkt ist der Dampfdruck der Flüssigkeit gleich dem Druck, der auf der Oberfläche der Flüssigkeit lastet. Vergrößert sich der Druck auf die Wasseroberfläche, so erhöht sich auch die Siedetemperatur. Für Wasser z. B. beträgt die Siedetemperatur bei einem Druck von 2 at etwa 121 °C.

Durch fortgesetzte Wärmezufuhr über der offenen Herdflamme wird in der geschlossenen Konservendose die Siedetemperatur, die infolge des zunehmenden Dampfdrucks immer höhere Werte annimmt, ständig aufs neue erreicht. Es bildet sich dabei unablässig neuer Dampf. Die Temperatur der

Flüssigkeit erhöht sich weiter, der Dampfdruck steigt. Schließlich zerplatzt die Dose. Im offenen Wasserbad dagegen bleibt der Druck über der Wasseroberfläche stets ungefähr 1 at, so daß die Siedetemperatur im Wasserbad und in der Konservendose etwa 100°C beträgt. Auch in der Dose steigt demzufolge der Dampfdruck nicht höher als 1 at.

L 12.

Falls man einen Kocher und ein Gefäß mit Wasser zur Verfügung hat, kann man mit dem Thermometer die Siedetemperatur bestimmen und aus der Siedekurve den zugehörigen Druck ablesen. Da der Luftdruck – nach der barometrischen Höhenformel – mit wachsender Höhe a abnimmt, kann man auf diese Weise z. B. die Höhe eines Berges bestimmen. Nebenbei gesagt wäre ein Barometer, auf Höhen über dem Meeresspiegel geeicht, das geeignetere Instrument zur Höhenmessung.

L 13.

In dem kurz nach Siedebeginn verschlossenen Kolben befindet sich über der Wasseroberfläche fast keine Luft, sondern Wasserdampf, der kondensiert, wenn man den Kolben mit kaltem Wasser übergießt.

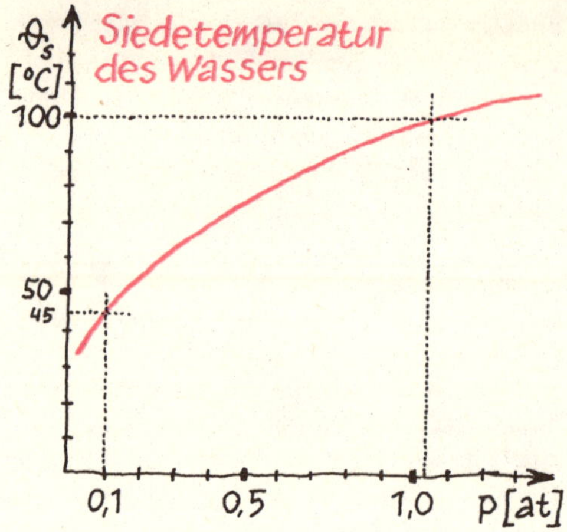

Dadurch sinkt der Druck über der Wasseroberfläche sehr stark, beispielsweise auf 0,1 at, so daß das ungefähr 50°C warme Wasser im Kolben wieder zu sieden beginnt, denn laut Siedekurve beträgt die Siedetemperatur des Wassers bei einem Druck von 0,1 at ungefähr 45°C.

L 14.

Wasserdampf ist von Natur aus farblos. Was man gewöhnlich als Dampf bezeichnet, sind bereits kleine, in der Luft kondensierte Wassertröpfchen. Sie entstehen, wenn der Wasserdampf unter 100°C abgekühlt wird. Der aus dem Schornstein einer Lokomotive austretende Dampf hat im allgemeinen eine wesentlich höhere Temperatur als 100°C. Bevor der Dampf auf eine Temperatur unter 100°C abgekühlt ist, vergeht eine gewisse Zeit. Währenddessen hat sich aber die Wasserdampfwolke schon ein Stück vom Schornstein der Lokomotive entfernt.

L 15.

Die Mischungstemperatur beträgt 10 °C. Das liegt daran, daß ein großer Teil der vom warmen Wasser abgegebenen Wärme benötigt wird, um das Eis zu schmelzen. Nach dem Schmelzen des Eises würde das warme Wasser nur noch eine Temperatur von 20 °C haben, das aus dem Eis entstandene 0 °C. Das ist aber nur eine Überlegung, denn in dem Gemisch kann man die beiden Wassermengen natürlich nicht mehr voneinander trennen. Die Mischung dieser Mengen hat eine Temperatur von 10°C. Werden dagegen gleich große Mengen Wasser von 0°C und 100°C gemischt, so beträgt die Mischungstemperatur 50°C.
Beide Resultate beruhen auf der Richmannschen Mischungsregel: Die abgegebene Wärmemenge ist gleich der aufgenommenen Wärmemenge. Allerdings muß man dabei berücksichtigen, daß ein großer Teil der vom warmen Wasser abgegebenen Wärme zum Schmelzen des Eises (80 kcal/kg) gebraucht wird.

L 16.

Beim Gefrieren von Wasser wird die Erstarrungswärme frei. Diese Wärmemenge wird beim Gefrieren des im Boden enthaltenen Wassers an den Boden abgegeben. Sie ist um so größer, je mehr Wasser der Boden enthält.

L 17.

Ein Feuer erlischt durch Abschirmen des Brandherdes vom zur Verbrennung notwendigen Luftsauerstoff.
Das Wasser verdampft, wenn es mit dem brennenden Material in Berührung kommt. Der dabei entstehende Wasserdampf hüllt den Brandherd ein. Es kann dann kein Sauerstoff mehr an den Brandherd heran, und das Feuer erstickt. Ist das zum Löschen verwendete Wasser bereits warm, so muß ihm nur noch wenig Wärme zugeführt werden, bis sich Wasserdampf bildet. Die Dampfbildung setzt schneller als bei kaltem Wasser ein. Außerdem ist die Viskosität des warmen Wassers wesentlich geringer, es ist also „flüssiger" und breitet sich daher an der Brandstelle schneller als kaltes Wasser aus. Mit warmem Wasser kann man den Brand demnach rascher löschen.

L 18.

Durch das Blasen wird die mit Dampf gesättigte Luftschicht über der Suppe hinweggetrieben, so daß sich die Verdampfungsgeschwindigkeit erhöht. Je größer aber die in einer bestimmten Zeit verdampfte Flüssigkeit ist, um so größer ist auch die Wärmemenge, die der Suppe beim Verdampfen entzogen wird (bei Wasser etwa 539 kcal/kg). Das Umrühren bewirkt ebenfalls eine raschere Verdampfung.
Fette Suppen kühlen sehr langsam ab, denn die auf ihnen schwimmende Fettschicht behindert die Verdampfung.
Die Abkühlung von Flüssigkeiten beim Verdunsten kann man besonders gut bei

Wasser beobachten. Das Wasser in einer im Zimmer frei stehenden Schüssel ist stets etwas kühler als die Umgebung.

L 19.

Die durch Luftreibung entstehende Erwärmung ist weitaus geringer als die Abkühlung, die die Hand durch das Verdunsten des Schweißes erfährt, den sie – oft kaum bemerkbar – ständig absondert.
Durch den darüberstreichenden Luftzug verdunstet der Schweiß relativ schnell.
Dieser Vorgang entspricht dem in Aufgabe 18 beschriebenen. Den darauf beruhenden Abkühlungseffekt wendet man an, um beispielsweise die Windrichtung mit einem angefeuchteten erhobenen Finger zu ermitteln. Der Finger wird besonders an der Seite abgekühlt, an der ihn der Luftstrom am stärksten trifft.

L 20.

Bei hoher Lufttemperatur schwitzt der Mensch, und von der Hautoberfläche verdunstet Schweiß. Dabei wird durch Entzug von Verdampfungswärme die Körpertemperatur herabgesetzt, eine lebensgefährliche Erhöhung der Körpertemperatur verhindert und die Haut vor Brandwunden geschützt. Im warmen Wasser dagegen kann keine Verdunstung und damit keine Erniedrigung der Hauttemperatur erfolgen. An der Körperoberfläche treten Verbrühungen auf.

L 21.

Im kleinen Kessel kühlt die Flüssigkeit schneller ab als im großen.
Ein Gegenstand verliert um so schneller Wärme, je größer seine nach außen wirksame, also wärmeabgebende Oberfläche im Verhältnis zu dem abzukühlenden Volumen ist. Diesem ist ja die im Körper enthaltene Wärmemenge proportional.
Zur Erhöhung des Kühleffektes wird in der Technik häufig die wirksame Oberfläche künstlich vergrößert (Beispiel: Kühlrippen am Motorradzylinder). Derjenige Teekessel, bei dem der Quotient

$$V_w = \frac{\text{wirksame Oberfläche}}{\text{abzukühlendes Volumen}}$$

den größeren Wert hat, kühlt schneller ab. Da die wirksame Oberfläche dem Quadrat irgendeiner Abmessung s des Teekessels (z. B. bei einem kugelförmigen Teekessel dem Radius oder bei einem würfelförmigen Teekessel der Kantenlänge) und das abzukühlende Volumen der 3. Potenz dieser Größe s proportional ist, gilt:

$$V_w \sim \frac{s^2}{s^3} = \frac{1}{s}.$$

Da die beiden Teekessel die gleiche geometrische Form besitzen, gilt zwischen zwei entsprechenden Abmessungen s' (größerer Kessel) und s (kleinerer Kessel) die Beziehung

Zwei Maler, die Kollegen A und B, weißen die Decke eines Raumes, der ungewöhnlich hoch ist. Da sie nur eine Leiter zur Verfügung haben, erdachten sie die abgebildete Methode, die ihnen ein gleichzeitiges Arbeiten erlaubt, denn A und B haben das gleiche Körpergewicht und in ihren Eimern die gleiche Farbmenge. Plötzlich wird Kollege B zum Telefon gerufen.
Wie lösen die beiden das Problem, ohne daß Kollege A die Arbeit unterbrechen muß?

Ein Glück, daß die Maler einen Stielbesen zur Hand hatten!

$$s' = K \cdot s \text{ mit } K > 1.$$

Vergleicht man die beiden die Quotienten V_w charakterisierenden Größen $\frac{1}{s}$ und $\frac{1}{s'}$ miteinander, so erkennt man, daß

$$\frac{1}{s} > \frac{1}{s'} \text{ ist.}$$

Der Quotient V_w hat für den kleineren der beiden Teekessel den größeren Wert.

L 22.

Es ist günstiger, den heißen Kaffee und die kalte Milch nicht sofort zusammenzugießen, sondern erst nach einer gewissen Zeit.

Die Abkühlung einer Flüssigkeit wird durch Wärmeabführung infolge Strahlung, Strömung und Leitung sowie durch Verdunstung hervorgerufen. Da die Intensität der Wärmeabführung u. a. von der Temperaturdifferenz zwischen dem erwärmten Medium und seiner Umgebung abhängt, wird von dem heißen Kaffee pro Zeiteinheit mehr Wärme an die Umgebung abgegeben als von dem durch Zugabe von Milch bereits abgekühlten Kaffee, obwohl dieser durch die Zunahme des Volumens (hinzugegossene Milch) unter Umständen eine etwas größere Oberfläche hat. (Die Tasse wird im allgemeinen nach oben breiter.)

Die Intensität der Wärmestrahlung hängt sogar von der vierten Potenz der Temperatur ab, so daß diese Gesetzmäßigkeit ebenfalls für den zweiten Fall spricht. Auch die pro Zeiteinheit verdunstende Flüssigkeitsmenge ist von der Temperatur abhängig. Da die von der Luft berührte Oberfläche des Kaffees in beiden Fällen nahezu gleich groß ist, wird der Abkühlungseffekt im zweiten Fall größer sein. Die einzelnen Effekte sind bei genauer Rechnung jedoch so klein, daß die Gesamtwirkung nur gering ist. Eine praktische Ausnutzung der beschriebenen Vorgänge kommt deshalb nicht in Betracht. Die Fragestellung besitzt also vorwiegend theoretischen Charakter.

L 23.

Ein Löffel heiße Suppe verteilt sich im Mund. Die Flüssigkeit erlangt dadurch rasch eine größere Oberfläche, so daß die Temperatur relativ schnell abnimmt. Ein heißes Kartoffelstückchen dagegen vergrößert seine Oberfläche, wenn es in den Mund gelangt, nicht plötzlich, kühlt deshalb viel langsamer ab und kann den Teil der Mundhöhle, mit dem es in Berührung kommt, verbrühen.

L 24.

Jeder Körper strahlt entsprechend seiner Temperatur Wärme ab, z. B. auch die menschliche Hand. Von den blanken Wänden der Blechdose wird diese Strahlung zu einem großen Teil reflektiert. Die empfundene Wärme ist demnach die von der Hand selbst ausgehende und von der Dosenwand reflektierte Wärmestrahlung. Da die Hand im allgemeinen eine höhere Temperatur besitzt, als im Zimmer herrscht, ist die von dem Blech reflektierte Strahlung intensiver als die von den Gegenständen des Zimmers ausgehende, wodurch das Wärmegefühl in der Dose hervorgerufen wird. Beim Berühren des Bleches wird infolge der hohen Wärmeleitfähigkeit des Metalls die Wärme sehr schnell weggeleitet. Die Dosenwand fühlt sich dadurch kühl an.

L 25.

In Wirklichkeit „wärmt" ein Federbett nicht, wie es in der Umgangssprache ungenau ausgedrückt wird, sondern es „hält warm". Damit wird die Tatsache, daß ein Federbett ein sehr schlechter Wärmeleiter ist, auf einfache Weise richtig wiedergegeben.
Würde es „wärmen", so müßte es selbst Wärme erzeugen, und das ist nicht der Fall. Es wird nur eine Wärmeableitung bzw. eine Wärmezuleitung durch das gut wärmeisolierende Federbett weitgehend verhindert. Dem nicht abgedeckten Eis würde demnach laufend Wärme aus der Umgebung zugeführt werden, und es würde relativ schnell schmelzen. Durch das Einpacken hingegen, das Abdecken mit dem Federbett, kann nur dem Raum unter der Bettdecke Wärme zum Schmelzen des Eises entzogen werden. Dieser Raum kühlt sich dabei natürlich ab, aber der hier vorhandene Wärmevorrat ist relativ klein, und von außen wird keine bzw. nur sehr wenig Wärme nachgeliefert. Dadurch wird ein schnelles Schmelzen des Eises verhindert.

L 26.

Durch Öffnen der Kühlschranktür kann die Zimmertemperatur nicht herabgesetzt werden, sondern das Gegenteil tritt ein. Das Aggregat des Kühlschrankes entnimmt aus dem Stromnetz fortwährend elektrische Energie, die in Wärme umgewandelt wird. Da diese Wärme in dem abgeschlossenen Raum (physikalisch ein geschlossenes System) verbleibt, steigt die Temperatur im Zimmer allmählich an.

L 27.

Die Dichten von Holz und Blei haben sehr verschiedene Werte. Sägespäne schwimmen auf Wasser, Bleikugeln sinken. Füllt man deshalb den Kasten, in dem die Bleikugeln zwischen den Sägespänen liegen, mit Wasser, so bleiben die Bleikugeln auf dem Boden des Kastens liegen, während die Sägespäne auf dem Wasser schwimmen.

L 28.

Da der luftgefüllte Gummiball auf Wasser schwimmt, braucht man nur das Rohr mit Wasser zu füllen (s. Skizze). Dadurch steigt der Ball mit dem steigenden Wasserspiegel nach oben.

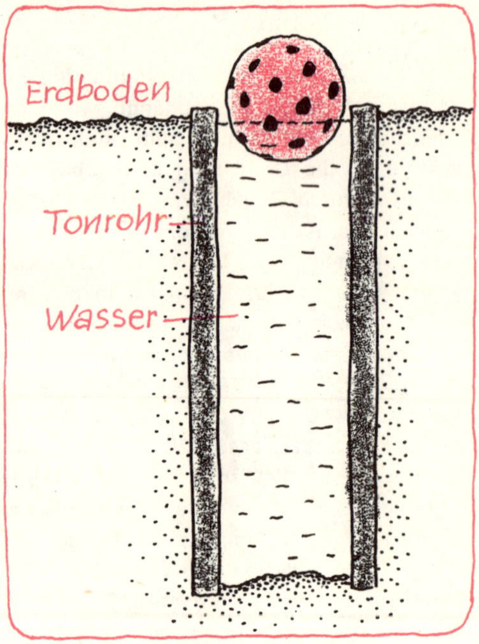

L 29.

Setzt man voraus, daß der Schwimmkörper das Gewicht der Eimerwand tragen kann, so erfährt er im Wasser einen Auftrieb, der das Gewicht der Eimerwand kompensiert. Der Auftrieb ist nach oben gerichtet. Als Gegenwirkung erhöht sich der Bodendruck im Eimer. Der Druckkraft auf den Boden wirkt die feste Unterlage entgegen, auf der der Eimer steht. Der Eimer sinkt deshalb nur bis zur Höhe des vom Wasser getragenen Schwimmkörpers in sich zusammen.

L 30.

Die Dichte des Meerwassers ist infolge seines höheren Salzgehaltes größer als die des Flußwassers. Im Meerwasser entsteht deshalb bereits bei der Verdrängung einer kleineren Wassermenge der gleiche Auftrieb wie im Süßwasser. Das Schiff taucht also im Süßwasser tiefer ein als im Salzwasser des Meeres, weil zum Tragen der gleichen Last weniger Meerwasser verdrängt werden muß.

L 31.

Die Jungen mußten nacheinander vorsichtig aus dem Zuber klettern, also in den See steigen und sich von außen an den Griffen bzw. am Rand des Zubers an zwei einander gegenüberliegenden Stellen festhalten. Dadurch befanden sich nur noch die Köpfe und Teile der Arme über dem Wasserspiegel, so daß sie mit ihrem Körpergewicht den Zuber nur noch in geringem Maße belasteten. Aus diesem Grunde sank der Zuber nicht mehr so tief ein, und es bestand weit weniger Gefahr, daß er kenterte.

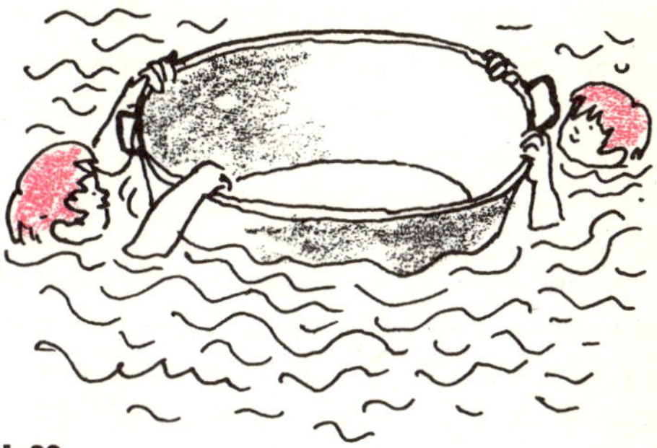

L 32.

Erfahrungsgemäß ist es im tiefen Wasser, in dem man keinen festen Stand hat, unmöglich, eine unhandliche Zinkbadewanne allein so umzudrehen, daß sie nicht voll Wasser läuft. Soll das gelingen, müßte man die Wanne aus dem Wasser heben, umdrehen und dann mit allen Kanten gleichzeitig auf die Wasseroberfläche aufsetzen. Das dürfte einem einzelnen jedoch nicht gelingen.

L 33.

Auf Grund der unterschiedlichen Dichten schwimmt Öl auf Essig. Soll Öl entnommen werden, braucht man die Flasche nur zu neigen, und das oben schwimmende Öl fließt heraus. Wird Essig benötigt, hält man die verschlossene Flasche mit der Öffnung so lange nach unten, bis alles Öl in der Flasche nach oben gestiegen ist. Dann braucht man nur den Verschluß etwas zu öffnen und die gewünschte Menge Essig vorsichtig herauslaufen zu lassen.

L 34.

Hat die andere farblose Flüssigkeit eine kleinere Dichte als Wasser, so befindet sie sich im Gefäß über dem Wasser, im umgekehrten Fall steht das Wasser über ihr. Gibt man einige Tropfen Wasser in das Gefäß, so sinken im ersten Fall diese Wassertropfen durch die im oberen Gefäßteil befindliche Flüssigkeit hindurch. Im zweiten Fall verteilen sich die Wassertropfen sofort in dem oben befindlichen Wasser. Dadurch kann festgestellt werden, welcher Gefäßteil das Wasser enthält.

L 35.

Ein Eiswürfel schwimmt auf dem Wasser, weil seine Dichte kleiner als die des Wassers ist. Das Gewicht des Würfels ist zwar dem der Wassermenge, aus der er entstand, gleich, aber sein Volumen hat sich bei der Kristallisation um etwa 9% vergrößert. Da die Dichte der Quotient aus der Masse und dem Volumen ist, verringert sich bei gleichbleibender Masse und vergrößertem Volumen die Dichte. Ein schwimmender Körper verdrängt immer die Flüssigkeitsmenge, die seinem Gewicht entspricht. Das heißt, der Eiswürfel verdrängt eine Wassermenge, die der gleich ist, aus der er gebildet wurde. Beim Schmelzen des Eiswürfels entsteht also wieder die ursprüngliche Wassermenge. Das bis zum Rand gefüllte Glas läuft beim Schmelzen des Eiswürfels nicht über.

L 36.

In einer spezifisch schwereren Flüssigkeit verdrängt der Eiswürfel wegen seiner kleineren Dichte eine Flüssigkeitsmenge mit kleinerem Volumen. Beim Schmelzen entsteht deshalb wesentlich mehr Wasser, als Flüssigkeit verdrängt wurde. Der Flüssigkeitsspiegel steigt demnach beim Schmelzen des Eises, und die Flüssigkeit läuft über. In Alkohol sinkt der Eiswürfel, weil seine Dichte größer als die des Alkohols ist. Beim Schmelzen zu Wasser verringert sich das Volumen. Der Flüssigkeitsspiegel sinkt in diesem Fall.

L 37.

Die Schraube erfährt im Wasser einen Auftrieb, der dem Gewicht der von ihr verdrängten Wassermenge entspricht. Der Auftrieb wirkt nach oben, und eine gleich große Kraft wird auf den Boden des Gefäßes ausgeübt. Deshalb zeigt die Waage auch beim Eintauchen der hängenden Schraube eine Massenzunahme an, die der von der Schraube verdrängten Flüssigkeitsmenge entspricht.

L 38.

Ein Schiff verdrängt eine seinem Gewicht entsprechende Wassermenge. Deshalb kommt es nicht zu einer zusätzlichen Belastung der Brücke, denn anstelle des vorher dort vorhandenen Wassers befindet sich jetzt der Schiffskörper mit dem gleichen Gewicht. Der Kanal könnte also von noch viel schwereren Schiffen befahren werden, sofern Wassertiefe und Kanalbreite ausreichen. Die Belastung der Brücken würde dabei nicht erhöht werden. Wäre jedoch der wasserführende Brückenabschnitt vom Kanal abgetrennt (beispielsweise durch Schleusen), dann würde der Wasserspiegel beim Einfahren eines Schiffes in dem betreffenden Abschnitt steigen, und Wasser plus Schiff würden jetzt die Brücke belasten. In diesem Falle müßte die Tragfähigkeit der Brücke erhöht werden.

L 39.

Die Messingteile im Schiff verdrängen eine Wassermenge, die ihrem Gewicht entspricht, also:

$$\text{verdrängtes Wasservolumen (1)} = \frac{\text{Gewicht des Messings}}{\text{Dichte des Wassers}}\,.$$

Werden sie ins Wasser geschüttet, verdrängen sie nur noch soviel Wasser, wie ihrem Volumen entspricht, also:

$$\text{verdrängtes Wasservolumen (2)} = \frac{\text{Gewicht des Messings}}{\text{Dichte des Messings}}\,.$$

Die Dichte des Messings beträgt $\varrho_M \approx 8{,}5\ \text{g/cm}^3$, und die Dichte des Wassers ist $\varrho_W \approx 1\ \text{g/cm}^3$.
Das bedeutet, daß die Messingteile im Boot etwa 8,5 mal soviel Wasser verdrängen wie im Wasser. Wirft man die Teile ins Wasser, so sinkt demnach der Wasserspiegel in der Badewanne.

L 40.

Die Segelsportler hatten eine zu kurze Ankerkette verwendet. Bei Seegang hebt sich durch den Zug des Schiffes an der Kette der Schaft des Ankers vom Meeresboden ab, und der Anker reißt sich los. Wenn die Länge der Ankerkette ein Mehrfaches der Wassertiefe beträgt, geschieht das nicht mehr. Die schwere Ankerkette kann sich auch bei starkem Zug nicht völlig straffen, sie hängt in Form einer sogenannten Kettenlinie immer etwas durch. Selbst bei schwerem Seegang liegt dadurch der Schaft des Ankers am Meeresboden an (s. Skizze).

L 41.

Beim Untertauchen des niedrigen Gefäßes muß eine größere Kraft aufgewendet werden als beim Untertauchen des hohen.
Der hydrostatische Druck (Schweredruck) nimmt mit der Eintauchtiefe fast linear zu. Das Gefäß mit dem kleineren Durchmesser muß man tiefer in das Wasser drücken, wodurch auf die in ihm eingeschlossene Luftmenge ein größerer Druck wirkt als auf die Luft im Gefäß mit dem größeren Durchmesser. Im hohen Gefäß wird die Luft also stärker zusammengedrückt als im niedrigen. Demzufolge ist das Luftvolumen im hohen Gefäß nach dem Untertauchen kleiner als das Luftvolumen im niedrigen Gefäß. Damit verdrängt aber das hohe Gefäß eine kleinere Wassermenge als das niedrige, woraus schließlich folgt, daß der Auftrieb des niedrigen Gefäßes größer ist als der Auftrieb des hohen.

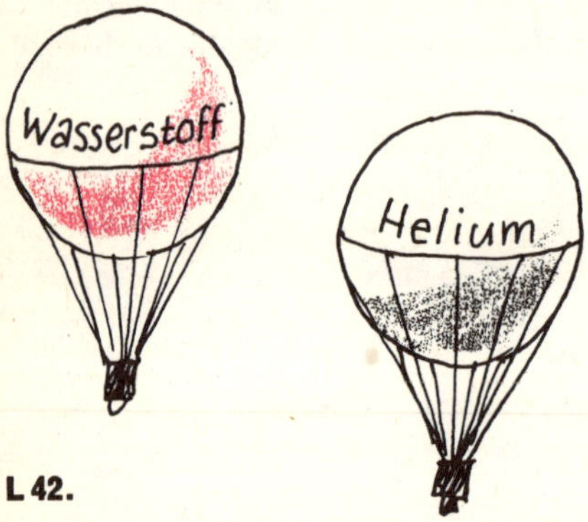

L 42.

Zwei gleich große, mit der gleichen Gasmenge gefüllte Ballons haben in Luft den gleichen Auftrieb, denn der Auftrieb eines Körpers in der Erdatmosphäre entspricht dem Gewicht der von diesem Körper verdrängten Luftmenge (Archimedisches Prinzip). Jeder Ballon muß aber auch das Gewicht seiner Füllung tragen. Helium ist spezifisch schwerer als Wasserstoff (Dichte des Heliums: 0,000178 g/cm^3, Dichte des Wasserstoffs: 0,00009 g/cm^3). Demzufolge ist der wasserstoffgefüllte Ballon etwas leichter und damit auch tragfähiger.

L 43.

Die Ergebnisse stimmen nicht überein. Die Waage zeigt für die auf 100°C erwärmte Flüssigkeit eine kleinere Masse an.
Die warme Flüssigkeit nimmt auf Grund der Ausdehnung durch Erwärmung ein größeres Volumen ein als nach ihrer Abkühlung. Deshalb verdrängt die erwärmte Flüssigkeit eine größere Luftmenge. Folglich ist der Auftrieb in Luft für die erwärmte Flüssigkeitsmenge größer als für die abgekühlte. Die erwärmte Flüssigkeit scheint eine kleinere Masse zu haben als die abgekühlte.

L 44.

Das Staubtuch muß unmittelbar unter der Oberkante des geöffneten Fensters ausgeschüttelt werden, denn die warme Luft des geheizten Zimmers steigt auf Grund ihrer geringeren Dichte nach oben, und am oberen Rand des geöffneten Fensters strömt sie nach draußen. Die kalte Winterluft hingegen gelangt durch den unteren Teil des Fensters ins Zimmer. Schüttelt man das Tuch am unteren Rand aus, so trägt die Luft einen Teil des ausgeschüttelten Staubes in den Raum zurück.

Branco B., ein jugoslawischer Klempner, stellt als Souvenirs für Touristen drei Serien von Kannen her, deren Öffnungen verschiedene Formen haben: kreisrunde, quadratische und dreieckige. Mit dem Korkverschluß der Kannen will er nicht so viel Arbeit haben, und er überlegt, ob sich dafür nicht eine Form finden ließe, mit der man alle drei Kannenöffnungen verschließen kann.
Welche Form muß ein solcher Korkverschluß haben?

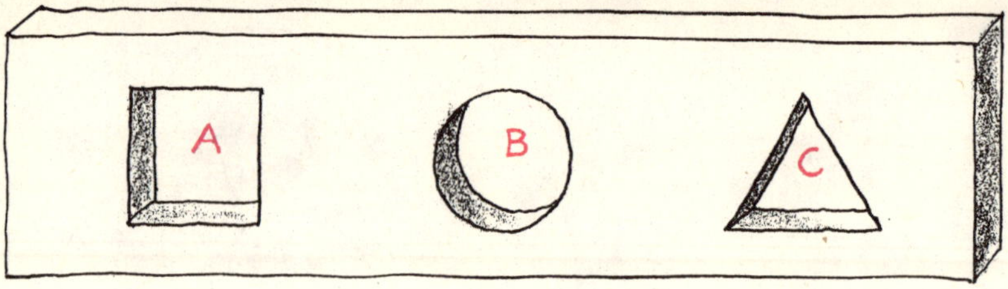

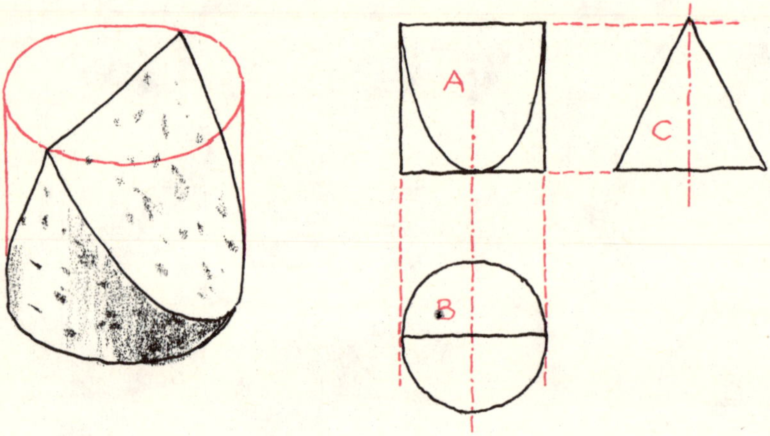

Ein zylindrischer Korkstopfen, dessen Höhe gleich dem Durchmesser ist, wird von der Seite als Quadrat, von oben als Kreis gesehen. Schneidet man ihn keilförmig zu und blickt man jetzt von der Seite auf eine Keilfläche, sieht man als Umriß weiterhin ein Quadrat (A), in Richtung der Keilschneide jedoch ein Dreieck (C), und von oben ist als Umriß weiterhin ein Kreis (B) sichtbar. Damit paßt der Stopfen in alle drei Öffnungsformen A, B und C.

L 45.

Über Gegenständen, die wärmer als ihre Umgebung sind, strömt erwärmte Luft ständig nach oben. Dieser Luftstrom führt die im Keramikgefäß verdunstete Wassermenge als Wasserdampf mit sich. Da der Luftstrom aber am Fenster, der kältesten Stelle im Raum, vorbeiführt, schlägt sich der Wasserdampf zum größten Teil an den Fensterscheiben nieder. Die Warmluft strömt zur Decke, an dieser entlang, an der entgegengesetzten Zimmerwand wieder auf den Boden und zur Heizung zurück. Da jedoch der größte Teil des Wasserdampfes schon am Fenster kondensiert ist, kann, obwohl der Luftkreislauf im Zimmer ständig stattfindet, in einiger Entfernung von der Heizung keine spürbare Luftfeuchtigkeitserhöhung nachgewiesen werden. Es hat deshalb wenig Erfolg, in zentralbeheizten Wohnungen, in denen sich der Heizkörper in der Nähe des Fensters befindet, durch Anbringen eines Verdunstungsgefäßes die Luftfeuchtigkeit im Zimmer erhöhen zu wollen. Sie wirken nur, wenn sich der Heizkörper weit entfernt vom Fenster befindet.

L 46.

Der Druck, der im Wasser auf einen Körper wirkt, ist um so größer, je tiefer sich der Körper unter der Wasseroberfläche befindet. Außerdem wirkt diese Kraft allseitig senkrecht zur Oberfläche des Körpers. Ein Geschoß kann deshalb nur dann den Lauf einer Feuerwaffe verlassen, wenn die durch die Explosion des Treibsatzes hervorgerufene Kraft, die das Geschoß durch den Lauf drückt, größer als die vom Wasser auf das Geschoß ausgeübte Kraft ist. Bei Pistolen z. B. wird das Geschoß mit einem Druck von etwa 300 at vorwärtsgetrieben. Bekanntlich beträgt der Schweredruck 10 m unter der Wasseroberfläche 1 at. Daraus folgt, daß der Druck erst in etwa 3000 m Tiefe 300 at erreicht. Das bedeutet, daß das Geschoß in Tiefen von mehr als 3000 m unter dem Wasserspiegel den Lauf der Pistole nicht mehr verlassen kann.

L 47.

Flüssigkeit steigt in einem evakuierten Rohr unter der Einwirkung des äußeren Luftdrucks, der im Mittel 1 at beträgt. Sie steigt so weit über den Flüssigkeitsspiegel, bis der in der Flüssigkeitssäule in Höhe des Flüssigkeitsspiegels herrschende Schweredruck gleich dem äußeren Luftdruck ist.
Der beschriebene Effekt wurde bekanntlich von Torricelli zur ersten Luftdruckmessung ausgenutzt. Torricelli verwendete als Flüssigkeit Quecksilber, das bei mittlerem Luftdruck in einem evakuierten Rohr 76 cm emporsteigt. Man kann leicht ausrechnen,

daß eine Wassersäule, die einen Bodendruck von 1 at erzeugt, etwa 10 m Höhe besitzen muß. Deshalb kann man mit einer Saugpumpe Wasser aus größeren Tiefen als etwa 10 m nicht an die Oberfläche befördern. Wollte man mit einer solchen Pumpe das Wasser aus einer Tiefe von 20 m heraufpumpen, so müßte der äußere Luftdruck 2 at betragen. Wenn die Fördertiefe größer als 10 m ist, muß man eine Druckpumpe benutzen.

L 48.

Man erwärmt die Luft in der Flasche z. B. dadurch, daß man ein Stück brennendes Papier oder einige brennende Streichhölzer in die Flasche wirft. Dabei vergrößert sich das Volumen der in der Flasche befindlichen Luft, und ein Teil von ihr entweicht. Verschließt man jetzt die Flasche, indem man das Ei aufrecht auf ihre Öffnung stellt, so wird das Ei, wenn sich die Luft in der Flasche abkühlt, in die Flasche hineingesogen, denn das Luftvolumen verringert sich bei Abkühlung wieder. Es entsteht ein Unterdruck im Gefäß, und das Ei rutscht unbeschädigt durch den Flaschenhals ins Innere.
Soll das Ei unbeschädigt aus der Flasche herausgeholt werden, bläst man bei weit zurückgebeugtem Kopf kräftig in die Flasche hinein. Dadurch entsteht im Flascheninnern ein erhöhter Druck. Das Ei rutscht dabei ein kleines Stück in die Flasche. Dadurch kann Luft in die Flasche eindringen. Das Ei fällt, sobald man zu blasen aufhört, in den Flaschenhals zurück. Wenn man schließlich die Flasche absetzt – immer mit der Öffnung nach unten – drückt die komprimierte Luft das Ei durch den Flaschenhals heraus.

L 49.

Die Gummiwärmflasche ist zuerst völlig leer. In die Metallwärmflasche strömt beim Auslaufen des Wassers, bedingt durch den in ihrem Innern entstehenden Unterdruck, Luft ein, die das Wasser am gleichmäßigen Auslaufen hindert. Es fließt stoßweise aus. Die Gummiwärmflasche hingegen verringert – entsprechend dem durch das auslaufende Wasser entstehenden Unterdruck – ihr Volumen und damit ihre Form. Es strömt also kaum Luft ins Innere der Wärmflasche, so daß das Wasser fortlaufend und damit schneller ausfließen kann.

L 50.

Da das Anheben eines Findlings ohne technische Mittel unmöglich erscheint, könnte man rings um den großen Block Löcher in die Erde gegraben haben, in die dann die kleineren, tragenden Steine eingesetzt wurden. Grub man danach das Erdreich unter der Platte und in der Umgebung weg, so lag der schwere Steinblock frei auf den kleineren Steinen.

L 51.

Zieht der Vater den Wagen, haben es beide tatsächlich leichter. Zerlegt man die beiden Kräfte $\vec{F}$ und $\vec{F}'$ der beiden Personen jeweils in zwei Komponenten, so tritt beim Ziehen des Wagens neben der Bewegungskomponente $\vec{F}_B$ eine Hubkomponente $\vec{F}_H$ und beim Schieben neben der Bewegungskom-

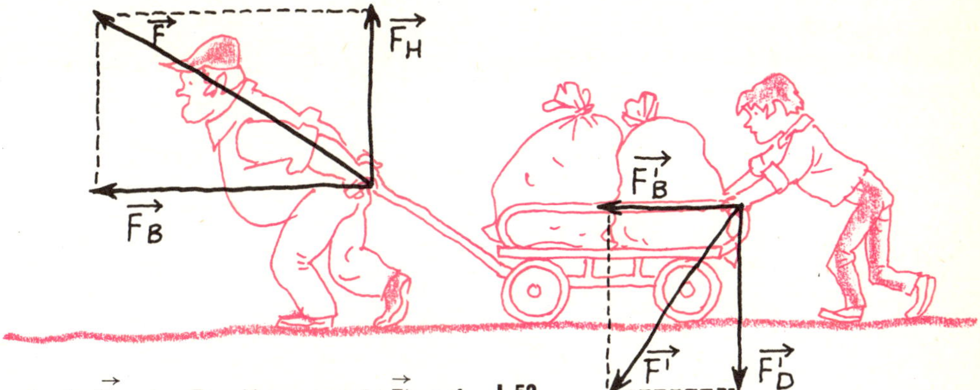

ponente $\vec{F'}_B$ eine Druckkomponente $\vec{F'}_D$ auf (siehe Skizze). Die Hubkomponente verringert, die Druckkomponente vergrößert die Kraft, mit der der Wagen auf den Erdboden drückt. Bei der Fortbewegung des Wagens muß aber die Reibung zwischen den Rädern und dem Erdboden überwunden werden, die um so größer ist, je stärker der Wagen auf den Erdboden drückt. Wegen der Größe des Erwachsenen einerseits und seiner größeren Kraft $\vec{F}$ andererseits erhält die Hubkomponente $\vec{F}_H$ einen relativ großen Betrag.

L 52.

Auf der abwärts führenden Straßenseite bewegen sich die Fahrzeuge antriebslos, und ihre Räder führen nur eine abwärtsrollende Bewegung aus. Die Schneedecke wird deshalb lediglich durch senkrechten Druck belastet. Auf der anderen Straßenseite können sich die Kraftfahrzeuge nur dann hangaufwärts bewegen, wenn die Motorkraft größer als die an einer geneigten Ebene wirkende Hangabtriebskraft ist. Die Motorkraft wirkt an der Berührungsstelle zwischen Reifen und Schneedecke parallel zur Hangober-

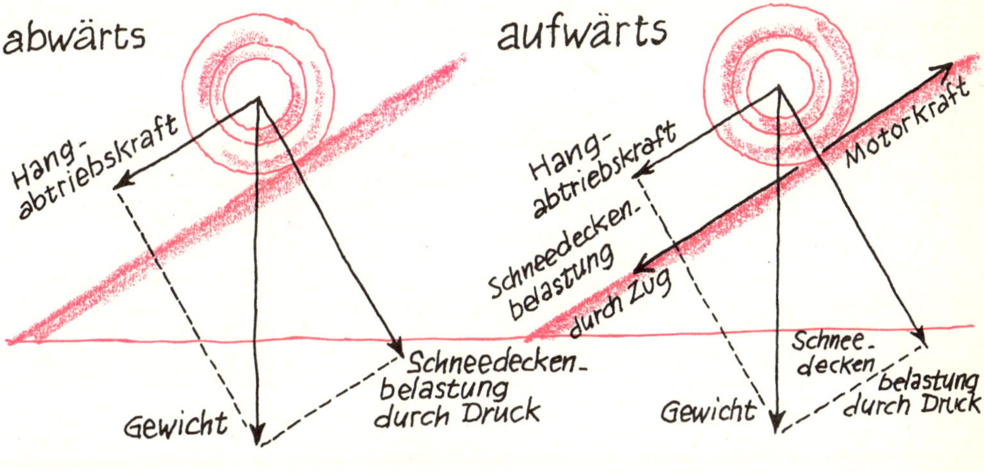

fläche und führt zu einer zusätzlichen Zugbelastung, die das Aufreißen der Schneedecke bewirkt (s. Skizze auf Seite 59).

L 53.

Lenkt der Fährmann das Schiff quer zur Strömung, so wird das Boot zwar von der Strömung abgetrieben, aber die Kraft $\vec{F}$, die das Boot vorwärtstreibt, wird in der gewünschten Bewegungsrichtung zum gegenüberliegenden Ufer voll wirksam. Lenkt er das Schiff schräg flußaufwärts, wirkt eine kleinere Komponente $\vec{F'}$ der Kraft $\vec{F}$ in Richtung auf das Gegenufer. Die andere Komponente $\vec{F_s}$ trägt überhaupt nicht zur Querbewegung bei, sondern sie verrichtet Arbeit gegen die Strömung des Flusses. Entsprechend verhält es sich bei schrägem Flußabwärtsfahren. Hier unterstützt die Komponente $\vec{F_s}$ die treibende Kraft der Strömung, und die zum Gegenufer gerichtete Komponente $\vec{F'}$ ist wieder kleiner als die Gesamtkraft $\vec{F}$, die das Boot treibt (s. Skizze).

Die Zeit für das Übersetzen ist natürlich um so kürzer, je größer die vorwärtstreibende Kraft $\vec{F}$ ist.

L 54.

Das zweite Holzstäbchen wird unterhalb des ersten an das hufeisenförmige Pappstück gehalten, und zwar so, daß zwischen Holzstäbchen und Innenrand des Hufeisens noch eine kleine Öffnung bleibt (s. Skizze auf S. 61). Drückt man jetzt vorsichtig gegen die Pappe, so rutscht das daran lehnende Holzstäbchen immer tiefer und fällt mit der Spitze schließlich auf das mit der Hand gehaltene Holzstäbchen. Das heruntergerutschte Holzstäbchen ragt etwas unter dem Hufeisen nach vorn durch. Nun kann man das ganze System mit Hilfe des zweiten Holzstäbchens anheben, denn das Pappstück wird von der Spitze des ersten Holzstäbchens regelrecht aufgegabelt. Das Gewicht des Papphuf-

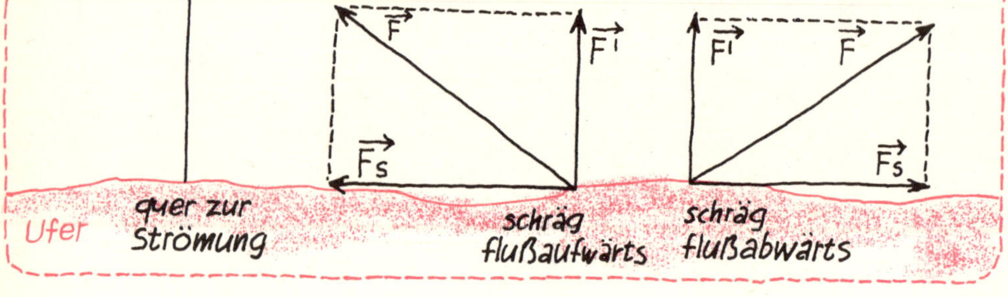

eisens muß natürlich so auf das Gewicht des Holzstäbchens abgestimmt sein, daß sich beide in der beschriebenen Lage im stabilen Gleichgewicht befinden.

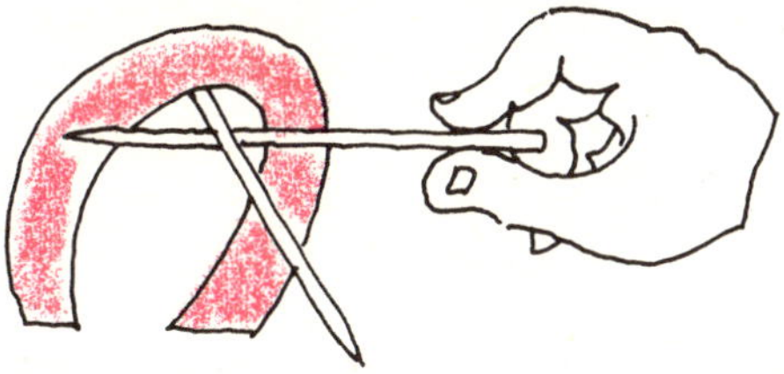

L 55.

Nach dem Umdrehen des Glaszylinders befindet sich der Schwimmkörper an dessen Boden, mit der sandgefüllten Hälfte nach oben. Dadurch liegt der Schwerpunkt des Schwimmkörpers ebenfalls weit oben, der Körper kippt etwas nach der Seite und liegt an der Zylinderwand an. Der Körper kippt leicht, weil die oberen und unteren Begrenzungsflächen nach außen gewölbt sind. Soll der Schwimmkörper in dieser Lage aufsteigen, muß er die beim Anliegen an der Zylinderinnenwand auftretende Reibung überwinden. Nachdem eine bestimmte Sandmenge in den unteren Teil des Schwimmkörpers gerieselt ist, hat sich der Schwerpunkt des Gefäßes nach unten verlagert, und dabei hat sich die Reibung an der Glaswand verringert. Erst jetzt beginnt der Schwimmkörper zu steigen.

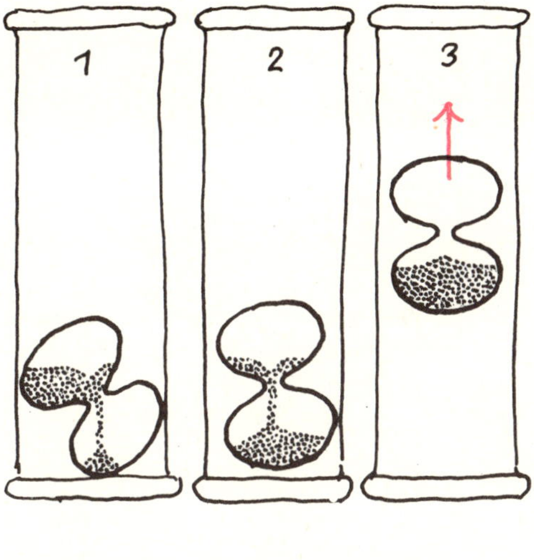

L 56.

Da die Wände des Gebäudes senkrecht zur Erdoberfläche stehen, treffen sich ihre Verlängerungslinien im Erdmittelpunkt. Die Wände sind demnach nicht parallel zueinander, sondern sie haben oben einen größeren Abstand voneinander als unten. Folglich werden die Wohnflächen nach oben hin immer größer. In der Skizze sind die Verhältnisse etwas übertrieben veranschaulicht. Die Zunahme der Wohnfläche ist in Wirklichkeit so gering, daß sie mit einem Zollstock nicht gemessen werden kann.

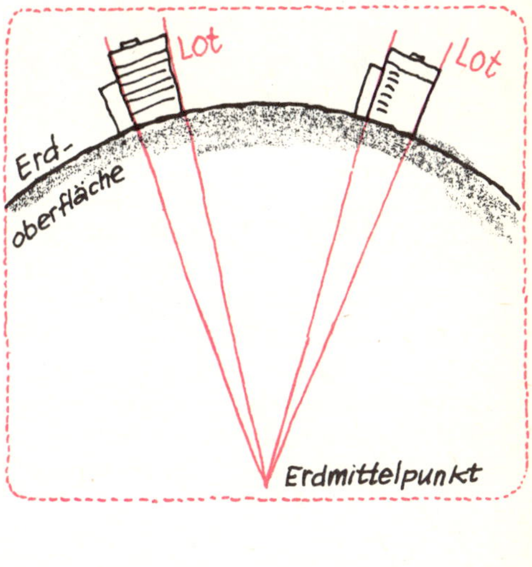

L 57.

Man könnte meinen, daß die Anziehung durch die Erde größer ist, da sich der Mond der Erde weitaus näher befindet als der Sonne. Die Entfernung zweier Himmelskörper voneinander ist aber nur eine Größe, die man bei dieser Aufgabe berücksichtigen muß. Newton bewies, daß der Betrag F der Kraft, mit der zwei Massen m_1 und m_2 einander anziehen, diesen Massen direkt proportional und dem Quadrat ihres Abstandes r voneinander umgekehrt proportional ist:

$$F \sim \frac{m_1 \cdot m_2}{r^2}.$$

Der Abstand Erde – Mond beträgt etwa den vierhundertsten Teil des Abstandes Mond–Sonne. Das bedeutet, daß die Anziehungskraft zwischen Erde und Mond $400 \cdot 400 = 160000$ mal so groß ist wie die zwischen Sonne und Mond. Bis hierher stimmt die anfängliche Überlegung. Aber die Masse der Sonne ist rund 320000 mal so groß wie die der Erde. Berücksichtigt man beide Werte im Newtonschen Gravitationsgesetz, so findet man, daß die Massenanziehung zwischen Sonne und Mond mehr als doppelt so groß ist wie die zwischen Erde und Mond.

L 58.

Die Fallzeit eines Körpers hängt, wie die Fallgesetze lehren, außer von der Fallhöhe noch vom Betrag g der Fallbeschleunigung ab. Die Fallbeschleunigung ist, wie man aus den folgenden einfachen Betrachtungen erkennt, dem Abstand zwischen den Massenmittelpunkten des fallenden Körpers und der Erde proportional.

Der Betrag F der Kraft, die den Körper herabfallen läßt, kann auf zwei verschiedene Arten ausgedrückt werden. Einmal wird sie durch das Gravitationsgesetz

$$F = k \cdot \frac{M \cdot m}{r^2}$$

beschrieben, wobei M die Erdmasse, m die Masse des fallenden Körpers und k die Gravitationskonstante bedeuten. Der Abstand r zwischen den Massenmittelpunkten von Erde und fallendem Stein ist praktisch gleich dem Erdradius R, da die Fallhöhe von 1 m gegen den Erdradius R = 6370 km vernachlässigt werden kann. Also kann man schreiben:

$$(1) \qquad F = k \cdot \frac{M \cdot m}{R^2}.$$

Andererseits äußert sich F durch das Gewicht des Körpers, also

$$(2) \qquad F = m \cdot g.$$

Beide Gleichungen beschreiben dieselbe Kraft. Also gilt:

$$k \cdot \frac{M \cdot m}{R^2} = m \cdot g.$$

Daraus folgt sofort:

$$(3) \qquad g = k \cdot \frac{M}{R^2}.$$

Weiterhin ist die Erdmasse das Produkt aus dem Erdvolumen und der durchschnittlichen Dichte ϱ der Erde. Für den Betrag g der Fallbeschleunigung ergibt sich dann aus Gleichung (3):

$$(4) \qquad g = k \cdot \frac{4}{3} \cdot \pi \cdot \varrho \cdot \frac{R^3}{R^2} = k \cdot \frac{4}{3} \cdot \pi \cdot \varrho \cdot R.$$

Aus dem Gravitationsgesetz folgt, daß die Anziehungskraft an irgendeinem Punkt im Innern der Erde nur von der Masse abhängt, die insgesamt tiefer, also dem Massenmittelpunkt näher liegt als der betreffende Punkt. Auf den in 4 km Tiefe befindlichen Stein wirkt also nur noch die Gravitation einer Kugel mit dem Radius $R_1 = R - 4$ km.
Für den Betrag g in dieser Tiefe ergibt sich daher

$$(5) \qquad g = k \cdot \frac{4}{3} \cdot \pi \cdot \varrho \cdot \frac{R_1^3}{R_1^2} = k \cdot \frac{4}{3} \cdot \pi \cdot \varrho \cdot R_1 ,$$

wobei der Erdradius in km gemessen wird. Ist die Erdmasse homogen verteilt, d. h., hat die Dichte ϱ an jeder Stelle im Erdinnern denselben Wert, so ergibt sich durch Vergleich der Gleichung (4) mit Gleichung (5), daß der Betrag g der Fallbeschleunigung in 4 km Tiefe um $\frac{4}{6370}$, d. h. um 0,63 % kleiner als an der Erdoberfläche ist. Der Stein müßte dort also langsamer als an der Erdoberfläche fallen. Tatsächlich aber fällt er in 4 km Tiefe schneller zu Boden. Der Grund dafür ist, daß die Erdmasse nicht, wie für die obigen Betrachtungen angenommen wurde, homogen verteilt ist, sondern daß ihr größter Teil tief im Erdinnern konzentriert ist. Die auf den Stein anziehend wirkende Erdmasse bleibt daher beim Eindringen ins Erdinnere in den obersten Schichten nahezu gleich groß, wogegen sich der Abstand r zum Massenmittelpunkt der Erde verringert. Aus diesem Grunde steigt beim Eindringen ins Erdinnere während der ersten Kilometer der Betrag der Fallbeschleunigung an. Erst in etwa 2000 km Tiefe ist sie wieder auf den Wert abgefallen, der an der Erdoberfläche gemessen wird. Von dort nimmt sie etwa linear zum Erdmittelpunkt hin ab.

L 59.

Diese Erscheinung beruht weniger auf dem Gewicht der betrachteten Stoffe als vielmehr auf den in den Stoffen wirkenden inneren Kräften. Zwischen den Molekülen der Flüssigkeiten und der festen Körper wirken starke Molekularkräfte (Kohäsion). In Flüssigkeiten bewirken diese Kräfte, die senkrecht zur Oberfläche nach innen gerichtet sind, daß einzelne Moleküle oder Wassertropfen nur schwer zur Oberfläche gelangen oder gar aus der Flüssigkeit herauskommen. Die Flüssigkeit ist scheinbar mit einer dünnen elastischen Schicht überzogen, die einer Vergrößerung der Oberfläche z. B. durch Tropfenbildung entgegenwirkt (Oberflächenspannung). In Festkörpern sind die zusammenhaltenden Kräfte auf Grund der dichteren Packung der einzelnen Bausteine noch größer als in Flüssigkeiten. In unserem Fall liegt aber die feste Substanz als Sand, und zwar in Form leichter Körnchen, vor. Die starken molekularen Bindungskräfte wirken nur zwischen den Molekülen, also innerhalb eines Körnchens. Zwischen den einzelnen Körnchen sind die anziehenden Kräfte sehr klein. Sie sind leicht voneinander zu trennen und werden deshalb schon von einer schwachen Luftströmung aufgewirbelt und fortgetragen. Die Kräfte, die nötig sind, um von außen her Tropfen von einer Wasseroberfläche abzulösen, müssen dagegen wesentlich größer sein, weil ja hier die Molekularkräfte als Oberflächenspannung voll wirksam sind.

L 60.

Die Eigenschaft vieler Flüssigkeiten, in engen Röhrchen oder schmalen Spalten nach oben zu steigen, wird Kapillarität genannt. Die Kapillarität ist eine Folge der Oberflächenspannung. Der Flüssigkeitsspiegel steigt um so höher, je größer die Oberflächenspannung der betreffenden Flüssigkeit ist. Erhöht man die Temperatur der Flüssigkeit, so wird die Oberflächenspannung auf Grund der höheren Bewegungsenergie der Flüssigkeitsmoleküle und des damit geringer werdenden Einflusses der molekularen Bindungskräfte kleiner. Das wärmere Wasser steigt demzufolge in dem Röhrchen nicht so hoch wie das kalte.

L 61.

Fester, ausgetrockneter Boden ist sehr rissig und von vielen kleinen Kapillarröhrchen durchsetzt. Die Kapillarität bewirkt eine direkte Verbindung zwischen tiefer gelegenen, feuchten Bodenschichten und der Oberfläche des Erdreichs. Lockert man die oberen Schichten auf, so werden die meisten der vorhandenen Kanäle unterbrochen, das Wasser kann nicht mehr an die Oberfläche gelangen, und dadurch wird der Feuchtigkeitsgrad des Bodens wesentlich höher gehalten.

L 62.

Beide Ziegel kamen gleichzeitig zur Ruhe, weil sie gleiches Gewicht besaßen.
Nach Coulomb ist die Gleitreibung, die bei gleitender Bewegung eines Körpers auf der Oberfläche eines anderen überwunden werden muß, nur vom Gewicht des gleitenden Körpers abhängig, nicht aber von der Größe der Fläche, mit der er auf der Oberfläche eines anderen Körpers aufliegt.

L 63.

Jeder Punkt der Erdoberfläche und jeder auf der Erdoberfläche befindliche Körper beschreibt eine Kreisbewegung mit der Winkelgeschwindigkeit der Erddrehung. Die Umfangsgeschwindigkeit (Bahngeschwindigkeit) des Punktes ist dabei je nach dem Abstand des betreffenden Ortes von der Drehachse verschieden groß. Je weiter er sich von der Drehachse entfernt, desto größer ist der Umfang des Kreises, auf dem er sich bewegt. Die größte Umfangsgeschwindigkeit haben deshalb Punkte in Äquatornähe.
Bewegt sich ein Körper auf der nördlichen Halbkugel – für die südliche Halbkugel gilt natürlich dasselbe, die Kräfte haben lediglich ein anderes Vorzeichen – von Süden nach Norden, so kommt er dabei von Breiten mit größerer Umfangsgeschwindigkeit in solche mit kleinerer, denn er nähert sich auf seinem Wege immer mehr der Erdachse, die er am Pol schließlich erreicht. Der Körper ist dabei auf Grund seiner Trägheit bestrebt, die größere Umlaufgeschwindigkeit beizubehalten, d. h. der Erddrehung vorauszueilen. Er weicht von seiner Bahn nach rechts, also in östlicher Richtung, ab.
Bewegt sich ein Körper in entgegengesetzter Richtung, also auf der Nordhalbkugel von Norden nach Süden, so gelangt er von Gebieten mit kleinerer Umfangsgeschwindigkeit in solche mit größerer. Er wird in-

Ein Kunstmaler will fünf Äpfel als Vorlage für ein Stilleben benutzen. Er legt die Äpfel auf eine Kommode, um sie beim Malen in Augenhöhe vor sich zu haben. Die Fläche, auf der die Äpfel liegen, erscheint dadurch als Linie. Er überlegt, wie er die Äpfel anordnen kann. Wenn der Maler ein Übereinanderstapeln der Äpfel vermeiden will, kommen für zwei von den Äpfeln nur die drei abgebildeten Lagemöglichkeiten in Betracht.

Wie viele verschiedene Anordnungen sind dann bei den fünf Äpfeln möglich, und welche sind es?

(Zwei Anordnungen in einander entgegengesetzter Reihenfolge sollen als voneinander verschieden gelten).

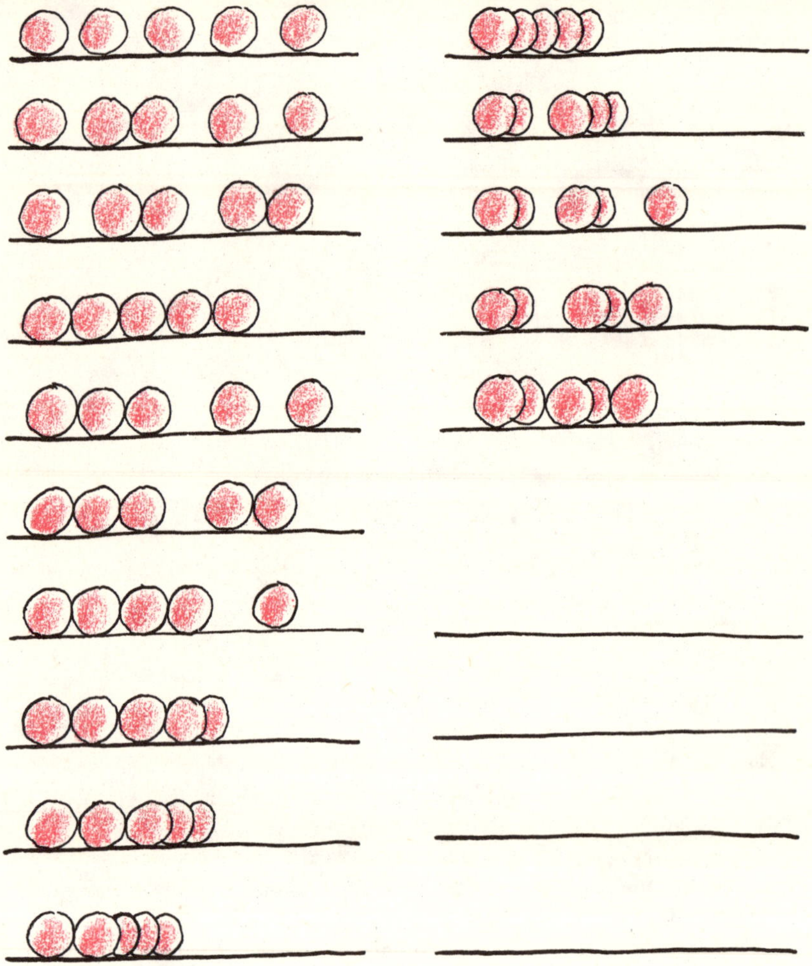

Die hier dargestellten Möglichkeiten hat der Kunstmaler bereits herausgefunden. Helfen Sie ihm doch bei seinen Überlegungen! Sie finden sicher noch andere Anordnungen. Es gibt nämlich insgesamt ${}^{w}V_3^4 = 3^4 = 81$.

folge seiner Trägheit bestrebt sein, hinter der Erddrehung zurückzubleiben und dadurch ebenfalls von seiner Bahn abweichen. Beispielsweise wird ein weitfliegendes Geschoß, das auf der Nordhalbkugel in südlicher Richtung abgefeuert wurde, durch die zur Seite wirkenden Kräfte, die sogenannten Corioliskräfte, eine Rechtsabweichung erfahren.
Ist die Bahn des Körpers an Schienen gebunden, so ist keine Bahnabweichung möglich. Er wird deshalb, wenn er sich von Süden nach Norden bewegt, in Richtung der Erddrehung, also von West nach Ost, eine Kraft auf seine Führung, die Schienen, ausüben. Die östlich gelegene Schiene wird bei dieser Bewegungsrichtung stärker beansprucht. Fährt der Zug von Norden nach Süden, übt er eine Kraft entgegen der Drehrichtung der Erde, also von Ost nach West, auf die Schienen aus. Die westlich gelegene Schiene wird dabei stärker beansprucht.
Besonders auffällig ist die Wirkung der Corioliskräfte bei Flüssen, die von Süden nach Norden bzw. in umgekehrter Richtung fließen. Die östlichen bzw. westlichen Ufer zeigen stärkere Erosionserscheinungen.

L 64.

In der Ausgangsstellung des ringförmig gebogenen Glasrohres muß die Torusebene senkrecht zur Erdoberfläche stehen. Wenn man das Glasrohr in diese Stellung gebracht hat, läßt man das im Rohr befindliche Wasser völlig zur Ruhe kommen (mit Hilfe des Mikroskops an den im Wasser schwebenden Teilchen erkennbar). Jetzt wird der Glastorus bezüglich seiner Aufhängung (Kippachse) um 180° gekippt, so daß die Torusebene wieder senkrecht auf der Erdoberfläche steht. Blickt man durch das Mikroskop, so erkennt man, daß sich die im Wasser suspendierten Teilchen bewegen, und zwar alle in derselben Richtung. Das Wasser im Glastorus zirkuliert. Ursache dafür sind die durch die Erddrehung auftretenden Corioliskräfte. Die Moleküle des Wassers im Rohr bewegen sich nämlich wegen der Erddrehung auf Kreisbahnen in östlicher Richtung. Dabei besitzen die Moleküle im oberen Teil des Glastorus infolge größerer Bahnradien eine größere Bahngeschwindigkeit (Umfangsgeschwindigkeit) als die Wassermoleküle im unteren Teil. Durch das Kippen des Glastorus um 180° werden die im oberen Teil des Rohres befindlichen Flüssigkeitsmoleküle nach unten und die im unteren Teil des Rohres befindlichen Flüssigkeitsmoleküle nach oben gebracht. Die im oberen Teil des Rohres befindlichen Flüssigkeitsmoleküle gelangen auf Kreisbahnen mit kleineren und die im unteren Teil des Rohres befindlichen Flüssigkeitsmoleküle auf Kreisbahnen mit größeren Umfangsgeschwindigkeiten. Da nach dem Trägheitsprinzip die Moleküle in ihrem ursprünglichen Bewegungszustand verharren wollen, treten Trägheitskräfte (die Corioliskräfte) auf. Diese Kräfte wirken auf die durch das Kippen nach oben gebrachten Moleküle in westlicher, auf die nach unten gebrachten Moleküle in östlicher Richtung. Steht die Apparatur so, daß ihre Kippachse genau in West-Ost-Richtung liegt, so bewirken die Corioliskräfte eine Zirkulation des Wassers im Glastorus mit maximaler Zirkulationsgeschwindigkeit, denn in diesem Fall wirken die Corioliskräfte in der Ebene, in der sich die Flüssigkeit bewegen kann. Blickt man in

Nord-Süd-Richtung auf die Torusebene, so zirkuliert das Wasser im Uhrzeigersinn durch das Glasrohr. Steht die Apparatur so, daß ihre Kippachse genau in Nord-Süd-Richtung liegt, so kann keine Zirkulation der Flüssigkeit im Glastorus auftreten, weil die in diesem Fall senkrecht zur Torusebene wirkenden Corioliskräfte die Wassermoleküle lediglich gegen die Innenwand des Rohres drücken.
Aus diesen Betrachtungen ergibt sich, daß man zur Ermittlung der Ost-West-Richtung den Glastorus unter ständiger Veränderung der Richtung der Kippachse so oft kippen muß, bis die Zirkulationsgeschwindigkeit des Wassers im Rohr ihren Maximalwert erreicht hat. Aus dem Umlaufsinn der Flüssigkeit kann dann sofort auf die Ost- bzw. Westrichtung geschlossen werden, und damit sind auch alle anderen Himmelsrichtungen bestimmt.

L 65.

Die Ausbreitungsgeschwindigkeit der Schallwellen beträgt in Luft bei einer Temperatur von 20 °C etwa 340 m · s^{-1}. Könnte der Pilot des mit Überschallgeschwindigkeit fliegenden Flugzeuges seinen Kopf aus der Kabine halten, hörte er nichts von dem Düsengeräusch. In der schalleitenden Luft bewegt er sich relativ zur Schallquelle mit einer Geschwindigkeit, die größer als die Ausbreitungsgeschwindigkeit der Schallwellen ist. Da sich die Schallquelle hinter ihm befindet, kann er den Schall nicht wahrnehmen.
In der Kabine dagegen, einem abgeschlossenen Raum, bewegt sich der Pilot nicht in der die Schallwelle fortleitenden Luft. Die Schallschwingungen werden über die Metallteile des Flugzeuges an die Luft in der Flugzeugkabine weitergeleitet und erreichen auf diesem Wege den Piloten.

L 66.

Die Geschwindigkeit eines Punktes auf dem Reifen setzt sich aus zwei Komponenten zusammen: der Translationsgeschwindigkeit des Fahrrades und der Umlaufgeschwindigkeit des Punktes auf der Kreisbahn. In jeder Phase der Fortbewegung des Fahrrades überlagern sich beide Geschwindigkeitskomponenten zu einer resultierenden Geschwindigkeit. An der vom Erdboden am weitesten entfernten Stelle eines Rades addieren sich beide Geschwindigkeiten, weil hier die Vorwärtsbewegung des Fahrrades und die Umlaufgeschwindigkeit eines Punktes auf dem Radumfang gleiche Richtungen haben. An der dem Erdboden nahesten Stelle des Rades sind die beiden Komponenten einander genau entgegengerichtet, so daß sie einander aufheben und der weiße Punkt für einen Augenblick eine Geschwindigkeit mit dem Betrag 0 m · s^{-1} hat. Er befindet sich bezüglich des Erdbodens in Ruhe. Deshalb erkennt man die Markierung in diesem Moment gut, während sie an der vom

Erdboden am weitesten entfernten Stelle des Rades mit einer noch größeren Geschwindigkeit als der Fortbewegungsgeschwindigkeit des Fahrrades vorbeifliegt und bei genügend hoher Fahrgeschwindigkeit äußerst unscharf erscheint. Unabhängig vom Raddurchmesser ist die Geschwindigkeit der Markierung an der vom Erdboden am weitesten entfernten Stelle genau doppelt so groß wie die Fahrgeschwindigkeit.

L 67.

Die Behauptung des Fahrgastes ist richtig. Die Punkte, die sich Bruchteile von Sekunden entgegen der Fahrtrichtung bewegen, liegen an den Spurkränzen der Wagenräder. Es sind alle Punkte, die im betrachteten Moment tiefer liegen als die Ebene, auf der die Räder abrollen (d. h. unter der Gleisoberkante). Jeder Punkt auf dem Umfang des Spurkranzes beschreibt die in der Skizze veranschaulichte Kurve, eine sogenannte verschlungene Zykloide.

Beim Passieren des unteren Teiles der Schlingen in der Zykloide bewegt sich der betrachtete Punkt entgegen der Fahrtrichtung des Zuges.

L 68.

Nach der Zeichnung auf Seite 27 hat der höchstgelegene Teil des Schornsteins den darunterliegenden nahezu eingeholt. Demnach müßte der obere Teil schneller fallen als der untere. Das kann nicht geschehen. Im luftleeren Raum fallen alle Körper gleich schnell. Die Luft setzt einem fallenden Körper Widerstand entgegen und bremst ihn. Der Luftwiderstand ist um so größer, je größer die Geschwindigkeit des fallenden Körpers ist. Da der oberste Teil des Schornsteines aus einer größeren Höhe als die übrigen Bruchstücke herabfällt, braucht er demnach die längste Fallzeit. Er erreicht außerdem die größte Fallgeschwindigkeit, so daß auf ihn auch der Luftwiderstand am stärksten wirkt. Damit bleibt er hinter den

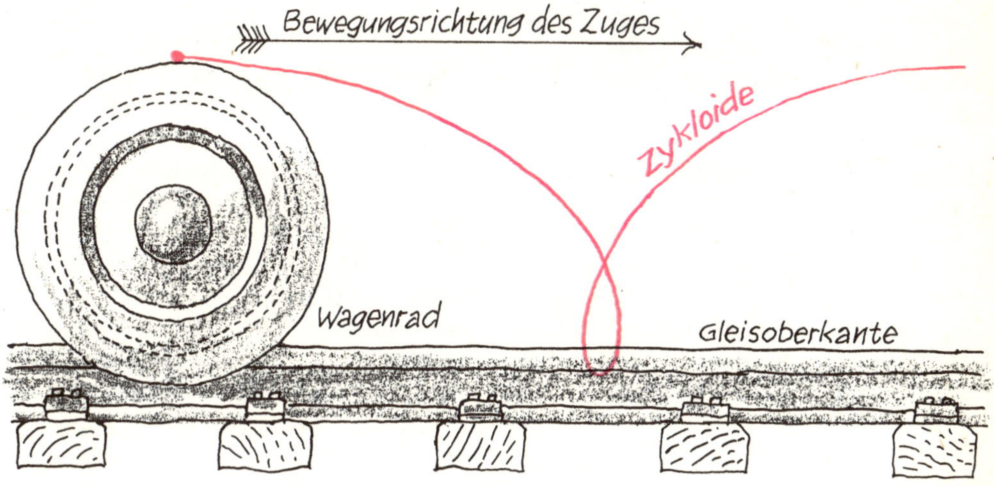

übrigen Schornsteinteilen zurück, und zwar infolge der Luftreibung noch weiter, als es nach den Fallgesetzen zu erwarten wäre. Rainer hat also den Vorgang auf seiner Zeichnung nicht richtig dargestellt. Das richtige Bild vom Schornsteineinsturz vermittelt die folgende Skizze.

L 69.

Die Steinchen haben zum Zeitpunkt des Beginns der Fallbewegung die gleiche Geschwindigkeit in Fahrtrichtung wie der Dampfer selbst. Diese gleichförmige geradlinige Vorwärtsbewegung behalten sie auf Grund des Trägheitsprinzips bei. Sie fallen nur unter der Wirkung der Gravitation nach unten. Deshalb treffen sie genau an derselben Stelle wie vor der Abfahrt auf; sie fallen also wieder in die Konservendose.

Man kann daran erkennen, daß der Begriff der Geschwindigkeit ein relativer Begriff ist. Es kommt immer auf das Bezugssystem an. Für einen Beobachter, der sich auf dem Dampfer gleichförmig gradlinig mitbewegt, fällt der Stein senkrecht nach unten. Einem Beobachter am Ufer erscheint die Flugbahn des Steinchens dagegen nicht mehr geradlinig, weil sich der Dampfer relativ zum Beobachterstandort bewegt. Für den Beobachter bewegt sich der Stein auf einer Parabelbahn, einer Wurfparabel, denn der Stein hat relativ zum ruhenden Ufer im Zeitpunkt des Beginns der Fallbewegung nicht die Horizontalgeschwindigkeit $0 \mathrm{m} \cdot \mathrm{s}^{-1}$, sondern die des sich bewegenden Schiffes. Zwei verschiedene Personen können demnach den gleichen Vorgang völlig unterschiedlich beobachten und interpretieren, und beide haben recht.

L 70.

Beim Aufwickeln des Drahtseils auf die Trommel vergrößert sich deren Durchmesser. Bei gleichbleibender Drehzahl wird deshalb je Zeiteinheit ständig mehr Seil aufgewickelt. Der Lastenaufzug bewegt sich folglich um so schneller, je höher er kommt.

L 71.

Der Kilometerzähler war nicht defekt. Die Reifen des Wagens waren lediglich abgenutzt, so daß sich der Umfang der Reifen verringert hatte. Die Räder mit den abgenutzten Reifen mußten sich öfter drehen, um die gleiche Entfernung wie mit neuen Reifen zurückzulegen. Weil ein Kilometerzähler die Zahl der Radumdrehungen registriert und als gefahrene Kilometer anzeigt, gab er durchweg einen zu großen zurückgelegten Weg an.

L 72.

Zieht man am unteren Faden allmählich, wird die Belastung ständig erhöht. Beim oberen Faden kommt zur Zugkraft der Hand noch das Gewicht der Schraube als Belastung hinzu. Der obere Faden reißt dadurch zuerst. Wird der untere Faden dagegen einem kräftigen Ruck ausgesetzt, so reißt er, und der Körper bleibt hängen, weil er wegen seiner relativ großen Masse eine große Trägheit besitzt. In der sehr kurzen Zeit, in der der untere Faden so weit gedehnt ist, daß er reißt, legt die Schraube keinen merklichen Weg nach unten zurück. Auf den oberen Faden wirkt also in diesem Falle die Zugkraft der Hand praktisch gar nicht ein.

L 73.

Wird der Pkw in Fahrtrichtung beschleunigt, so werden alle in seinem Innern befindlichen Gegenstände mit einer ihrer Masse proportionalen Trägheitskraft nach rückwärts gedrückt. Auch auf die Luft im Wageninnern wirkt eine solche Kraft. Weil der Ballon eine kleinere Dichte und deshalb eine kleinere Masse als die das gleiche Volumen einnehmende Luft hat (sonst könnte er nicht nach oben steigen), wird auf die Luft eine größere rücktreibende Kraft ausgeübt als auf den Ballon. Sie strömt im Wagen nach hinten und drückt den Ballon nach vorn. Beim Bremsen des Wagens wird der Ballon nach hinten gedrückt, weil die Luft im Wageninnern nach vorn strömt. Beim Durchfahren einer Kurve werden Zentrifugalkräfte wirksam. In diesem Falle wird der Ballon nicht, wie man annehmen könnte, nach außen, sondern nach innen gezogen.

L 74.

Bei einer allmählichen Verringerung der Fahrgeschwindigkeit verspürt man infolge des Beharrungsvermögens seines Körpers eine Trägheitskraft in Fahrtrichtung. Dieser Kraft stemmt sich der Körper entgegen, und dazu ist eine der Fahrtrichtung entgegengerichtete Muskelkraft erforderlich. Diese Muskelkraft wird im Moment des Anhaltens nicht sofort unwirksam, so daß der Körper einen scheinbar den Newtonschen Prinzipien widersprechenden Ruck nach hinten erhält.

L 75.

Die Räder von Schienenfahrzeugen haben konische Laufflächen (s. Skizze auf S. 72). In Kurven wird ein schweres Fahrzeug durch die Zentrifugalkraft etwas nach außen gedrückt. Dabei verschieben sich die Auflagepunkte der Räder auf den Schienen. Das – in der Kurve – äußere Rad rollt nun auf einem Kreis mit größerem Durchmesser, also mit größerem Umfang, das innere auf einem Kreis kleineren Durchmessers, also kleineren Umfangs. Die Achse hat in diesem Moment scheinbar zwei Räder mit verschieden großen Durchmessern bekommen (siehe Skizze). Bei den durch die starre Achse bedingten gleichen Drehzahlen beider Räder werden von den Rädern trotzdem verschieden lange Wege zurückgelegt.

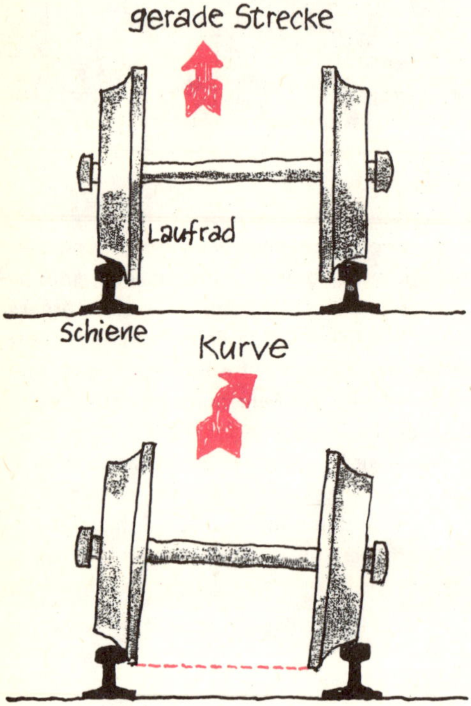

L 76.

Das Flugprinzip einer Fliege beruht auf der Luftverdrängung nach unten.
Bleibt die Fliege in gleicher Höhe in der Luft, so übt sie durch ihren Flügelschlag eine Kraft, die ihrem Körpergewicht entspricht, auf die Luft aus. Die dadurch nach unten gedrückte Luft wirkt mit einer Kraft von ebenfalls gleichem Betrag auf den Boden des Gefäßes (3. Newtonsches Axiom). Deshalb ist es gleichgültig, ob sich die Fliege in konstanter Höhe in der Luft befindet oder ob sie auf dem Boden des Gefäßes sitzt. Die Waage ist in beiden Fällen im Gleichgewicht.
Fliegt die Fliege nach oben, so bewegt sie sich beschleunigt, wozu sie eine Kraft braucht, die größer als ihr Körpergewicht ist (2. Newtonsches Axiom). Diese beschleunigende Kraft wirkt auf den Boden des Gefäßes und wird demzufolge von der Waage angezeigt. Die Waagschale mit dem Gefäß sinkt. Bewegt sich die Fliege beschleunigt nach unten, so ist die Kraft, die auf den Boden des Gefäßes ausgeübt wird, kleiner als das Körpergewicht der Fliege. Die Waagschale mit dem Gefäß steigt. In dem Moment, in dem die Fliege auf den Boden des Gefäßes aufsetzt, wird ein nach unten gerichteter Impuls auf die Waagschale übertragen, so daß die Waagschale wieder sinkt. Sitzt die Fliege schließlich wieder auf dem Gefäßboden, pendelt der Waagebalken in die Gleichgewichtslage zurück.
Natürlich sind bei diesen Überlegungen Energieverluste durch Reibung an der Luft unberücksichtigt geblieben.

L 77.

Die Überlegungen des Kraftfahrers waren falsch. Selbstverständlich belastet eine flatternde Taube den Wagen nicht mehr direkt. Um sich aber beispielsweise in 1 m Höhe

über der Ladefläche in der Luft zu halten, braucht sie eine stützende Kraft, die das Herunterfallen verhindert. Die Taube stößt sich durch Flügelschlagen an der unter ihr befindlichen Luft ab. Über diese Luft wird ihr volles Gewicht als Belastung der Ladefläche weiterhin wirksam.
Man kann sich nur einen einzigen Fall vorstellen, in dem wirklich eine Gewichtsverringerung eintreten könnte, nämlich dann, wenn eine oder, um eine merkliche Entlastung zu erreichen, alle Tauben an die höchste Stelle des auf der Ladefläche befindlichen Kastens flögen und sich dann frei herabfallen ließen, denn während des freien Fallens sind alle Körper gewichtslos. Ein solches „Verhalten" kann man aber verständlicherweise von Tauben nicht erwarten.

L 78.

Der Schwerpunkt eines Systems aus mehreren Körpern, in den vorliegenden Fällen der Systeme Mensch – Schlitten und Mensch – Raumkapsel, verlagert sich nicht ohne Einwirkung äußerer Kräfte. Bewegt sich der eine Teil des Systems, dann bewegt sich der andere Teil auch; der Schwerpunkt des Systems behält seine Lage. Das ändert sich, wenn äußere Kräfte mitwirken.
Für das System Mensch – Schlitten gilt der Satz von der Erhaltung des Schwerpunkts nicht, weil eine äußere Kraft, die Haftreibung zwischen Schlittenkufen und Schneedecke, wirkt. Die beiden reibenden Flächen verschieben sich erst dann gegeneinander, wenn die antreibende Kraft einen bestimmten Betrag erreicht hat.
Bewegt man sich auf einem Schlitten mit dem Oberkörper langsam nach vorn, so wird auf den Schlitten nur eine kleine rücktreibende Kraft wirksam, die den Schlitten noch nicht bewegen kann, weil die Haftreibung nicht überwunden wird. Bewegt man sich dann ruckartig nach hinten, so wirkt eine viel größere Kraft, die die Haftreibung überwindet und den Schlitten vorwärtstreibt. Im Fall des Systems Kosmonaut – Raumkapsel ist eine derartige Vorwärtsbewegung nicht möglich.
Hier kann keine äußere Kraft wirken, weil es im Weltraum keine Luft und demzufolge auch keine Reibung gibt, die eine Bewegung des einen Systemteils, z. B. des Kosmonauten, ohne Bewegung des anderen, also der Raumkapsel, zuläßt.

L 79.

Nach dem 3. Newtonschen Axiom (actio = reactio) hat jede Wirkung stets eine gleich große, aber entgegengesetzt gerichtete Gegenwirkung.
Wenn sich einer der Schüler an dem einen Seilende emporzieht, wirkt die gleiche Kraft über das Seil auch auf den anderen, gleich schweren Schüler als Zug. Er bewegt sich ebenfalls nach oben, so daß sich beide immer auf gleicher Höhe befinden. Sie kommen – vorausgesetzt natürlich, die Rolle läuft reibungslos – zur gleichen Zeit oben an, selbst dann, wenn sich der eine nur am Seil festhält, ohne einen Klimmzug zu ma-

chen. Deshalb wird bei einem derartigen „Wettkampf" nie eine Entscheidung fallen, sofern das Gewicht des Seils vernachlässigt werden kann. Das ist möglich, wenn noch genügend Seil auf beiden Seiten der Rolle auf dem Boden liegt.

L 80.

Die brennende Flamme erwärmt die sie umgebende Luft. Die Dichte dieser warmen Luft ist kleiner als die Dichte der anderen, nicht in unmittelbarer Nähe der Flamme befindlichen Luft. Die warme Luft steigt unter der Wirkung des Auftriebes nach oben, und es bildet sich eine Strömung aus, die der Flamme von unten her ständig sauerstoffhaltige Luft für die Verbrennung zuführt.
Der Auftrieb selbst ist eine Folge der Gravitation, denn ohne sie wären alle Körper schwerelos. Bewegt sich der Fahrstuhl beschleunigt nach unten, so beschreibt er nahezu eine freie Fallbewegung, und die in ihm befindlichen Körper nähern sich immer mehr dem Zustand der Schwerelosigkeit. In gleichem Maße läßt die Strömung, die der Flamme die sauerstoffhaltige Luft zuführt, nach. Die Flamme wird kleiner und erlischt schließlich, weil ihr kein Sauerstoff für die Verbrennung mehr zugeführt wird.

L 81.

Das Springen eines luftgefüllten Balls ist nicht auf die Gummihülle, sondern auf die in der Hülle eingeschlossene Luft zurückzuführen. Die Gummihülle spielt nur eine untergeordnete Rolle. Sie dient im wesentlichen dazu, die Luft unter Druck zu halten. Beim Aufprallen des Balls auf den Boden wird durch die von außen wirkende Kraft die Luft im Innern des Balls zusammengedrückt. Die Luft verhält sich dabei wie ein elastischer Körper und speichert für einen Augenblick die ihr zugeführte kinetische Energie als potentielle Energie. Beim darauffolgenden Ausdehnen wandelt sich diese potentielle Energie wieder in kinetische um, wobei der Ball in die Höhe getrieben wird.
Bei einem Vollgummiball beruht das Springen auf der Elastizität des Gummis. Die auch hier beim Aufprallen auf den Boden im Ball verrichtete Kompressionsarbeit wird nicht vollständig als potentielle Energie gespeichert, sondern ein Teil wird in Wärme verwandelt und geht für den Bewegungsvorgang verloren. Deshalb springt ein Vollgummiball, der aus gleicher Höhe wie ein luftgefüllter Gummiball herabfällt, nicht so hoch wie der luftgefüllte Ball.

L 82.

Beide Gefäße sind zum gleichen Zeitpunkt geleert.
Falsch wäre die Überlegung, Quecksilber fließe schneller als Wasser aus, weil sein Gewicht 13,6mal so groß wie das des Wassers ist. Beide Flüssigkeiten strömen nämlich gleich schnell aus. Man kann das folgendermaßen begründen:
Ein Gefäß mit einer Ausströmöffnung in Bodenhöhe (Danaide) sei bis zur Höhe h mit Flüssigkeit gefüllt. Wird für einen Moment das Abflußloch geöffnet, so strömt in dieser Zeit eine bestimmte Flüssigkeitsmenge m

Karl zeigt seinem Freund Friedrich stolz die oben abgebildete Figur, die, wie er ihm erklärt, aus 114 Quadraten bestehe. Friedrich besieht sich Karls Werk und behauptet kühn, er könne, ohne die Lage auch nur eines der Streichhölzer zu verändern, erreichen, daß die Figur nur noch 113 Quadrate besitze. Karl glaubte ihm das einfach nicht, aber Friedrich hatte tatsächlich nicht zu viel versprochen.
Was meinen Sie zu Friedrichs Behauptung?

Betrachten Sie doch einmal die Figur genau, und berechnen Sie die Anzahl der Quadrate! Sie werden feststellen, daß es nicht 114, sondern nur

$$2 \cdot (1 + 3 + 5 + \ldots + 13) + 15$$

$$= 2 \cdot \frac{7}{2} \cdot 14 + 15 = 98 + 15 = 113$$

(Summe einer arithmetischen Reihe erster Ordnung) Quadrate sind.

aus dem Gefäß. Dabei sinkt der Flüssigkeitsspiegel ein kleines Stück ab (s. Skizze). Die unten ausgeströmte Flüssigkeitsmenge fehlt am oberen Ende der Flüssigkeitssäule.

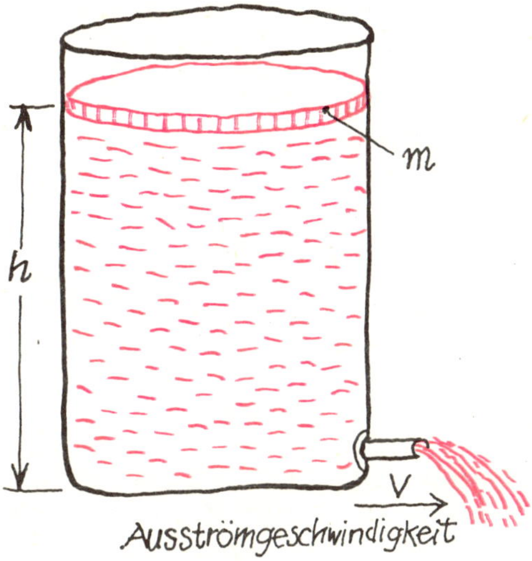

Ihre potentielle Energie in der Höhe h beträgt

$$W_{pot} = m \cdot g \cdot h,$$

wobei g den Betrag der Fallbeschleunigung bedeutet. Diese potentielle Energie kann nach dem Energieerhaltungssatz nicht verlorengehen. Sie wandelt sich beim Ausströmen in kinetische Energie der mit der Geschwindigkeit v ausströmenden Flüssigkeitsmenge m um:

$$W_{kin} = \frac{1}{2} m \cdot v^2 .$$

Weil bei dem beschriebenen Vorgang keine Energie durch Reibung in Wärme umgewandelt werden soll, gilt

$$W_{pot} = W_{kin},$$

und damit wird

$$m \cdot g \cdot h = \frac{1}{2} m v^2.$$

Hieraus folgt

$$v = \sqrt{2 \cdot g \cdot h},$$

d. h., der Betrag v der Ausströmgeschwindigkeit ist nur von der Höhe des Flüssigkeitsspiegels über der Ausströmöffnung, nicht aber vom Gewicht der Flüssigkeit abhängig.

L 83.

Ein künstlicher Satellit, der die Erde umkreist, ist schwerelos. Im gleichen Zustand befinden sich alle Körper in ihm. Das Stück Eisen wird demnach an jeder Stelle im Raum schweben, also seine Ruhelage bzw. seinen augenblicklichen Bewegungszustand beibehalten. Es wird deshalb weder auf dem Wasser schwimmen noch in ihm sinken, sondern es bleibt an der Stelle, wo es losgelassen wird, sowohl unter als auch über einer Wasseroberfläche. Allerdings wird sich das Wasser in einem geschlossenen Behälter befinden müssen, denn es hat sich gezeigt, daß Wasser im schwerelosen Raum aus offenen Behältern „herausrutscht", in kugelförmige Partikeln zerfällt und in der Raumschiffkabine „umherschwebt".

L 84.

Beim Fahrrad besteht ein bestimmtes Verhältnis n zwischen dem vom Pedal zurückgelegten Weg s_1 und der entsprechenden, vom Fahrrad bewältigten Entfernung s_2:

$$s_2 = n \cdot s_1 .$$

Für normale Tourenfahrräder ist $n > 1$. Bei Bewegung des Pedalarmes um s_1 bewegt sich das Fahrrad um $n \cdot s_1$ vorwärts. Zur Vorwärtsbewegung muß eine Kraft vom Betrag F_1 am Pedalarm angreifen. Dabei wird die Arbeit $F_1 \cdot s_1$ verrichtet. Die gleiche Arbeit wird am Hinterrad verrichtet, jedoch mit einer anderen Kraft vom Betrag F_2. Damit wird $F_2 \cdot s_2 = F_2 \cdot n \cdot s_1$. Läßt man Energieverluste durch Reibung außer acht, so gilt nach dem Energieerhaltungssatz der Mechanik:

$$F_1 \cdot s_1 = F_2 \cdot n \cdot s_1,$$

also

$$F_1 = n \cdot F_2.$$

Die rückwärts wirkende Kraft vom Betrag F_1, die am Pedal angreift, ist also n-mal so groß wie die am Hinterrad wirkende, das Fahrrad vorwärtstreibende Kraft vom Betrag F_2. Die Resultierende beider Kräfte hat die Richtung von $\vec{F_1}$ und läßt deshalb das Fahrrad rückwärts auf den Ziehenden zurollen. Dabei bewegt sich der Pedalarm im entgegengesetzten Drehsinn.

L 85.

Man muß zwei Fälle unterscheiden: das Fallen des Steins in Luft (Bremsen der Bewegung durch Luftreibung) und die Fallbewegung in einem luftleeren Schacht (kein Bremsen durch Luftreibung und deshalb kein Energieverlust).

Zunächst soll die Bewegung des Steins beim Fehlen der Luftreibung betrachtet werden. Durch sein auf der Gravitation beruhendes Gewicht wird der Stein zum Erdmittelpunkt hingezogen. Die zwischen Erde und Stein wirkende Kraft wird, wenn man voraussetzt, daß die Erdmasse homogen verteilt ist, ständig kleiner, je näher der Stein dem Erdmittelpunkt kommt. Befindet sich der Stein genau im Erdmittelpunkt, so wirkt keine beschleunigende Kraft mehr auf ihn, weil durch die ihn umgebende Erdmasse die Gravitation allseitig gleichmäßig wirksam wird. An der Erdoberfläche hat der Stein einen bestimmten Betrag an potentieller Energie, die sich beim Fallen in kinetische Energie umwandelt. Fällt der Stein von der Erdoberfläche aus in den Schacht, so be-

fähigt ihn die auf dem Weg bis zum Erdmittelpunkt gewonnene Bewegungsenergie, sich über den Erdmittelpunkt hinaus zu bewegen, und zwar soweit, bis seine gesamte kinetische Energie wieder restlos in potentielle Energie umgewandelt ist. Das wird erreicht, wenn der Stein am entgegengesetzten Ende des Schachtes an der Erdoberfläche wieder auftaucht. Von dem entgegengesetzten Ende des Schachtes aus wiederholt sich der Vorgang in umgekehrter Richtung und so weiter. Der Stein schwingt also im Schacht periodisch von einem Ende zum anderen.

Man kann auch die Zeit berechnen, die der Stein braucht, um durch den Schacht zu fallen. Der Betrag der auf den Stein wirkenden, zum Erdmittelpunkt gerichteten Kraft hängt linear vom Abstand zwischen Stein und Erdmittelpunkt ab. Ein solches „lineares Kraftgesetz" bewirkt ungedämpfte harmonische Schwingungen, die durch die sogenannte Schwingungsgleichung beschrieben werden. Danach ergibt sich die Zeit für eine Erddurchquerung zu $t = 42$ min. Fällt der Stein in einen luftgefüllten Schacht, so erreicht er zunächst wieder den Erdmittelpunkt. Er bewegt sich dann in Richtung auf das andere Ende des Schachtes weiter. Seine kinetische Energie reicht jedoch nicht aus, um das andere Schachtende zu erreichen, weil dem Stein von Beginn der Bewegung an infolge der Luftreibung laufend mechanische Energie entzogen worden ist, die sich in Wärme umgewandelt hat. Nach dem Umkehren bewegt sich der Stein wieder auf das Ausgangsende des Schachtes zu. Der zweite Umkehrpunkt ist wieder weniger weit vom Erdmittelpunkt entfernt als der erste usw. Durch die fortwährende Umwandlung mechanischer Energie in Wärme wird die Amplitude der vom Stein ausgeführten Schwingungsbewegung immer kleiner. Der Stein führt eine gedämpfte harmonische Schwingungsbewegung aus. Nachdem die gesamte mechanische Energie des Steines infolge der Luftreibung in Wärme umgewandelt worden ist, kommt er schließlich im Erdmittelpunkt zur Ruhe.

L 86.

Auf die Kugel wirkt das zum Erdmittelpunkt gerichtete Gewicht. Deshalb hat die Kugel das Bestreben, eine Lage möglichst nahe dem Erdmittelpunkt einzunehmen. Weil sich die Kugel auf der ebenen Platte, wie wir für unser Gedankenexperiment vorausgesetzt haben, reibungsfrei bewegen kann, ist diese Lage dann erreicht, wenn sich die Kugel genau in der Mitte befindet (vgl. die etwas übertriebene Skizze auf S. 80), denn die Platte ist eben, also nicht der Wölbung der Erde an-

gepaßt, und demnach liegt ihr Mittelpunkt dem Erdmittelpunkt am nächsten. Das Gewicht der am Rand der Platte befindlichen Kugel ist zwar senkrecht zur Erdoberfläche, nicht aber senkrecht zur Plattenebene gerichtet. Man kann das Gewicht deshalb in zwei Komponenten zerlegen, in eine Druckkraft $\vec{D}$ senkrecht zur Plattenebene und in eine parallel zur Plattenebene in Richtung auf den Plattenmittelpunkt wirkende Kraft $\vec{F}$.
Unter der Wirkung der Kraft $\vec{F}$ rollt die Kugel zur Plattenmitte, wobei die Umwandlung ihrer potentiellen Energie in kinetische erfolgt, und diese befähigt die Kugel, bis zum gegenüberliegenden Punkt am Rand der Platte weiterzurollen. Der beschriebene Vorgang wiederholt sich in umgekehrter Richtung usw. Die Kugel rollt fortgesetzt von der einen Seite des Randes durch den Plattenmittelpunkt zur anderen Seite.
Wenn allerdings Reibung vorhanden ist, führt die Kugel eine gedämpfte Schwingungsbewegung aus. Sie kommt schließlich in der Mitte der Platte zur Ruhe.

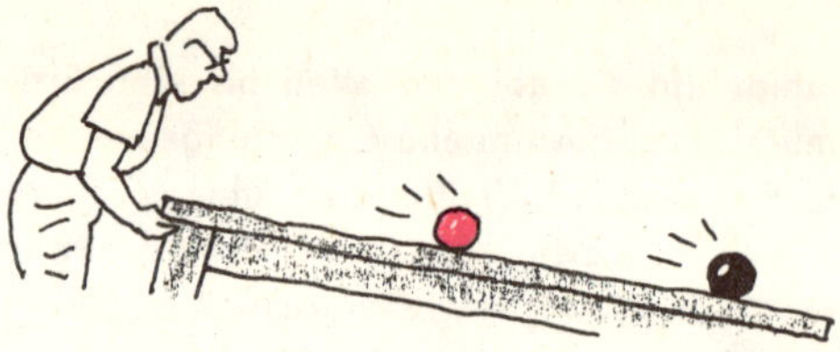

L 87.

Lassen wir beide Kugeln gleichzeitig die geneigte Tischplatte hinunterrollen, so kommt die Vollkugel eher am unteren Tischende an. Nach dem Anheben des Tisches haben die Kugeln am oberen Ende der entstandenen schiefen Ebene einen gewissen Vorrat an potentieller Energie erhalten. Dieser Energievorrat ist proportional der Kugelmasse und der Höhe, in die wir die Kugeln gehoben haben. Beide Kugeln haben auf gleicher Höhe die gleiche potentielle Energie, die beim Herabrollen der Kugeln zum Teil in Rotationsenergie und zum Teil in Translationsenergie umgewandelt wird (Energieerhaltungssatz der Mechanik).
Die Rotationsenergie eines Körpers ist dem Trägheitsmoment dieses Körpers bezüglich

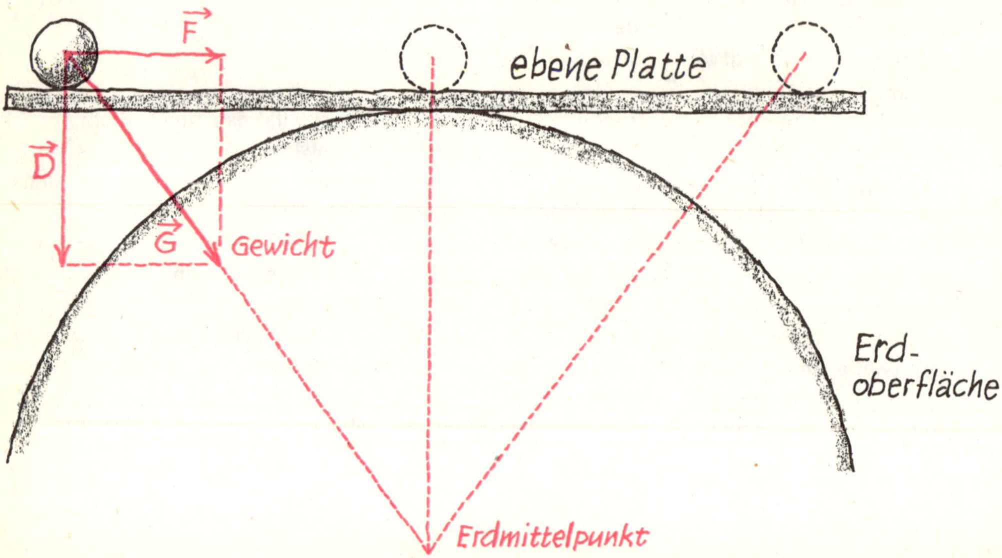

seiner Drehachse proportional. Das Trägheitsmoment wiederum ist als Summe aller Produkte aus den einzelnen Massenelementen m_i des betrachteten Körpers und den Quadraten der senkrechten Abstände r_i dieser Massenelemente von der Drehachse, d. h. als

$$\sum_{i=1}^{i=n} m_i \cdot r_i^2$$

definiert. Betrachten wir daraufhin die beiden Kugeln, so ist, weil sie gleich groß sind, der größtmögliche Abstand r_i eines Massenelements von der Drehachse in beiden Fällen gleich. Die untere Grenze für die r_i ist jedoch für beide Kugeln verschieden. Bei der massiven Kugel beginnt r_i bei 0. Bei der Hohlkugel dagegen ist das kleinstmögliche r_i gleich dem Radius des Hohlraumes. Die einzelnen Summanden der Produkte $m_i \cdot r_i^2$ sind, weil beide Kugeln gleiche Massen haben, bei der Hohlkugel im Mittel größer als bei der Vollkugel. Das Trägheitsmoment der Hohlkugel ist also größer als das der Vollkugel. Um die Hohlkugel in Umdrehung zu versetzen, ist demnach mehr Energie erforderlich als im Falle der Vollkugel. Weil nach dem Energieerhaltungssatz der Mechanik die Summe aus Rotationsenergie und Translationsenergie bei beiden Kugeln gleich der ursprünglichen potentiellen Energie sein muß, ist bei der Hohlkugel wegen des für die Rotation erforderlichen größeren Energiebetrages die für die Translation längs der schiefen Ebene verbleibende Energie kleiner als bei der Vollkugel. Folglich bleibt die Hohlkugel beim Herunterrollen hinter der massiven Kugel zurück. Auf diese Weise sind die Kugeln leicht zu identifizieren.

L 88.

Beim Spannen wird das Material der Feder elastisch verformt, das heißt, die Moleküle werden aus ihren Gleichgewichtslagen gebracht und in ihren neuen Lagen durch die äußere Kraft der Arretierung festgehalten. Jedes einzelne Molekül befindet sich dadurch gewissermaßen in einem „gespannten" Zustand. Die Gesamtkraft der gespannten Feder können wir uns aus den von den einzelnen Molekülen ausgehenden Kräften zusammengesetzt denken.
Wird durch Auflösen des Materials in Säure die Struktur der Feder zerstört, so fällt nacheinander für jedes einzelne Molekül die Arretierung weg. Es springt sozusagen aus seiner ihm beim Spannen der Feder auferlegten Lage, folgt nur noch seinen inneren Kräften und gibt dabei den Bruchteil an Energie, den es zur Gesamtspannung der Feder beigetragen hat, durch Stoß an die Moleküle der Lösung ab. Hierdurch erhöht sich die mittlere Geschwindigkeit der Moleküle der Lösung, und das bedeutet eine Temperaturerhöhung der Lösung, so daß die Säure nach Auflösen der Feder wärmer geworden ist.
Die in der gespannten Feder gespeicherte mechanische Energie wandelt sich in Wärme um, sie geht nicht verloren.

L 89.

Fällt Licht auf glatte Oberflächen, so wird es je nach dem reflektierenden Medium und seiner Oberflächenbeschaffenheit mehr oder weniger gut unter demselben Winkel, unter dem es einfiel, reflektiert (Reflexionsgesetz). Ist die Oberfläche uneben, so wird ein einfallendes Lichtbündel nicht mehr als ganzes Bündel in eine einzige Richtung reflektiert, sondern die Strahlen des Bündels werden – entsprechend der Lage der einzelnen reflektierenden Oberflächenelemente – in viele verschiedene Richtungen (diffuse Reflexion) zerstreut (s. Skizze).

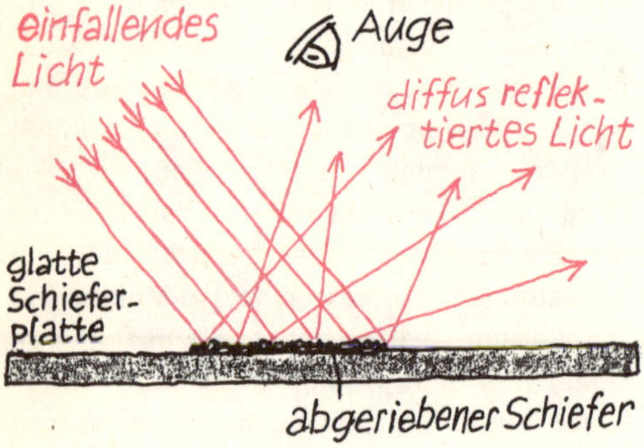

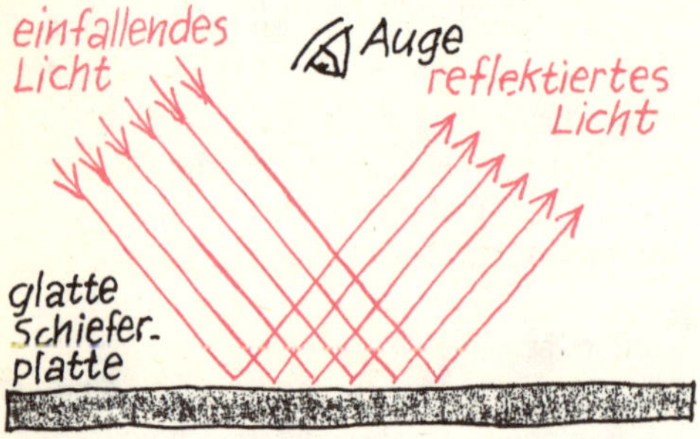

Streicht man mit einem Stück Schiefer über die Oberfläche eines anderen, so wird dabei etwas Material abgerieben. Es haftet in Form sehr kleiner Splitter auf der glatten Schieferoberfläche.

An den abgeriebenen Schieferteilchen tritt eine diffuse Reflexion auf, weil das Licht von ihnen aus in alle möglichen Richtungen geht (s. Skizze). Man sieht helle Linien auf dunklem Untergrund. Von der glatten Schieferoberfläche dicht neben den Teilchen wird das Licht nur in einer einzigen Richtung zurückgeworfen. Blickt man auf eine solche Schieferplatte – allerdings nicht gerade unter dem Winkel, unter dem das Licht von den glatten Stellen reflektiert wird –, so erscheinen die glatten Stellen dunkel.

L 90.

Fällt Licht auf ebene Flächen, wie Flüssigkeitsspiegel, Glas oder polierte Metallflächen, so wird es mehr oder weniger stark reflektiert. Ein Teil des Lichtes dringt in das betreffende Medium ein. Der einfallende Lichtstrahl wird also in den reflektierten Strahl (R) und den gebrochenen Strahl (B) zerlegt (s. Skizze).

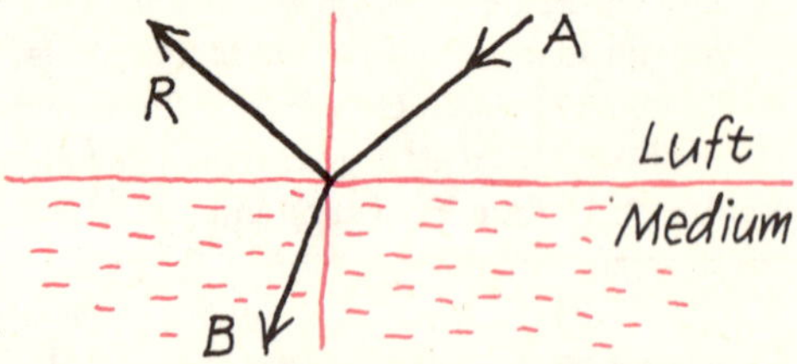

Der vom Betrachtenden wahrgenommene reflektierte Anteil des Lichts muß demnach von geringerer Intensität als der einfallende Strahl sein. Daher erscheinen die durch Reflexion an Wasseroberflächen entstehenden Bilder dunkler als ihre Originale. Bei einigen Stoffen (z. B. Silber) ist der Intensitätsverlust bei Reflexion bedeutend kleiner als an Wasseroberflächen. Gute Metallspiegel reflektieren bis zu 99% des auftreffenden Lichts.

L 91.

Die Dämmerung ist die Zeit, in der die Sonne vor ihrem Aufgang bzw. nach ihrem Untergang mit dem Horizont einen Winkel bildet, der weniger als 18° beträgt. (Die „weißen Nächte", in denen die Sonne nie tiefer als 18° unter den Horizont sinkt und die in bestimmten Breiten der Erde auftreten, sollen hier ausgenommen sein.)
Der Grund dafür, daß die Erdoberfläche schon vor Sonnenaufgang bzw. noch nach Sonnenuntergang erhellt ist, ist die Reflexion der Sonnenstrahlen an kleinen, in der Erdatmosphäre vorhandenen Partikeln, wie Schmutzteilchen oder Wassertröpfchen. Die unterschiedlichen Zeitspannen für die Dämmerung im Winter und im Sommer beruhen auf der in den beiden Jahreszeiten (von der Erde aus gesehen) unterschiedlichen Neigung der Sonnenbahn zum Horizont. Die Neigung der Sonnenbahn ist im Sommer größer als im Winter. Deshalb sinkt die Sonne im Sommer in kürzerer Zeit auf einen Winkel kleiner als 18° unter den Horizont ab als im Winter.

L 92.

Ein Regenbogen entsteht durch Brechung und Reflexion des Sonnenlichtes in den zur Erde fallenden kugelförmigen Regentropfen

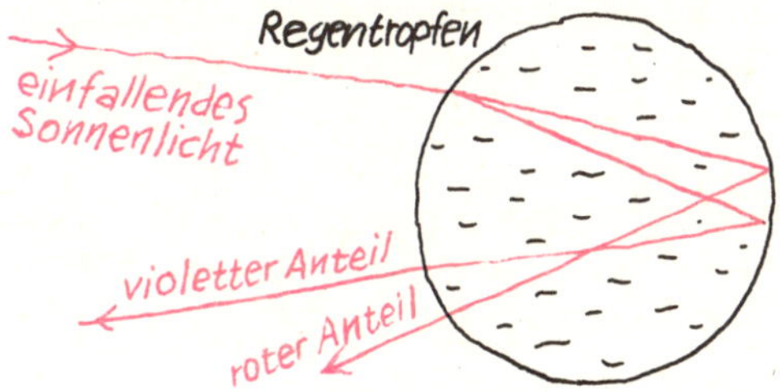

(s. Skizze). Dabei wird das Sonnenlicht in seine Spektralfarben zerlegt, die entsprechend ihrer Wellenlänge eine mehr oder weniger starke Ablenkung erfahren.
Man sieht das Licht des Regenbogens aus den Richtungen kommen, die durch den jeweiligen Sonnenstand und die Ablenkungswinkel in den Tropfen bestimmt werden. Wenn in den Mittagsstunden die Sonne sehr hoch steht, erreicht das aus den Regentropfen austretende Licht nicht die Erdoberfläche, und man kann keinen Regenbogen beobachten. In der Nacht hingegen, so erstaunlich das klingen mag, ist es durchaus möglich, bei Mondschein einen – allerdings schwachen – Regenbogen zu sehen. Das vom Mond reflektierte Sonnenlicht wird in den Regentropfen in seine spektralen Anteile zerlegt. Wir nehmen in der dem Mond entgegengesetzten Himmelsrichtung einen Regenbogen wahr.

L 93.

Auf der Erde ist die blaue Farbe des Himmels auf Streuerscheinungen des Sonnenlichts an kleinsten Teilchen in der Erdatmosphäre zurückzuführen. Diese Streuung ist besonders stark für kurzwelliges Licht, dem blauen Anteil des Sonnenspektrums. Von der sonnenbeschienenen Atmosphäre geht demnach eine Streustrahlung mit überwiegend blauen Anteilen aus. Der gestreute blaue Anteil fehlt dem auf der Erdoberfläche ankommenden Sonnenlicht. Es besitzt einen größeren Rotanteil als im Weltraum. Wird der Weg des Lichts durch die Atmosphäre länger, wie es bei Auf- oder Untergang von Sonne und Mond der Fall ist, so ist der Rotanteil des ankommenden Lichts besonders groß. Da der Mond keine Atmosphäre hat, in der das Licht gestreut werden kann, sieht ein Kosmonaut auf dem Mond nur einen schwarzen Himmel.

L 94.

Der Rauch einer glimmenden Zigarette besteht aus mikroskopisch kleinen Teilchen, an denen das kurzwellige blaue Licht besonders stark gestreut wird. Deshalb erscheint der Rauch an der Zigarettenspitze in bläulicher Farbe. (Der gleiche Streueffekt, Rayleigh-Streuung genannt, ist die Ursache für die blaue Farbe des Himmels. Das Sonnenlicht wird dabei an den Molekülen der Atmosphäre gestreut.) Die das Mundstück der Zigarette verlassenden Rauchteilchen sind wesentlich größer als diejenigen, die die Spitze der Zigarette verlassen. Sie haben sich auf ihrem Weg von der Spitze zum Mundstück mit Wasser umgeben und erscheinen dem menschlichen Auge als weißgelber Rauch (wie die Wolken am Himmel).

L 95.

In der Mitte eines Stabmagnets kann keine Anziehung festgestellt werden. Wenn man die beiden Eisenstäbe A und B, wie in der Skizze dargestellt ist, T-förmig aneinanderhält, kann man sofort den Magnet erkennen.

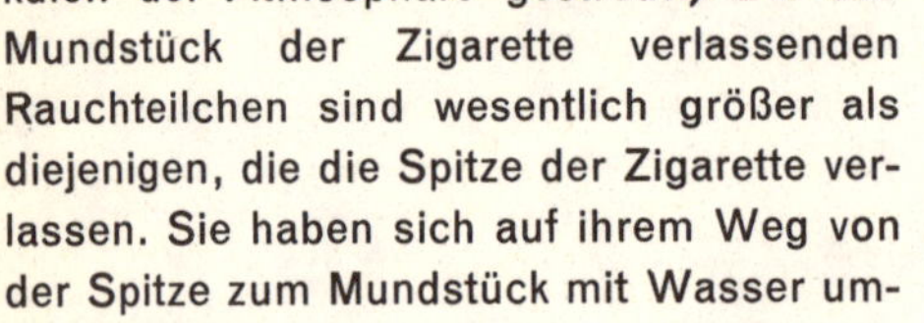

Ist A der Stabmagnet, so wird man keine Anziehung zwischen A und B feststellen, denn der unmagnetische Stab B berührt die Stelle des Magnets A, an der keine Kraftwirkungen feststellbar sind. Ist B magnetisch, so wird der Stab A von einem der Pole des Magnets B angezogen.

L 96.

Mit Hilfe der Elektrolyse des Wassers ist die Bestimmung der Spannungsart einfach. Man füllt dazu ein Glasgefäß mit Leitungswasser, säuert das Wasser mit verdünnter Säure (Vorsicht!) an und hält die blanken Enden der Kabelstücke hinein. Natürlich dürfen die Kabelenden einander nicht berühren, weil sonst Kurzschluß entsteht. In dem Wasser sind neben neutralen H_2O-Molekülen eine bestimmte Anzahl von H^+- und OH^--Ionen (Dissoziation) vorhanden.
Unter der Wirkung des zwischen den Polen bestehenden elektrischen Feldes wandern die positiven H^+-Ionen zur Katode und die negativen OH^--Ionen zur Anode. An den Elektroden (Kabelenden) werden die Ionen entladen: An der Katode (Minuspol) entsteht Wasserstoff und an der Anode (Pluspol) Sauerstoff. Das ist deutlich an den aufsteigenden Gasbläschen zu erkennen. Es bildet sich mehr Wasserstoff als Sauerstoff (Mengenverhältnis 2 : 1).
Liegt an den Kabelenden eine Gleichspannung, so ist die Gasentwicklung an beiden demnach verschieden stark. Am negativen Pol entstehen zahlreiche Blasen, am positiven weniger. Liegt eine Wechselspannung an den Elektroden, so können keine Unterschiede zwischen den gebil-

deten Gasmengen festgestellt werden, da die Polarität der beiden Kabelenden je Sekunde 100mal wechselt und an beiden Elektroden in rascher Aufeinanderfolge sowohl Wasserstoff als auch Sauerstoff im Mengenverhältnis 2 : 1 entsteht.
(Diese Methode, die Spannungsart zu bestimmen, ist jedoch für Netzspannung unzulässig.)

L 97.

Zwischen die Punkte A und B denkt man sich eine elektrische Spannung gelegt. Vom Punkt A führen drei Leitungen mit gleich großen elektrischen Widerständen zu den Punkten P_1, P_2 und P_3. An diesen drei elektrischen Widerständen müssen gleich große elektrische Spannungen abfallen, d.h., an den Punkten P_1, P_2 und P_3 herrscht das gleiche Potential. Verbindet man die drei Punkte leitend miteinander, so fließt demnach in den Verbindungen kein elektrischer Strom. Dieselben Überlegungen gelten für die Punkte P_4, P_5 und P_6, vom Punkt B aus betrachtet. Man kann sich deshalb die Punkte P_1, P_2 und P_3 sowie die Punkte P_4, P_5, P_6 jeweils durch eine widerstandslos leitende Ebene E_1 und E_2 miteinander verbunden denken. Der Punkt P_1 ist über je einen 100-Ω-Widerstand mit den Punkten P_4 und P_6, der Punkt P_2 über je einen 100-Ω-Widerstand mit den Punkten P_4 und P_5, der Punkt P_3 über je einen 100-Ω-Widerstand mit den Punkten P_5 und P_6 verbunden (s. Skizze).

Also sind zwischen A und E_1 sowie zwischen E_2 und B jeweils drei 100-Ω-Widerstände parallel geschaltet, der Gesamtwiderstand einer solchen Schaltung beträgt $R_{AE} = R_{EB} = \frac{100}{3}\,\Omega$. Zwischen E_1 und E_2 liegen sechs 100-Ω-Widerstände parallel zueinander, und der Gesamtwiderstand dieser Schaltung beträgt $R_{EE} = \frac{100}{6}\,\Omega$.
Weil diese drei Teilschaltungen miteinander in Reihe liegen, ergibt sich der Gesamtwiderstand zwischen A und B einfach als Summe:

$$R_{ges} = R_{AE} + R_{EE} + R_{EB} =$$
$$\left(\frac{100}{3} + \frac{100}{6} + \frac{100}{3}\right)\Omega = \frac{250}{3}\,\Omega = 83\frac{1}{3}\,\Omega.$$

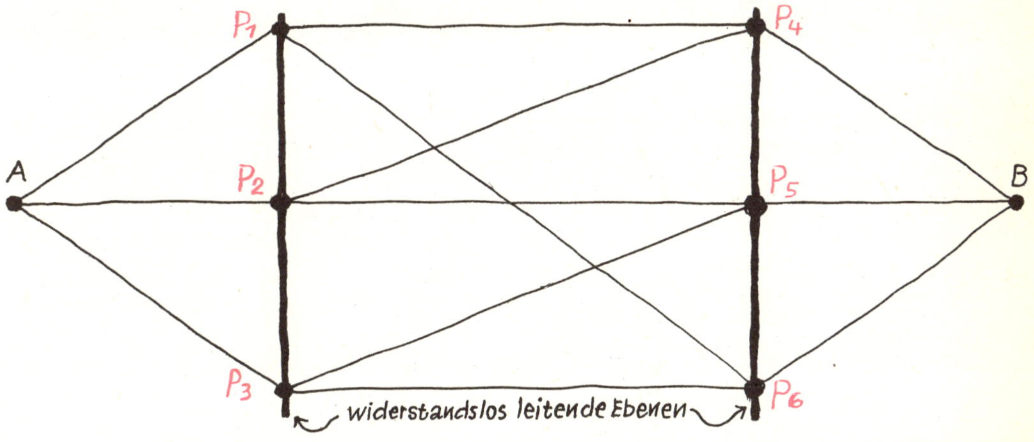

L 98.

Das aus zwei Batterien bestehende System ist schneller entladen als vorher die eine Batterie. Auf die angegebene Weise läßt sich demnach die Betriebsdauer der Aquarienheizung nicht verlängern. Man müßte die beiden Batterien parallel zueinander schalten, um die doppelte Betriebsdauer zu erreichen.

Beim Hintereinanderschalten von zwei gleichen Batterien verdoppelt sich die Klemmenspannung. Weil der elektrische Widerstand des Heizdrahtes konstant bleibt, fließt nach dem Ohmschen Gesetz bei doppelter Klemmenspannung auch ein doppelt starker Strom durch die Batterien und den Heizdraht. Damit erhöht sich zwar die Leistungsfähigkeit der Heizung, die Lebensdauer der Batterien dagegen nimmt ab. Die Kapazität (Leistungsfähigkeit) einer Batterie wird in Amperestunden (Ah) angegeben. Eine Amperestunde ist das Produkt aus der Stromstärke – in der Einheit Ampere (A) – und der Zeit – in der Einheit Stunden (h) –, die dieser Strom fließen kann, bis die Batterie entladen ist. (Hat eine Batterie z. B. eine Kapazität von 5 Ah, so bedeutet das, daß man der Batterie einen Strom von 5 A Stromstärke eine Stunde lang entnehmen kann.) Erhöht sich die Stromstärke in der Batterie durch das Zuschalten einer zweiten Batterie, so muß sich folglich die Zeit, die der Strom bis zur Erschöpfung der Batterie fließen kann, verkürzen.

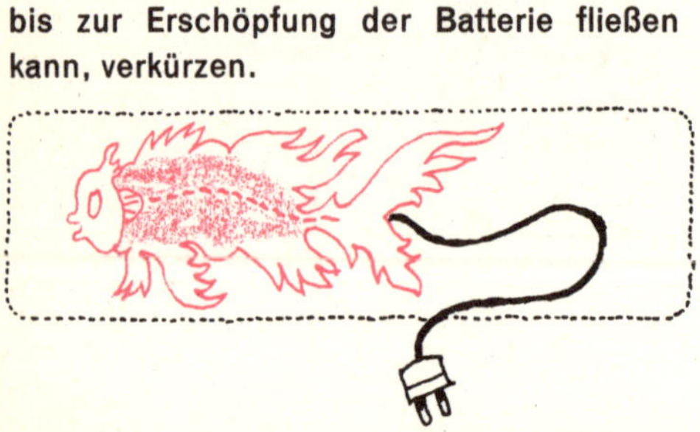

L 99.

Nach dem Energieerhaltungssatz ergibt sich kein Widerspruch. Es leuchten ja nicht zwei Glühlämpchen während der Zeit t_k im Dauerbetrieb, sondern infolge des fortwährenden Umschaltens wird jedes Lämpchen insgesamt nur die halbe Zeit $\frac{1}{2}t_k$ betrieben. Zur praktischen Verwirklichung des Gedankens brauchte man allerdings Glühlämpchen, die in dem Moment, in dem sie vom Strom durchflossen werden, sofort ihre volle Leuchtkraft erreichen. Bei normalen Glühlampen vergeht aber eine gewisse Zeit, bis der Glühfaden so weit erwärmt ist, daß er in voller Helligkeit strahlt. Bei den zur Vermeidung des Flackerns erforderlichen schnellen Umschaltungen zwischen beiden Lämpchen reicht aber die Zeit nicht aus, um den Glühfaden jedes einzelnen Lämpchens genügend zu erwärmen. Beide Lämpchen würden deshalb in der beschriebenen Anordnung nur schwach leuchten.

L 100.

Das „Geheimnis" der beschriebenen Schaltung sind vier Miniaturgleichrichter, die man in die Sockel der Glühlampen und in die Gehäuse der beiden Schalter, von außen unsichtbar, einbaut. Zwei dieser Gleichrichter überbrücken die beiden Schaltkontakte, und die beiden anderen liegen parallel zu den Glühlampen (s. Skizze). Gleichrichter lassen elektrischen Strom nur in einer Richtung fließen. (Die Durchlaßrichtungen sind in der Skizze durch Pfeile gekennzeichnet.) Der im Lichtnetz fließende

Wechselstrom ändert 100mal je Sekunde seine Polarität. Er fließt im Rhythmus dieses Vorzeichenwechsels in einander entgegengesetzten Richtungen durch den Stromkreis. Stehen beide Schalter auf „Aus", so kann weder in der einen noch in der anderen Richtung Strom fließen, weil die parallel zu den Schaltern liegenden Gleichrichter einander entgegengesetzte Durchlaßrichtungen haben. Der eine Gleichrichter sperrt, wenn der Strom im Uhrzeigersinn fließt, der andere bei entgegengesetzt fließendem Strom. Beide Lampen leuchten in diesem Fall nicht. Stehen beide Schalter auf „Ein", so spielt die Durchlaßrichtung der an ihnen angeschlossenen Gleichrichter keine Rolle, denn jetzt sind die Gleichrichter durch die Schalter überbrückt. Beide Glühlampen leuchten, denn der Strom kann ungehindert in beiden Richtungen über die geschlossenen Schaltkontakte fließen. Schraubt man bei geschlossenen Schaltkontakten eine Glühlampe heraus, so wird auch der in ihrem Sockel verborgene Gleichrichter mit entfernt, das heißt, der Stromkreis wird an dieser Stelle unterbrochen, und auch die andere Glühlampe kann nicht leuchten.

Bis hierher stimmt alles noch mit den äußeren Erscheinungen bei einer ganz normalen Reihenschaltung ohne die zusätzlichen Gleichrichter überein. Wird lediglich Schalter 1 auf „Ein" gestellt, so ist nur noch eine Stromrichtung möglich, und zwar die in Durchlaßrichtung des parallel zu Schalter 2 liegenden Gleichrichters. Der Strom muß auf jeden Fall durch diesen Gleichrichter fließen, weil ja die Kontakte von Schalter 2 geöffnet sind. Der Strom erreicht Lampe 2 mit ihrem Gleichrichter. Lampe 2 bleibt dunkel, denn der Gleichrichter besitzt im Vergleich zur Glühlampe einen verschwindend kleinen Widerstand, und demzufolge (gemäß den Kirchhoffschen Gesetzen) fließt der Strom nahezu vollständig über den Gleichrichter. Lampe 1 leuchtet dagegen hell auf, denn der parallel zu ihr liegende Gleichrichter hat eine der Richtung des fließenden Stromes entgegengesetzte Durchlaßrichtung, der Strom fließt also vollständig durch die Glühlampe. Entsprechendes gilt, wenn Schalter 2 auf „Ein" steht. Jetzt ist auch leicht einzusehen, daß nach Vertauschen der Glühlampen miteinander immer noch Lampe 1 mittels des Schalters 1 und Lampe 2 mittels des Schalters 2 aus- bzw. eingeschaltet wird, weil ja die Gleichrichter in den Sockeln der Lampen mit vertauscht werden.

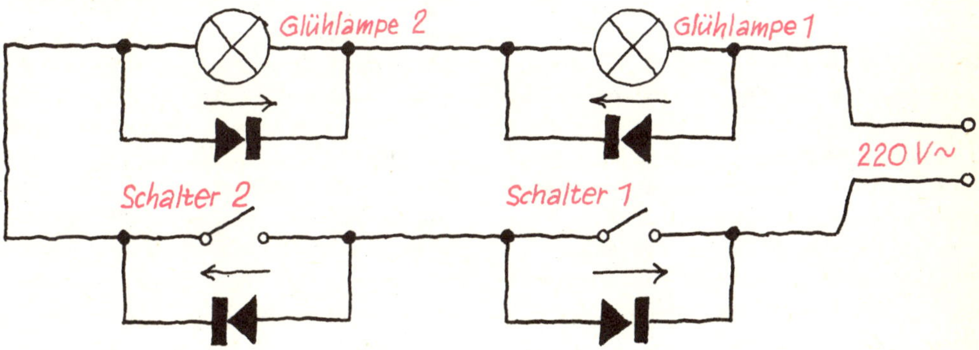

L 101.

Die von der Startpistole ausgehenden Schallwellen werden für die drahtlose Rundfunkübertragung in elektromagnetische Wellen umgewandelt. Elektromagnetische Wellen breiten sich mit Lichtgeschwindigkeit aus, also mit ungefähr 300000 km · s^{-1}, während die Schallgeschwindigkeit in Luft nur 343 m · s^{-1} beträgt. In der Zeit, in der die Schallwellen in Luft eine Entfernung von 1 m zurückgelegt haben, sind die elektromagnetischen Wellen schon nahezu 900 km weit gekommen, nach ihrer Rückverwandlung in Schallschwingungen also längst in das Ohr eines Rundfunkhörers in Rostock gelangt.

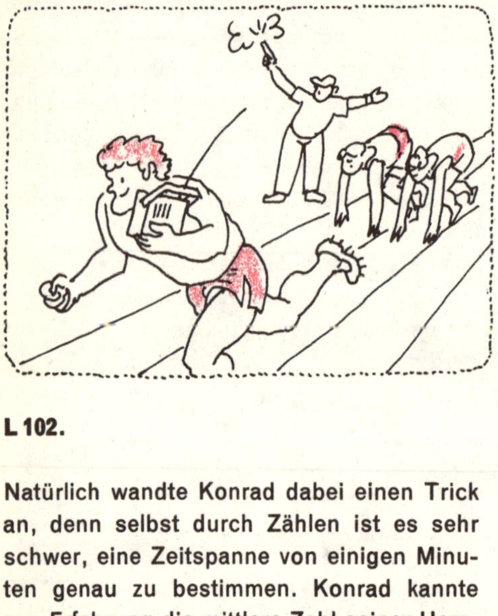

L 102.

Natürlich wandte Konrad dabei einen Trick an, denn selbst durch Zählen ist es sehr schwer, eine Zeitspanne von einigen Minuten genau zu bestimmen. Konrad kannte aus Erfahrung die mittlere Zahl seiner Herzschläge je Minute. Bei der Zeitbestimmung hatte er seine Hände unauffällig aneinandergelegt und seine Pulsschläge gezählt.

L 103.

Um ein sicheres Schließen der Löcher bei den in Dampfkesseln herrschenden hohen Drücken zu gewährleisten, werden die Löcher von innen her verschlossen. Der vom Dampf auf den Verschluß ausgeübte Druck preßt den Verschluß fest an den Rand der Öffnung. Einen kreisförmigen Verschluß würde man aber nicht durch das Mannloch in das Kesselinnere bringen können.

L 104.

Das ist möglich. – Man sucht auf der Erdoberfläche zwei antipodische Punkte aus, die zum gleichen Zeitpunkt verschiedene Temperaturen aufweisen, und zeichnet sie und alle Punkte in ihrer Umgebung, für die das auch gilt, auf einem Globus mit den entsprechenden Koordinaten ein. Derjenige der beiden Gegenpunkte mit niedrigerer Temperatur soll beispielsweise mit roter und derjenige mit höherer Temperatur mit blauer Farbe eingetragen werden. Auf diese Weise entstehen zwei antipodisch gelegene Flächen. Beide Flächen haben Begrenzungslinien ähnlich dem Ufer eines Sees. Fallen diese Begrenzungslinien zusammen, so stellen sie eine geschlossene Kurve aus antipodischen Punkten dar, und zwar solchen gleicher Temperatur. Fallen die Linien nicht zusammen, so haben die nächstliegenden Punkte außerhalb der roten Fläche, also aus dem kälteren Gebiet, Gegenpunkte mit niedrigeren Temperaturen.

Hätten sie Gegenpunkte mit höheren Temperaturen, so müßte man sie ja noch zur roten Fläche hinzunehmen. Gegenpunkte mit gleichen Temperaturen dicht neben den bisher gezeichneten Gebieten würden z. B. durch Verdickung der Grenzlinien sichtbar gemacht werden. Weil derjenige von zwei Gegenpunkten mit höherer Temperatur blau markiert werden sollte, entsteht um die rote Fläche eine blaue und entsprechend um die antipodische blaue Fläche eine neue rote. Fallen die Begrenzungslinien dieser neuen Flächen zusammen, so hat man wieder eine geschlossene Kurve aus antipodischen Punkten mit gleich großen Temperaturen. Wenn nicht, wird das beschriebene Verfahren fortgesetzt. Weil ein solcher Zeichenglobus natürlich nicht beliebig groß gemacht werden kann und auch die Genauigkeit der Temperaturmessung begrenzt ist, führt das Verfahren nach einer gewissen Anzahl von Schritten zu einem Ende. Die Grenzlinien der immer wieder eingezeichneten blauen und roten Gebiete fallen einmal zusammen und liefern schließlich eine geschlossene Kurve aus antipodischen Punkten, die alle im betrachteten Augenblick die gleiche Temperatur haben.

Nunmehr geht man von zwei Gegenpunkten aus, welche auf der soeben konstruierten Kurve liegen und verschiedene Luftdrücke haben. Auf die oben beschriebene Weise gewinnt man eine geschlossene Kurve aus Gegenpunkten mit gleichen Luftdrücken. Die beiden Kurven schneiden einander natürlich in Gegenpunkten, und diese sind die gesuchten zwei antipodischen Punkte, an denen man im betrachteten Augenblick gleiche Temperaturen und gleiche Luftdrücke messen kann.

L 105.

An einer Strömungsverengung tritt, sowohl bei strömenden Gasen als auch bei strömenden Flüssigkeiten, ein Unterdruck gegenüber der Umgebung auf.

Hält man zwei Blatt Papier – die Breitseiten parallel – mit beiden Händen etwa 10 cm voneinander entfernt und bläst kräftig dazwischen, so nähern sich die Papierbögen einander und werden nicht etwa auseinandergetrieben. Dasselbe geschieht bei dem großen Segelschiff und dem kleinen danebenliegenden Boot. Ein Segelschiff kann nicht wie ein Motorschiff genau auf einer Stelle gehalten werden, es hat stets etwas Fahrt. Dadurch entsteht zwischen ihm und dem Boot eine Wasserströmung, die wegen des geringen Abstandes zwischen den Schiffen eingeengt ist (s. Skizze).

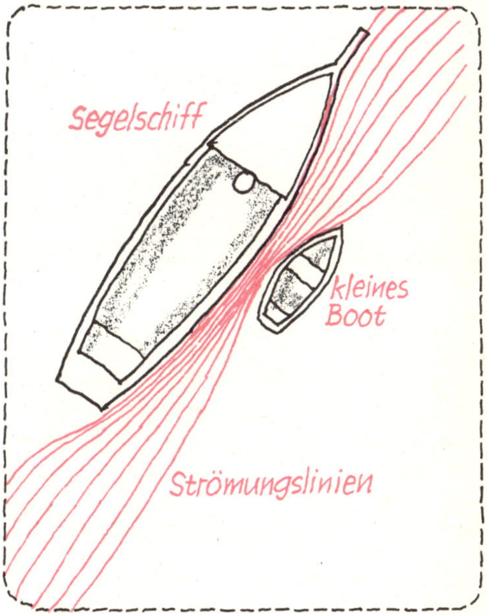

Infolge des Unterdruckes in der Strömungsverengung wird das kleine Boot an das große Segelschiff herangezogen. Man nennt diese Erscheinung hydrodynamisches Paradoxon.

L 106.

Die Maschine startete um die Mittagszeit vom Äquator aus nach Norden. Die Sonne sank während des Fluges immer tiefer und verschwand schließlich ganz. Nach rund sechs Stunden Flugzeit wurde der Nordpol bei Dunkelheit überflogen. Man erwartete nun die aufgehende Sonne von Osten her (bezüglich der Flugrichtung von rechts). Der Flug wurde weitere sechs Stunden ohne Änderung der Flugrichtung fortgesetzt, so daß der Eindruck entstand, weiterhin nach Norden zu fliegen, und man erwartete nun die aufgehende Sonne bezüglich der Flugrichtung von rechts. Wider Erwarten ging die Sonne jedoch für die unerfahrenen Fluggäste am „westlichen" Horizont (bezüglich der Flugrichtung von links) auf. Der Flug mußte also insgesamt 12 Stunden gedauert haben.

L 107.

Armbanduhren würden weiterhin die richtige Zeit anzeigen, weil die Drehschwingungen der Unruh durch die Kraft einer Spiralfeder hervorgerufen werden und deshalb von der Gravitation unabhängig sind. Pendeluhren dagegen gingen schneller, denn die Schwingungsdauer $T = 2\pi \cdot \sqrt{\frac{l}{g}}$ eines Pendels ist von der Fallbeschleunigung g abhängig. Je größer g wird, um so kleiner wird T, um so schneller schwingt also das Pendel.

Eine Federwaage dient der Ermittlung des Gewichts eines Körpers. Weil sich bei Verdopplung der Fallbeschleunigung auch das Gewicht jedes Körpers verdoppelt, zeigte eine Federwaage jetzt den doppelten Wert an. Im Gegensatz dazu erhielte man mit einer Hebelwaage die gleichen Wägeergebnisse wie vorher, denn Hebelwaagen dienen der Massebestimmung durch Vergleich, und die Masse eines Körpers ist von g unabhängig.

Ein Schiff wäre jetzt doppelt so schwer wie vorher. Nach wie vor gilt aber das Archimedische Prinzip, daß das Schiff eine Wassermenge verdrängt, die seinem Gewicht entspricht. Weil sich die Wichte des Wassers auch verdoppelt hätte, sänke das Schiff nicht tiefer in das Wasser ein als vorher.

Die Energiegewinnung durch Wasserkraftanlagen würde bei Verdopplung der Schwerkraft bedeutend effektiver werden, denn in jedem gehobenen Kubikmeter Wasser wäre auf Grund seines größeren Gewichts viel mehr potentielle Energie enthalten, die beim Herabfallen in kinetische und weiter in elektrische Energie umgewandelt werden könnte.

Mathematische Denkaufgaben

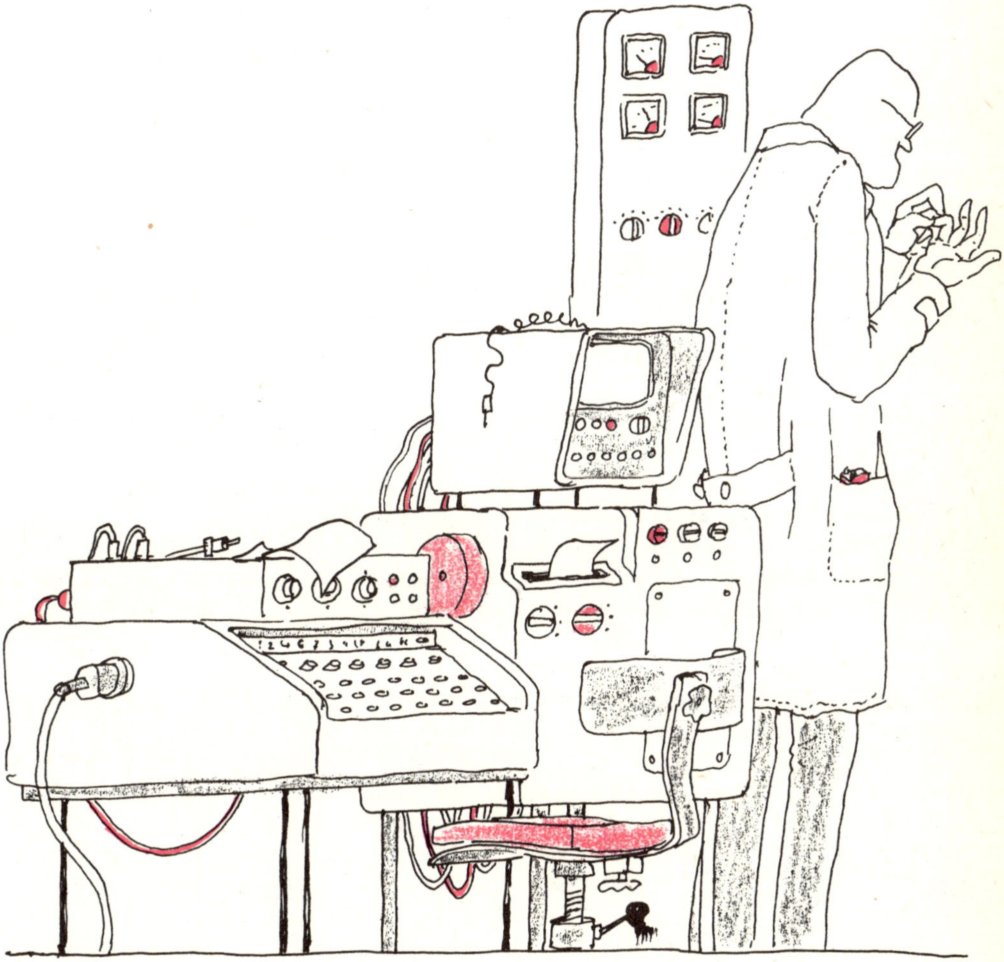

Es müssen nicht immer gleich Formeln sein!

108. Verwandte

Fred will zu seiner Geburtstagsfeier seine Verwandten einladen. Er überlegt kurz und sagt dann, er würde sich sehr freuen, wenn eine Urgroßmutter, zwei Großmütter, drei Mütter und drei Kinder seine Gäste seien. Wie viele Personen muß Fred mindestens einladen, wenn man – wie gesagt – voraussetzt, daß alle miteinander verwandt sind?

109. Wie heißt der Mittelstürmer?

In einem großen Betrieb wurde eine Fußballmannschaft aufgestellt. Drei Spieler der Mannschaft hießen mit Familiennamen Krause, vier Lehmann, zwei Schulz und zwei Meyer. Vier der Spieler hatten den Vornamen Dieter, drei den Vornamen Erhard und weitere drei den Vornamen Kurt. Der Mittelstürmer hieß Günther. Keine zwei Spieler hatten die gleichen Vor- und Familiennamen. Torhüter war Erhard Meyer.
Wie hießen die übrigen zehn Spieler mit ihren vollen Namen?

110. „Ja" oder „Nein"?

Die Teilnehmer an einem Geländespiel wurden in zwei Gruppen eingeteilt. Gruppe I trat einen Geländemarsch an, und Gruppe II hatte ihr nach 30 Minuten zu folgen. Die Marschroute führte zu einer Weggabelung, und von dort aus verliefen zwei Wege nach den Orten A und B. Einen davon wollte Gruppe I benutzen. An der Weggabelung

mußten zwei Mitglieder der Gruppe I zurückbleiben, um der nachfolgenden Gruppe II Auskunft über den von Gruppe I eingeschlagenen Weg zu erteilen. Den beiden wurde aber die Bedingung gestellt, daß einer (W) grundsätzlich richtige, der andere (F) grundsätzlich falsche Auskunft zu geben hatte und daß beide auf Fragen nur mit „ja" oder „nein" antworten durften.
Welche Fragen mußten ihnen gestellt werden, um den von Gruppe I eingeschla-

genen Weg zu erfahren, ohne dabei zu wissen, welcher der beiden Mitspieler richtige und welcher falsche Auskünfte erteilte?

111. Das Geländespiel

Bei einem Geländespiel wurden zwei größere und eine kleinere Gruppe gebildet. Die beiden größeren (W und F) erhielten den Auftrag, getrennt voneinander irgendwo im Gelände ihr Lager aufzuschlagen. Die kleinere Kundschaftergruppe hatte diese beiden Lager ausfindig zu machen und festzustellen, welches der beiden Lager das der Gruppe W und welches das der Gruppe F war, denn den Kundschaftern war die Gruppeneinteilung von W und F nicht bekanntgegeben worden.

Zur Unterscheidung von W und F war vereinbart worden, daß alle Mitglieder der Gruppe W auf Fragen stets wahre, alle Mitglieder der Gruppe F stets falsche Antworten geben mußten, und außerdem durfte nur mit „ja" oder „nein" geantwortet werden.
Bevor die Kundschafter ihre Suchaktion begannen, wurden sie noch darüber informiert, daß zur Erschwerung der Aufgabe einige Mitglieder der Gruppe F mit in das Lager der Gruppe W geschickt worden seien, und umgekehrt. Welche Frage mußte beim Auffinden eines der Lager an einen beliebigen Insassen gestellt werden, um herauszufinden, ob es sich um das Lager von W oder um das von F handelte?

112. Cäsar und die „Gerechtigkeit"

Das Römische Imperium unter Cäsar ist durch die Vielzahl der Todesopfer, die das politische Regime unter seinen Gegnern forderte, traurig berühmt geworden. Wie eine Anekdote berichtet, sollte einem zum Tode Verurteilten eine „letzte Chance" gegeben werden, am Leben zu bleiben. Sein Richter verkündete, daß man dem Sträfling zwei Papierröllchen, die die Wörter „tot" bzw. „lebendig" enthielten, zur Auswahl vorlegen wolle. Zöge der Sträfling das Röllchen mit dem Wort „tot", müßte er sterben, im anderen Fall wollte man ihn am Leben lassen. Die Entscheidung sollte öffentlich gefällt werden. Der Richter schrieb jedoch in beide Röllchen das Wort „tot". Ein Vertrauter des Richters, der dem Gefangenen wohlgesonnen war, erfuhr von diesem Betrug und machte dem Sträfling in der Nacht von der geplanten Entscheidung Mitteilung. Der Verurteilte überlegte, was er gegen diesen teuflischen Plan ausrichten könnte. Die Entscheidung fiel. Der Häftling mußte am Leben gelassen werden.
Was war ihm eingefallen?

113. Rettung

Einer Anekdote zufolge sollte ein zum Tode Verurteilter entweder erschossen oder erhängt werden. Der Richter erklärte dem Verurteilten zynisch, daß er sich seinen Tod selbst wählen könne. Er solle „erraten", ob er erschossen oder erhängt werde. Treffe seine Aussage zu, so werde er erschossen. Treffe sie nicht zu, werde er erhängt. Trotz dieses grausamen Spiels des Richters merkte der Verurteilte auf. Nach seiner Aussage mußte er am Leben gelassen werden. Warum konnte das Todesurteil nicht vollstreckt werden?

114. Drei indische Götter

Ein Inder erzählte, daß in einem Tempel seines Heimatlandes nebeneinander drei Götterstandbilder zu sehen seien, die, wie die Sage berichtet, einst gesprochen haben sollen. Eines der Standbilder stelle den Gott der Lüge, eines den Gott der Wahrheit und eines den Gott der Diplomatie dar. Der Gott der Wahrheit habe alle an ihn gerichteten Fragen richtig beantwortet, der Gott der Lüge habe grundsätzlich gelogen, und der Gott der Diplomatie habe die Eigenschaften der beiden erstgenannten in sich vereinigt, also entweder richtige oder falsche Aussagen gemacht. Lange Zeit habe niemand gewußt, welches der Standbilder welchen Gott darstellt, bis es eines Tages einem indischen Weisen gelang, dieses Rätsel zu lösen. Er begab sich zum Tempel und fragte das erste (linke) Standbild: „Wer steht neben dir?" Er erhielt die Antwort: „Der Gott der Wahrheit." Die Frage an das zweite (mittlere) Standbild: „Wer bist du?" brachte ihm die Antwort: „Der Gott der Diplomatie". Das dritte (rechte) Standbild gab schließlich auf die Frage: „Wer steht neben dir?" die Antwort: „Der Gott der Lüge".
Welches der drei Standbilder stellt welchen Gott dar?

Schon Grundkenntnisse genügen!

115. Historiker am Werk

Unter den Historikern bestand lange Zeit keine Klarheit darüber, an welchem Ort Cäsar den Heerkönig Ariovist besiegt hatte. Als bei Ausgrabungen eine Steintafel gefunden wurde, deren Inschrift das Rätsel zu lösen schien, begaben sich Sachverständige an diesen Ort, um den wichtigen Fund zu begutachten. Die Tafel enthielt, in freier Übersetzung, die Inschrift:

Vor einem Jahr brachte an dieser Stelle der große Cäsar dem Volke der Sueven den Untergang.
Claudius, der die Schlacht überlebte.
Anno 57 v. u. Z.

Die Gelehrten erklärten die Inschrift, ohne die Steintafel näher zu betrachten, für eine Fälschung.
Wie kamen sie zu dieser Ansicht?

116. Fehlanzeige

Eines Tages äußerte Ursula, sie müsse ihre Uhr, die ein Acht-Tage-Laufwerk besitzt, zur Reparatur bringen. Sie habe sie vor knapp einer Woche aufgezogen und gestellt, und jetzt gehe sie bereits acht Stunden nach. Gabriele erwiderte, daß ihre Aussage nicht richtig sei, und forderte sie auf, einmal zu überlegen, wieviel eine Uhr maximal vor- oder nachgehen kann.
Wie muß die Antwort lauten?

117. Der merkwürdige Alte

Zwei Freunde gingen häufig im Park spazieren. Dort begegneten sie öfters einem älteren Herrn. Eines Tages bemerkten sie, wie er zwei Uhren aus der Tasche zog, ihre Zeitangaben miteinander verglich, kurz überlegte, dann nickte und sie wieder einsteckte. Sie wunderten sich über dieses Gebaren, und auf ihre Frage erklärte er: „Sehen Sie, diese goldene Taschenuhr zeigt mir die Tageszeit, sie geht auf die Sekunde genau. Die silberne jedoch geht in 24 Stunden genau eine Minute vor. Durch den Vergleich beider Zeitangaben kann ich mit Leichtigkeit auch das Datum feststellen. Dabei muß ich lediglich beachten, daß ich die silberne Uhr am ersten Tage eines jeden Monats frühmorgens nach Radiozeit stelle."

Die Freunde bemerkten, daß die goldene Uhr 13.15 Uhr zeigte, die silberne 13.42 Uhr. Nachdem sie nachgerechnet hatten, erklärten sie ihm: „Vergessen Sie aber nicht, die Uhr morgen zu stellen!" „Übermorgen, meine Herren", antwortete darauf der alte Herr. „Natürlich", bestätigten sie ihm. Sie hatten etwas unberücksichtigt gelassen.
An welchem Tag, in welchem Monat und in welchem Jahr fand dieses Gespräch statt?

118. Wachablösung

Zwölf Soldaten hatten insgesamt zwölf Stunden Wache zu stehen, die Wachablösung sollte zu jeder vollen Stunde erfolgen. Vor Wachbeginn wurde ein Soldat der Wachmannschaft abberufen, so daß sich die verbleibenden elf in die Wachzeit von zwölf Stunden teilen mußten. Sie rechneten sich leicht aus, daß nunmehr die Wachablösung nach jeweils $\frac{12}{11}$ Stunden zu erfolgen hatte. Diese theoretisch einfache Teilung schien jedoch praktisch undurchführbar zu sein. Plötzlich hatte einer von ihnen einen rettenden Gedanken, der eine reibungslose Wachablösung trotzdem möglich machte. Was war ihm eingefallen?

119. Kaufpreis nach Uhrzeit

Beim Kauf verschiedener Waren in einem Kurzwarengeschäft wurde dem Kunden vom Verkäufer der Preis scherzhafterweise in folgender Form mitgeteilt:
Verdoppeln Sie die Zahl der vollen Stunden der augenblicklichen Uhrzeit (nach der üblichen Angabe von 0 bis 24 Uhr), multiplizieren Sie das Ergebnis mit 1,5 und teilen Sie das neue Ergebnis durch die Anzahl der seit Mitternacht vergangenen vollen Stunden. Zählen Sie noch 1,15 dazu, und Sie haben den richtigen Preis errechnet. Der Kunde sah auf seine Uhr, rechnete, bezahlte und verließ den Laden. Nach einer Weile stellte er fest, daß seine Uhr gegenüber einer Normaluhr um genau eine Stunde vorging.
Wie hoch war sein Verlust, und wieviel kostete die gekaufte Ware?

120. Gegenverkehr

Auf der längsten Straßenbahnlinie einer Stadt benötigt die Bahn von Endstelle zu Endstelle eine Fahrzeit von genau zwei Stunden. Laut Fahrplan fährt jede volle

Viertelstunde von jeder der beiden Endstellen eine Straßenbahn ab.
Kürzlich stand in der Zeitung, daß beschlossen worden war, den Straßenbahnverkehr wesentlich zu verbessern und künftig die Bahnen alle zehn Minuten verkehren zu lassen. Dazu sei eine beträchtliche Erweiterung des Fahrzeugparks notwendig.
Wie viele Gegenbahnen trifft eine um zehn Uhr von der Endstelle abfahrende Straßenbahn dieser längsten Linie nach dem alten und nach dem neuen Fahrplan auf ihrer Fahrt zur anderen Endstelle?

121. Getarnte Rechnung

Mein Freund, ein passionierter Rundfunkbastler, bat mich, ihm verschiedene Bauteile zu besorgen. Sobald ich die Teile erhalten hätte, solle ich ihn benachrichtigen, dann wolle er mir das Geld dafür überweisen. Leider konnte ich nicht alles bekommen, was er bestellt hatte, worüber ich ihn mittels einer Karte informierte. Auf diese Karte schrieb ich außerdem:

```
   SEND
+  MORE
-------
  MONEY
=======
```

Ich forderte ihn auf, mir den Geldbetrag, den das Resultat dieser Aufgabe in Pfennigen angibt, zuzuschicken.
Wieviel hatten die Bauteile gekostet?
(Verschiedene Buchstaben bedeuten verschiedene Ziffern.)

122. Unbestreitbare Tatsache

Am Ende jeder Mathematikstunde stellte der Lehrer den Schülern eine Aufgabe zum Knobeln. Einmal schrieb er an die Tafel:

```
   VATER
+ MUTTER
--------
  ELTERN
========
```

Er forderte die Schüler auf, nachzuprüfen, ob diese unbestreitbare Tatsache auch rechnerisch zu begründen sei. An die Stelle gleicher Buchstaben sollten gleiche Ziffern treten.
Verschiedene Buchstaben bedeuten verschiedene Ziffern.
Wie viele Lösungen gibt es für dieses Problem?

123. Verschlüsselte Mathematiker

Sicher wird es Ihnen nach der Lösung der Aufgaben 121 und 122 nicht schwerfallen, folgendes zu entschlüsseln:

```
   GAUSS
+  RIESE
--------
  EUKLID
========
```

Daß hier die Namen von drei bedeutenden Mathematikern auftreten (mit „Riese" ist der deutsche Rechenmeister Adam Ries gemeint), macht die Aufgabe besonders originell.
Wie viele Lösungen gibt es, und wie lauten sie?

124. Wo ist die Mark?

Zwei Kleintierzüchter verkauften u. a. regelmäßig je 30 Eier, einer von ihnen 3 Stück für 1 Mark, der andere 2 Stück für eine Mark. Eines Tages jedoch mußte der eine den anderen bitten, seine 30 Eier mit zu verkaufen. Er könne ja dann jeweils 5 Eier für 2 Mark anbieten.
Der Erlös aus dem Verkauf aller 60 Eier betrug 24 Mark. Bei getrennten Geschäften hingegen hätte der eine 10 Mark, der andere 15 Mark eingenommen, also 1 Mark mehr. Wie ist das Fehlen dieser einen Mark zu erklären?

125. Ungewöhnliches Multiplizieren

Verschiedenen Quellen kann man ein sehr merkwürdiges Multiplikationsverfahren entnehmen, das von dem heute angewendeten völlig abweicht. Bei diesem Verfahren wird der erste Faktor laufend durch 2 dividiert, bis sich der Wert 1 ergibt. Die dabei eventuell entstehenden Reste werden vernachlässigt. Parallel dazu wird der zweite Faktor ständig mit 2 multipliziert. Sollen beispielsweise die Zahlen 847 und 396 miteinander multipliziert werden, so geht man nach folgendem Schema vor:

847	·	396
423	·	792
211	·	1584
105	·	3168
52	·	6336
26	·	12672
13	·	25344
6	·	50688
3	·	101376
1	·	202752

Aus diesem Schema werden dann alle Zeilen gestrichen, in denen der linksstehende Wert des Quotienten eine gerade Zahl ist. Durch Addition aller in der rechten Spalte des Schemas verbleibenden Werte ergibt sich schließlich die Zahl 335412, und das ist der geforderte Wert des Produkts 847 · 396, wovon Sie sich leicht überzeugen können.
Worauf beruht dieses Verfahren, und wie ist es zu erklären?

126. Ungerecht!

Während eines Spazierganges traf Karl-Heinz an einem Flüßchen zwei Angler, mit denen er ins Gespräch kam. Sie freundeten sich an. Ihre Beute – der eine hatte sieben,

der andere fünf Rotaugen gefangen – teilten sie gleichmäßig mit ihm, so daß jeder von ihnen vier Fische bekam. Zum Dank schenkte Karl-Heinz den Anglern zwölf Zigaretten, und zwar dem einen sieben, dem anderen fünf.

Warum waren seine Freunde der Ansicht, er habe die Zigaretten ungerecht verteilt?

127. Rekonstruierte Rechnungen

Der Mathematiklehrer gab den Schülern in Vorbereitung einer umfangreichen Mathematikarbeit zwei Aufgaben, um festzustellen, wer von ihnen noch besondere Hilfe brauchte. Die Aufgaben (sogenannte Kryptogramme) sahen folgendermaßen aus:

In den Rechnungen waren nur wenige Ziffern angegeben. Unter Beachtung dieser Ziffern und der Gesetze für das Rechnen mit Dezimalzahlen hatten die Schüler in die leeren Kästchen Ziffern einzusetzen und dadurch die Aufgaben zu rekonstruieren.

Wie lauten die vollständigen Rechnungen?

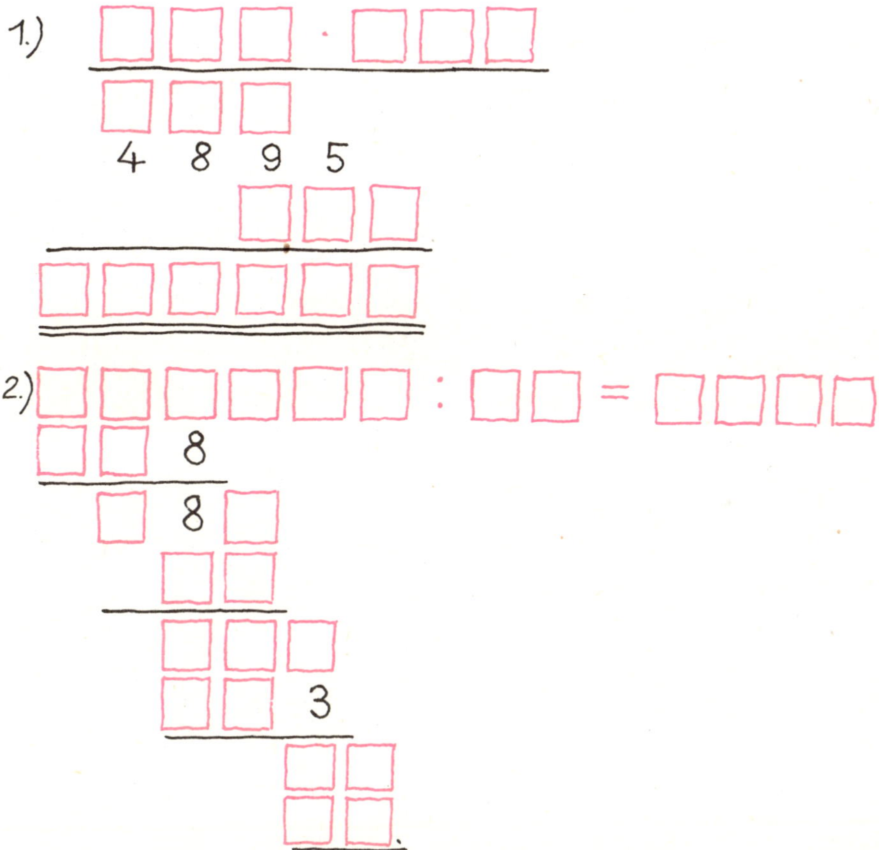

128. Corpus delicti

Der Kriminalpolizei fiel bei der Fahndung nach einem Betrüger ein Zettel mit einer Rechnung, einer Division, in die Hand. Die Ziffern in dieser Rechnung waren jedoch durch äußere Einflüsse so verwaschen, daß sie trotz Anwendung der verschiedensten Untersuchungsmethoden nicht identifiziert werden konnten, außer einer „8", der dritten Stelle des fünfstelligen Resultats.

```
1. Zeile xxxxxxxx : xxx = xx8xx
2. Zeile xxx
         ---
3. Zeile  xxxx
4. Zeile   xxx
           ---
5. Zeile    xxxx
6. Zeile    xxxx
            ----
```

Weil die vollständige Rechnung für die Aufklärung des Falles vielleicht von Bedeutung sein konnte, mußte allein aus der Kenntnis dieser einen Ziffer des Ergebnisses die gesamte Rechnung rekonstruiert werden.
Wie lautete die vollständige Rechnung?

129. Geheim?

Interessieren Sie sich für weitere Kryptogramme? Hier sind sie:

```
1.  4xx · x2x
   -----------
   x3xx
     x12
     xx4x
   -------
   xxxxx8
   =======
```

```
2. xxxxxxxxx : xx = xxxx8xx
   xxx
   ---
    xxx
    xxx
    ---
     xxx
     xxx
     ---
       xx
       xx
       --
        xxx
        xxx
        ---
```

Diese beiden Rechnungen sind, wie die vorangehenden, durch Einsetzen von Ziffern anstelle der x vollständig zu rekonstruieren. Natürlich müssen dabei wieder die Gesetzmäßigkeiten für das Rechnen mit Dezimalzahlen beachtet werden.
Wie lauten die vollständigen Rechnungen? Gibt es für jede dieser Aufgaben nur eine Lösung?

130. Wasserversorgung in Gefahr

Die Pumpstation eines Wasserturms arbeitete nicht mehr. Um den Wasserbehälter des Turmes wieder zu füllen, mußten transportable Pumpen eingesetzt werden. Alle vier zur Verfügung stehenden Reserve-

pumpen hatten unterschiedliche Pumpleistungen. Mit der stärksten dieser Pumpen konnte der Behälter in einer Stunde gefüllt werden, mit der zweitstärksten in zwei Stunden. Die dritte Pumpe benötigte zum Füllen des Behälters drei Stunden und die vierte sechs Stunden. Da der Behälter in möglichst kurzer Zeit gefüllt werden sollte, wurden alle vier Pumpen gleichzeitig eingesetzt.
In welcher Zeit war der Behälter gefüllt?

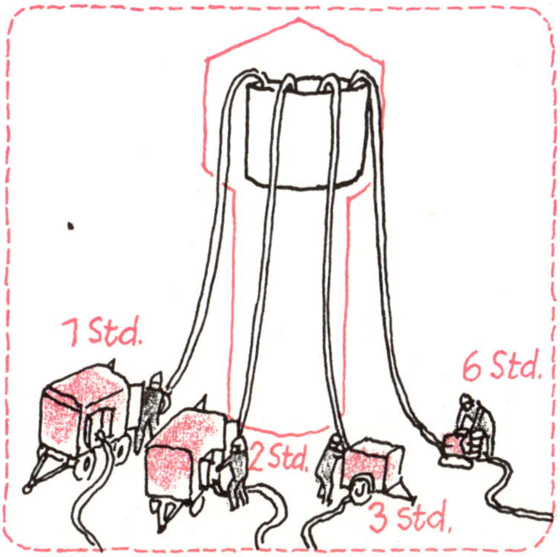

131. Komplizierte Teilung

Werner hatte 17 Mark gespart. Das Geld wollte er mit seinen jüngeren Geschwistern Antje und Heidi teilen, und zwar so, daß er als Ältester die Hälfte, Antje als die Zweitälteste ein Drittel und Heidi als Jüngste ein Neuntel des Geldes bekam. So sehr die Geschwister auch rechneten, die Teilung des Geldes gelang ihnen nicht. Daraufhin lieh ihnen der Vater 1 Mark, so daß nunmehr ein Gesamtbetrag von 18 Mark vorhanden war. Jetzt bekamen Werner 9 Mark, Antje 6 Mark und Heidi 2 Mark. Eine Mark, nämlich die geliehene, blieb übrig und konnte dem Vater zurückgegeben werden.
Wie kann diese Teilung erklärt werden?

132. Königsfische und Teufelsfische

Ein interessantes Problem verdanken wir Sam Lloyd, einem bekannten Rätselerfinder aus Amerika. Er berichtet, daß im hinterindischen Staat Siam, dem heutigen Laos, zwei Arten von Fischen wegen ihrer Kampfeigenschaften gezüchtet werden, und zwar der „Königsfisch", ein langer weißer Barsch, und der „Teufelsfisch", ein kleiner schwarzer Karpfen.
Diese beiden Fischarten bekämpfen einander. Die „Königsfische" sind die Überlegenen. Man habe beobachtet, daß ein Kampf zwischen einem „Königsfisch" und zwei „Teufelsfischen" stets in kurzer Zeit mit dem Sieg des „Königsfisches" ende. Bei drei „Teufelsfischen" und einem „Königsfisch" gehe der Kampf unentschieden aus. Träfen vier „Teufelsfische" auf einen „Königsfisch", so machten sie ihn in fast genau drei Minuten kampfunfähig. Diese Zeit werde im Verhältnis kürzer, je mehr der

kleinen ,,Teufelsfische" einen der ,,Königsfische" angreifen. So dauere beispielsweise ein Kampf zwischen fünf ,,Teufelsfischen" und einem,, Königsfisch" $\frac{4}{5} \cdot 3 \text{ min} = \frac{12}{5} \text{ min}$ $= 144$ s. Es griffen immer mindestens drei ,,Teufelsfische" einen ,,Königsfisch" an. Als man einmal dreizehn dieser ,,Teufelsfische" in ein Becken gesetzt habe, in dem sich vier ,,Königsfische" befanden, habe man beobachtet, daß die ,,Teufelsfische" gegen die ,,Königsfische" so vorgingen, daß der Kampf genau nach der vorausberechneten Zeit zu Ende gewesen wäre.
Wie lange dauerte dieser Kampf, und welche Fische gewannen ihn?
Anm.: Weil Fische wohl kaum derart ausgeprägte strategische Eigenschaften entwickeln können, entspricht natürlich die Aufgabe nicht der Realität.

133. Verdünnter Wein

Vor Ihnen stehen zwei Gläser. In dem einen Glas befindet sich Wasser, in dem anderen das gleiche Volumen Wein. Aus dem Wasserglas entnehmen Sie einen Eßlöffel Wasser, gießen es in den Wein, und nachdem Sie beide Flüssigkeiten gut umgerührt haben, entnehmen Sie dem Weinglas einen gleichvollen Eßlöffel Gemisch und gießen es in das Wasserglas zurück.
Befindet sich jetzt mehr Wasser im Weinglas als Wein im Wasserglas?
Welchen Einfluß hat das Mischen auf das Ergebnis?

134. Gemeinsame Teiler

Einmal schrieb der Mathematiklehrer zwölf sechsstellige natürliche Zahlen an die Tafel. Alle diese Zahlen hatten die Form abcabc (z. B. 731 731), so daß die ersten drei Ziffern in der gleichen Reihenfolge auch als vierte, fünfte und sechste Ziffer standen. Die Schüler sollten in kürzester Zeit möglichst viele gemeinsame Teiler dieser Zahlen bestimmen. Nach zwei Minuten hatte einer der Schüler sieben gemeinsame Teiler der zwölf Zahlen gefunden.
Welche Teiler waren es, und wie war der Schüler darauf gekommen?

135. Denksport mit Sportlern

Die Teilnehmer an einem Betriebssportfest hatten sich im Werkhof versammelt, um zum Sportplatz zu marschieren. Hätten je zwei Sportler ein Glied des Marschblocks gebildet, wäre ein Sportler übriggeblieben. Wären jeweils drei Sportler nebeneinander marschiert, wären zwei übriggeblieben, bei Gliedern von vier Sportlern drei usw. Als sie schließlich in Gliedern zu je sieben Sportlern angetreten waren, ging die Teilung auf.
Wie viele Betriebsangehörige nahmen mindestens an den Wettkämpfen teil?

136. Wie alt war Banach?

Ein Professor sprach über das Lebenswerk des polnischen Mathematikers Stefan Banach. Dabei erfuhren die Studenten, daß Banach am 31. 8. 1945 gestorben ist. Als sie den Professor fragten, in welchem Jahre Banach geboren worden war und welches Alter er erreichte, sagte er, daß Banach im Jahre x^2 ein Alter von x Jahren hatte.
Wann wurde Banach geboren, und in welchem Alter starb er?

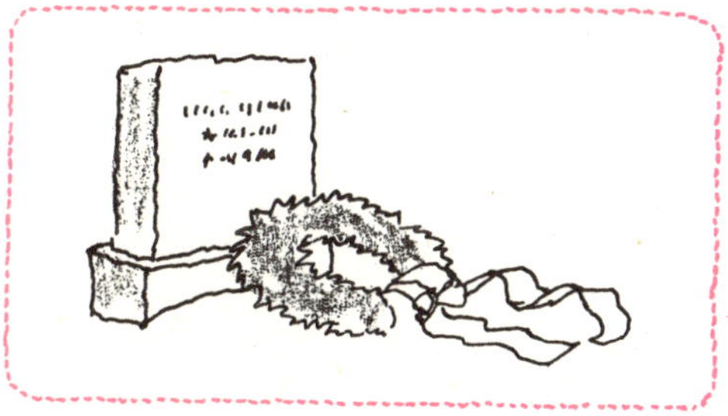

137. Fahrerflucht

Nach einem Zusammenstoß zweier Pkw flüchtete einer der Fahrer mit seinem Wagen. Keiner der von der Verkehrspolizei befragten Zeugen hatte das polizeiliche Kennzeichen des Fahrzeuges genau erkannt. Einer der Zeugen behauptete, die beiden ersten Ziffern der vierziffrigen Kfz-Nummer seien einander gleich. Ein anderer Zeuge sagte aus, daß er nur die beiden letzten Ziffern gesehen habe, aber er könne mit Sicherheit sagen, daß diese einander gleich seien. Ein dritter Zeuge behauptete, die vierziffrige Autonummer stelle eine Quadratzahl dar. Aus diesen drei Aussagen konnte die fragliche Kfz-Nummer ermittelt werden.
Welche Nummer hatte der Wagen?

138. Falsche Zeugenaussage

Nicht alle Zeugenaussagen sind richtig. In einem ähnlichen Fall von Fahrerflucht behauptete ein Zeuge, die „vierstellige" Wagennummer sei eine Quadratzahl, die bei Division durch 3 den Rest 2 lasse. Mehr könne er nicht sagen. Es stellte sich jedoch heraus, daß der Zeuge nicht genau beobachtet hatte.
Warum war seine Aussage falsch?

139. Der kluge Beduine

Ein Beduine besaß mehrere Kamele. Der Beauftragte eines Zirkus wollte die Tiere kaufen, und er bot für jedes so viele Dollars, wie in der gesamten Herde Kamele waren. Der Beduine lehnte jedoch den Verkauf der Tiere ab, selbst dann noch, als ihm der Käufer drohte, die Tiere bei einem anderen Araber zu kaufen. Der Beduine informierte seinen Nachbarn über den beabsichtigten Kauf und schlug vor, ihre gleich großen

Herden zu vereinigen. Als der Käufer eintraf und auch dem anderen Araber denselben Preis wie dem ersten vorschlug, kam

der Verkauf der Tiere zustande. Der Fremde gab dem Araber – bis auf einen Rest von weniger als zehn Dollar, den er in Kleingeld zahlte – nur Zehndollarnoten. Bei der anschließenden Teilung des Geldes erhielten der Beduine und sein Partner zunächst jeder die gleiche Anzahl Zehndollarnoten. Eine dieser Noten und das Kleingeld blieben als Rest. Den beiden machte das Halbieren des Betrags aber Schwierigkeiten, weil sie die Zehndollarnote nicht wechseln konnten. Da dem Beduinen das Messer seines Partners gut gefiel, bat er ihn, er möge doch die Zehndollarnote nehmen und ihm das Kleingeld überlassen. Zum Ausgleich solle er ihm das Messer geben. Der Partner war einverstanden, und so erhielt der Beduine außer einem hohen Preis für seine Kamele noch ein wertvolles Messer.
Wieviel hatte der Beduine für das Messer bezahlt?

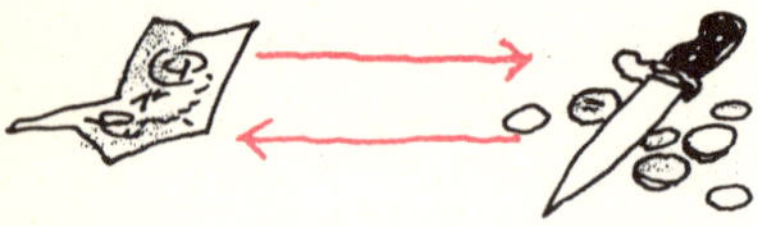

140. Alter im Quadrat

Auf einer Baustelle arbeitete eine aus 4 Maurern bestehende Gruppe. Nach ihrem Alter befragt, antwortete einer von ihnen: „Wir sind alle vier verschiedenaltrig. Zusammen sind wir 129 Jahre alt. Drei von uns haben je eine Quadratzahl von Jahren hinter sich. Ebenso hatten drei von uns vor 15 Jahren als Alter eine Quadratzahl."
Wie alt waren die vier Kollegen, als sie gefragt wurden?

141. Erikas Hobby

Die siebenjährige Erika fährt gern Straßenbahn. Vor dem Haus, in dem sie wohnt, ist eine Haltestelle. Hin und wieder steigt sie in die Bahn, die gerade hält. Da auf dieser Strecke, an der die Haltestelle liegt, nur eine Straßenbahnlinie verkehrt, kommt Erika manchmal an der Haltestelle im Norden, manchmal an der im Osten der Stadt an. Sie wundert sich darüber, daß sie viel öfter die Endstelle im Norden als die im Osten erreicht, obwohl sie doch zu den verschiedensten Zeiten an der Haltestelle einsteigt. Bei fünfzehn dieser zufälligen Fahrten erreicht sie dreizehnmal die nördliche, dagegen nur zweimal die östliche Endstelle.
Wie ist diese merkwürdige Tatsache zu erklären?
Anm.: Nach dem Fahrplan verkehren die Bahnen in beiden Richtungen alle 15 Minuten.

Auf den Ansatz kommt es an!

142. Von Ufer zu Ufer

Eine schmale Stelle eines Sees überquerten zwei Fähren, die sich mit konstanten, jedoch voneinander verschiedenen Geschwindigkeiten bewegten. Die zwei Fähren legten zum gleichen Zeitpunkt von den einander gegenüberliegenden Ufern ab. Die erste Fähre begegnete 720 m vor dem Erreichen des jenseitigen Ufers der zweiten, langsameren Fähre. Nach der Ankunft am jenseitigen Ufer hatte die erste Fähre einen Aufenthalt von 20 Minuten, dann fuhr sie zurück. Unterdessen war auch die zweite Fähre am Gegenufer eingetroffen und hatte von dort nach ebenfalls 20 Minuten Aufenthalt wieder abgelegt. Auf dem Rückweg begegneten beide Fähren einander 400 m vom Ausgangsufer der ersten Fähre entfernt (siehe nebenstehende Skizze).
Wie kann aus den vorliegenden Werten die Breite des Sees an der erwähnten schmalen Stelle ermittelt werden?

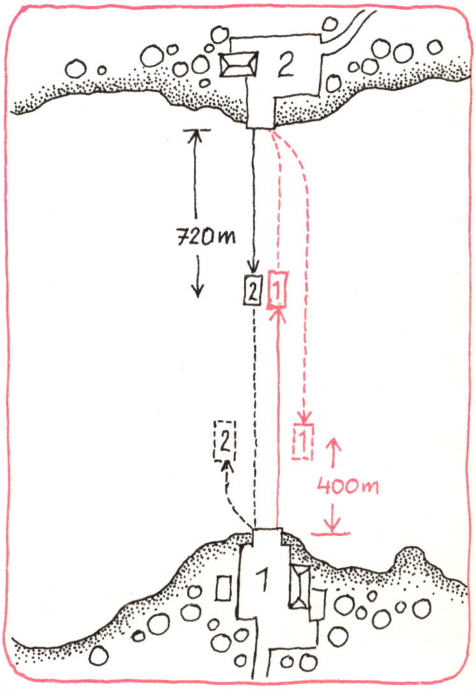

143. Zeitersparnis zu Fuß

Kurt und Hannes, zwei Freunde, wohnen in Leipzig. Kurt arbeitet in den Leunawerken. Dorthin fährt er täglich mit dem Frühzug, und abends kommt er mit dem Zug 17.30 Uhr auf dem Hauptbahnhof in Leipzig an. An manchen Tagen holt Hannes seinen Freund mit dem Motorroller vom Bahnhof ab. Einmal kam Kurt bereits mit einem früheren Zug, 16.30 Uhr, auf dem Bahnhof an. Weil er wußte, daß Hannes ihn auch an diesem Tage abholen, er aber nicht bis zu Hannes' Eintreffen auf dem Bahnhof warten wollte, ging er ihm zu Fuß entgegen.
Auf der Fahrt zum Bahnhof traf Hannes

seinen Freund. Kurt stieg auf, und beide fuhren nach Hause, wo sie 20 Minuten früher als sonst ankamen. Dabei war Hannes zur gleichen Zeit wie an den anderen Tagen von zu Hause gestartet, so daß er 17.30 Uhr am Bahnhof gewesen wäre.
Wie lange war Kurt zu Fuß gegangen?
(Die Geschwindigkeiten sollen als konstant angenommen werden.)

144. Die „Faßparabel"

Ein Winzer hatte drei Söhne. Der klügste von ihnen sollte nach des Vaters Tod das Weingut bewirtschaften. Um festzustellen, welcher der drei Söhne der würdigste Nachfolger war, gab der Vater den Söhnen 21 gleich große Weinfässer, von denen sieben leer, sieben zur Hälfte und sieben voll mit Wein gefüllt waren. Die Söhne erhielten die Aufgabe, diese 21 Fässer so untereinander aufzuteilen, daß jeder der drei die gleiche Anzahl Fässer und die gleiche Menge Wein erhielt. Der Wein durfte dabei aber nicht umgefüllt werden. Einer der Söhne erhielt das Gut.
Wie hatte er die Aufgabe gelöst?

145. Die verschobene Sechs

Bei einer Mathematikprüfung sollte u. a. die kleinste natürliche Zahl mit folgender Eigenschaft bestimmt werden: Die erste Ziffer dieser Zahl sei 6. Wird diese Ziffer vom Anfang an das Ende gestellt, so entsteht eine neue natürliche Zahl, deren Wert ein Viertel der ursprünglichen Zahl beträgt.
Welche natürliche Zahl ist das?

146. Der vierte Teil

Stellen wir uns jetzt die Aufgabe, die kleinste natürliche Zahl zu finden, die in ihren vierten Teil übergeht, wenn man ihre erste Ziffer an die letzte Stelle rückt. – Gibt es eine solche Zahl? Wenn ja, wie lautet sie?

147. Fahrpreise

In einem D-Zug-Abteil saßen mehrere Personen, unter ihnen einige Studenten, die ihre Übungsaufgaben in Mathematik erledigten. Der Schaffner sah ihnen während der Fahrkartenkontrolle einen Augenblick zu und erklärte dann, er habe an Hand der vorgezeigten Fahrkarten festgestellt, daß alle acht Reisenden im Abteil zusammen nur viermal den vollen Fahrpreis bezahlt hätten. Die Studenten sollten ihm doch einmal ausrechnen, wie viele Personen Fahrkarten für den vollen Fahrpreis, wie viele Sonntagsrückfahrkarten (33 1/3% Ermäßigung) und wie viele Arbeiterrückfahrkarten (75% Ermäßigung) besäßen.
Was mußten ihm die Studenten antworten?

148. Versehen am Postschalter

Armin löste auf dem Postamt einen Scheck ein. Von dem ausgezahlten Geldbetrag gab er fünf Pfennige für eine Briefmarke aus. Als er etwas später das Geld nachzählte, stellte er fest, daß er noch doppelt so viel Geld besaß wie der Betrag, auf den der Scheck ausgestellt war. Die Postangestellte hatte ihm versehentlich den auf dem Scheck angegebenen Pfennigbetrag in Mark und umgekehrt den Markbetrag in Pfennigen ausgezahlt. Armin ging sofort wieder zum Postamt. Wieviel Geld mußte er zurückzahlen?

149. „Kühnes“ Kürzen

Im Mathematikunterricht wurde das Kürzen von Brüchen geübt. Dabei sollte u. a. der Bruch $\frac{16}{64}$ soweit wie möglich gekürzt werden. Jens, der die Aufgabe an der Tafel rechnete, strich einfach im Zähler und im Nenner die Ziffer 6 weg. Großes Gelächter folgte. Erstaunt stellten die Mitschüler aber fest, daß Jens trotz dieses unzulässigen Verfahrens das richtige Resultat erhalten hatte. Untersuchen Sie, ob es noch andere Brüche mit zweistelligen Zählern und Nennern gibt, bei denen das gleiche Verfahren zum Ziele führt!

Die Anschauung nicht vergessen!

150. Zeitfrage

In der Lehrwerkstatt eines Maschinenbaubetriebes erhielt ein Lehrling den Auftrag, aus einem schmiedeeisernen Ring mit einem Umfang von 2 m neun Teile von je 15 cm Länge herauszusägen. Ein anderer Lehrling sollte von einer schmiedeeisernen Stange, die den gleichen Materialquerschnitt wie der Ring hatte, zehn Stücke von der angegebenen Länge abschneiden. Der zweite Lehrling wollte für seinen Auftrag eine größere Zeitvorgabe haben, weil bei seiner Arbeit das Zersägen eine längere Zeit beanspruche. Brauchte er diese längere Zeit tatsächlich?

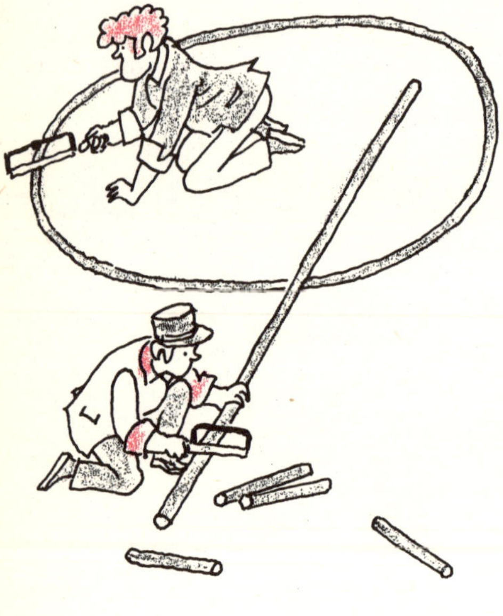

151. Wie hoch ist der Schornstein?

An einem sonnigen Sommertag erhielten Ute und Barbara, Mitglieder einer Mathematik-Arbeitsgemeinschaft, die Aufgabe, die Höhe eines in ebenem Gelände stehenden Schornsteines zu bestimmen. Als

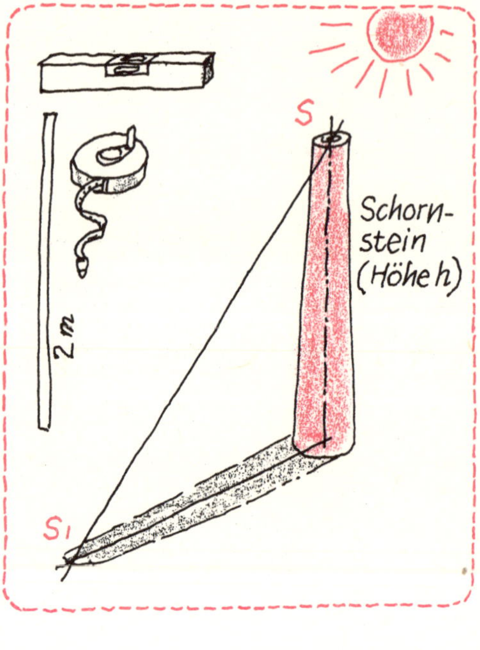

Hilfsmittel gab ihnen der Leiter der Arbeitsgemeinschaft eine etwa 2 m lange Latte, eine Wasserwaage und ein Meßband.
Auf welche einfache Weise konnten die beiden diese Aufgabe lösen?

152. Wie weit noch?

Die Schüler einer 8. Klasse befanden sich auf einer Wanderung. Als in der Ferne eine Autobahnbrücke sichtbar wurde, debattierten sie darüber, wie weit sie wohl bis zu dieser Brücke noch zu gehen hätten. Einigen Schülern war vom Geographieunterricht her die Länge der Brücke bekannt. Einer von ihnen nahm einen Bleistift und ein Meßband aus der Tasche.
Wie bestimmte er damit die umstrittene Entfernung?

153. Die Diagonale

Betrachten Sie untenstehende Figur nicht länger als 30 Sekunden! Bestimmen Sie jetzt nach kurzer Überlegung die Länge $\overline{BD}$ der Diagonalen im Rechteck ABCD, ohne dabei eine Rechnung durchzuführen!

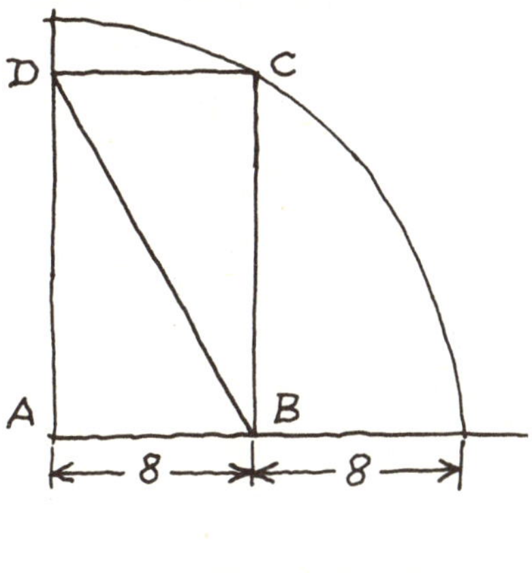

154. Kabellegen

Zwei Lehrlinge erhielten den Auftrag, durch einen quaderförmigen Raum ein Kabel zu verlegen. Das Kabel sollte durch eine der vier unteren Ecken in den Raum hinein- und durch die in Richtung der Raumdiagonalen gegenüberliegende obere Ecke wieder aus dem Raum hinausführen. Sie sollten ein möglichst kurzes Stück Kabel verwenden.
Wie mußten die Lehrlinge das Kabel an Wand und Decke entlangführen, ohne dabei zu berücksichtigen, daß Leitungen üblicherweise horizontal und vertikal verlegt werden?

155. Pfennigspiel

Aus zehn Zehnpfennigstücken wird ein gleichseitiges Dreieck nach folgender Skizze aufgebaut:

Durch Verschieben von nur drei Zehnpfennigstücken soll daraus ein gleichseitiges Dreieck entstehen, dessen Spitze nach oben zeigt. Wie ist zu verfahren?

156. Verschiebungen

Legen Sie sich aus sechs Fünfpfennigstücken ein „gleichseitiges" Dreieck folgender Form:

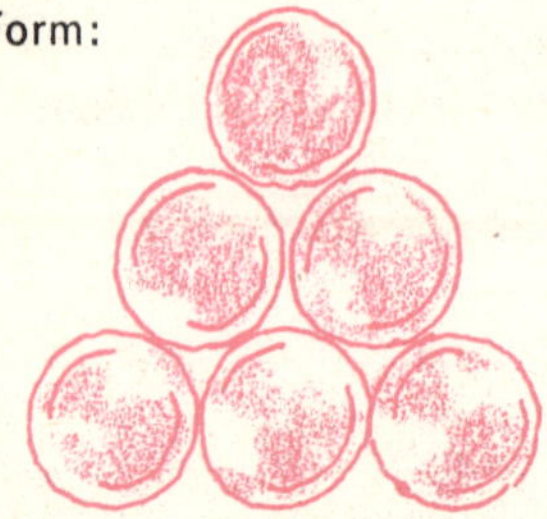

Aus dieser Figur soll durch die kleinstmögliche Anzahl von Zügen das folgende „regelmäßige Sechseck" entstehen:

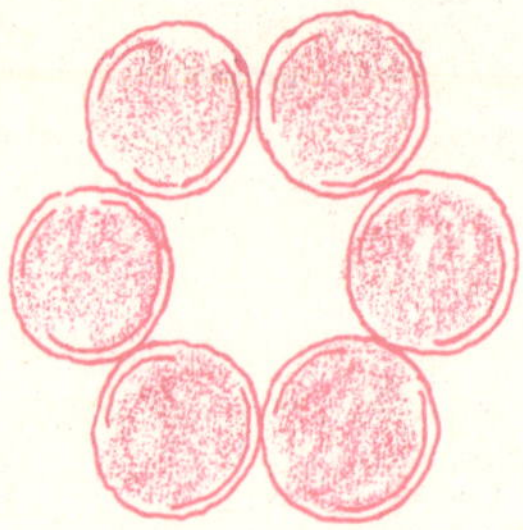

Bei jedem Zug darf nur eine Münze so verschoben werden, daß sie beim Ziehen ständig mit einer anderen in Verbindung bleiben muß; sie muß gewissermaßen an einer anderen „abrollen".
Wieviele Züge sind mindestens erforderlich, und wie müssen sie ausgeführt werden?

157. Kongruente Teile

Die folgende Figur, auf der 20 natürliche Zahlen verteilt sind, wollen wir in vier zueinander kongruente Teile zerlegen.

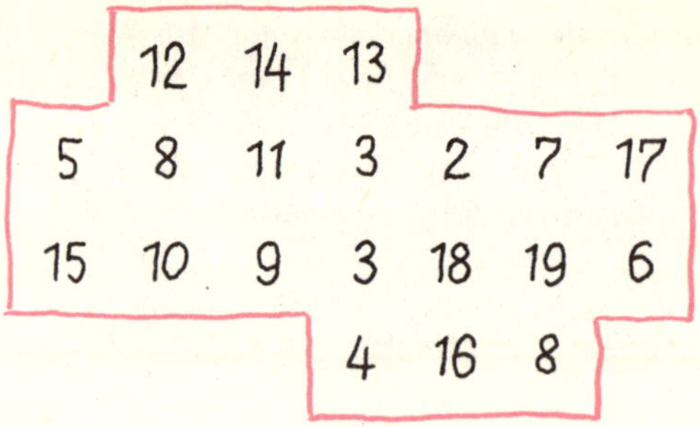

Dabei soll die Summe aus den Zahlen, die sich auf jedem dieser Teile befindet, den Wert 50 haben.
Wie müssen wir die Figur zerlegen?

158. Aus der Bahn gekommen

Mehrere Jugendliche hatten sich entschlossen, Rettungsschwimmer des Deutschen Roten Kreuzes zu werden. Zu den Bedingungen gehört u. a. ein Streckentauchen über 17 m, und zwar geradeaus, also im rechten Winkel zur Startlinie.
Einer von den Schwimmern tauchte in 16 m Entfernung von der Startlinie auf und hatte demzufolge die Bedingung nicht erfüllt. Dabei war er von der vorgeschriebenen Bahn um 6 m nach links abgekommen.
Hätte er die Bedingung erfüllt gehabt, wenn er geradeaus geschwommen wäre?

159. Quadrate

Im Werkunterricht sollten die Schüler aus zehn gleich großen quadratischen Papptäfelchen einen quadratischen Pappdeckel anfertigen, dessen Flächeninhalt gleich der Summe aus den Flächeninhalten der zehn Täfelchen sein mußte.
Es ist zwar leicht, 4 bzw. 9 bzw. 16 usw. solcher quadratischer Täfelchen zu größeren Quadraten zusammenzusetzen, wie aber war das bei zehn Täfelchen zu bewerkstelligen?
Zur Ausführung darf eine Schere benutzt werden.

160. Die Ballpyramide

Zur bevorstehenden Eröffnung eines neuerbauten Sportgeschäftes sollten die Schaufenster ansprechend ausgestaltet werden. Die Dekorateure planten, in einem der Schaufenster aus Tischtennisbällen eine quadratische Pyramide mit 1 m Grundkantenlänge zu errichten. Die Bälle sollten in Schichten von quadratischer Form übereinander liegen. Um die unterste Schicht herum mußten vier Leisten von 1 m Länge angebracht werden, um das Fortrollen der Bälle zu verhindern. Jeder Ball in einer der darüberliegenden Schichten erhielt durch vier Bälle der darunterliegenden Schicht eine feste Lage.
Wie viele Tischtennisbälle (der Durchmesser eines Balles beträgt 4 cm) wurden zum Bau dieser Pyramide benötigt, und welche Höhe hatte die Pyramide?

161. Guter Rat

In einem Park befindet sich ein Springbrunnen von quadratischer Form. In der Mitte sind auf einem ebenfalls quadratischen Betonsockel die Düsen angebracht.
Zwei Schlosserlehrlinge sollten die Düsen des Springbrunnens reparieren. Die beiden Bretter, die sie mitgebracht hatten, konnten sie nicht vom Brunnenrand zum Betonsockel legen, um über den Graben zu gelangen, denn jedes der Bretter war nur knapp 3 m lang. Zu guter Letzt fand einer heraus, wie man die beiden Bretter legen mußte, um dennoch ohne Schwierigkeiten den Betonsockel zu erreichen.
Wie gelang das?

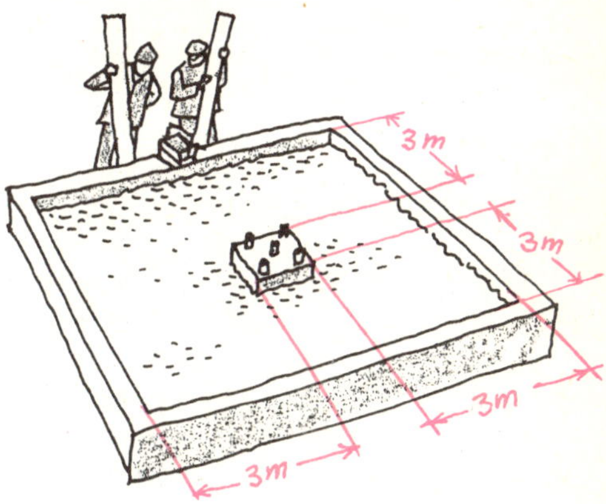

162. Die Behelfsbrücke

Drei Freunde kamen auf einer Wanderung an einen ziemlich tiefen, verschlammten Graben, den sie überqueren wollten. Weit und breit konnten sie keine Brücke entdecken, die über den Graben führte. Nachdem sie ein Stück am Ufer entlanggegangen waren, erblickten sie einen kleinen Schuppen, neben dem vier Bretter lagen. Jedes der Bretter war etwa 2,5 m lang. Der Versuch, eines der Bretter als Brücke quer über den Graben zu legen, scheiterte, weil alle Bretter zu kurz waren. Da hatte einer der drei einen rettenden Gedanken.
Wie konnten die Freunde aus den vier Brettern ohne zusätzliche Hilfsmittel einen Übergang bauen?

163. Genauigkeit der Wasserwaage

Eines der wichtigsten Instrumente des Maurers ist die Wasserwaage. Die Hauptteile einer Wasserwaage sind zwei leicht gekrümmte Glasröhrchen, die fast vollständig mit Flüssigkeit gefüllt sind, so daß sich in ihnen jeweils noch ein kleines Luftbläschen befindet. Auf jedem der Glasröhrchen sind in der Mitte zwei nebeneinanderliegende Markierungsstriche angebracht. Befindet sich das Luftbläschen genau zwischen den Markierungsstrichen, so steht die Wasserwaage lotrecht. (In Bezug auf das zweite Röhrchen liegt sie waagerecht.) Wird die Wasserwaage etwas geneigt, so schiebt sich das Bläschen, weil es sich stets an der höchsten Stelle der Krümmung des Röhrchens befindet, aus der markierten Mittellage heraus.
Um wieviel Millimeter entfernt sich das Bläschen von der Markierung, wenn die Wasserwaage um 0,5° geneigt wird und wenn der Radius für die Krümmung des Röhrchens 1 m beträgt?

164. Durchbohrte Kugeln

Ein Dreher stellte auf einer Drehmaschine Kugeln her. Durch diese Kugeln waren anschließend zylindrische Löcher zu bohren. Die Bohrungen sollten genau durch den Kugelmittelpunkt gehen und eine Länge von 12 cm besitzen. Diese einzige Maßangabe, nämlich 12 cm, scheint zu wenig zu sein, um das Restvolumen einer solchen Kugel zu bestimmen. Dennoch ist es möglich.
Wie groß ist das Volumen einer solchen durchbohrten Kugel?

165. Das endlose Panorama

Um für Auslandsreisen zu werben, sollte für die Schaufenster der größten Geschäftsstellen des Reisebüros das Modell eines Schnellzugabteils angefertigt werden. Hinter

dem 20 cm hohen Abteilfenster wollte man ein Panorama vorbeiziehen lassen, so daß der Eindruck des Fahrens entstehen und außerdem dem Betrachtenden ein Begriff von der Schönheit der Reiseziele vermittelt werden sollte. Zur Realisierung dieses Projekts bauten die Werbefachleute eine Vorrichtung, die aus zwei hinter dem Abteilfenster angeordneten Walzen von 10 cm Durchmesser und einem mit Bildern bemalten Band von 3 m Länge bestand. Das Band sollte über die Walzen geführt werden, und durch Drehung der Walzen wollte man die auf das Band gemalten Bilder an der Kulisse des Abteilfensters vorbeiziehen lassen.
Ein Angestellter des Reisebüros, der zufällig der Debatte der Werbefachleute beiwohnte, erklärte, daß es möglich sei, ohne an der Vorrichtung etwas zu ändern, ein Panorama von 6 m Länge am Beschauer vorüberziehen zu lassen.
Welchen Vorschlag machte er?

166. Jägerlatein?

Ein Jäger erzählte, daß er auf einer Expedition eines Tages von seinem Lager aus zuerst 3 km genau nach Süden gegangen sei. Dann habe er sich um 90° nach rechts gewendet und sei 3 km nach Westen gegangen. Dort habe er einen Bären erlegt. Von diesem Punkt aus sei er mit seiner Beute 3 km nordwärts gewandert und wieder im Lager angelangt.
Als er seinen Bericht beendet hatte, forderte er seine Zuhörer auf, aus seiner Schilderung die Farbe des Fells des erlegten Bären zu bestimmen.
War das möglich?

167. Die vier Springer

Auf einem Schachbrett wird ein aus neun Feldern bestehendes Quadrat abgegrenzt. Auf die vier Eckfelder dieses Quadrats wer-

den zwei schwarze (s_1, s_2) und zwei weiße Springer (w_1, w_2) gestellt. Mit diesen vier Figuren soll nun so oft gezogen werden, bis schließlich die beiden schwarzen Springer auf die ursprünglich von den beiden weißen eingenommenen Felder gelangt sind, und umgekehrt. Natürlich darf sich jeder der vier Springer beim Ziehen nur in dem abgegrenzten Teil des Schachbrettes bewegen.
Wie viele Züge sind für die Lösung des Problems mindestens erforderlich, und in welcher Reihenfolge muß gezogen werden?

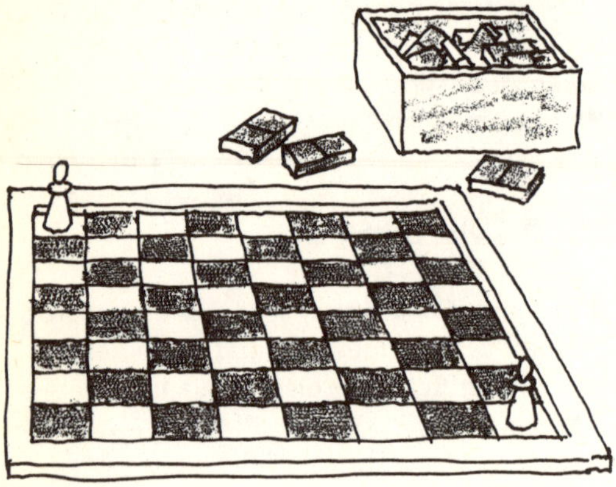

168. Unlösbares Problem?

Vor uns liegen ein Schachbrett und ein Kästchen mit Dominosteinen. Auf zwei einander gegenüberliegende Eckfelder des Schachbretts soll je ein Bauer gestellt werden. Bedecken Sie nun die restlichen 62 Felder des Schachbrettes vollständig mit den Dominosteinen. ,,Nichts einfacher als das'', werden Sie vielleicht denken. Wie Sie aber auch die Dominosteine, von denen jeder zwei Schachbrettfelder bedeckt, anordnen, es gelingt Ihnen nicht, zum Ziel zu kommen.
Ist dieses Problem überhaupt lösbar?

169. Kiste gesucht!

Zwei Lehrlinge hatten die Aufgabe erhalten, fünf gleich große, würfelförmige Kisten, die in folgender Anordnung auf dem Hof standen, zum Abtransport nebeneinander zu stellen:

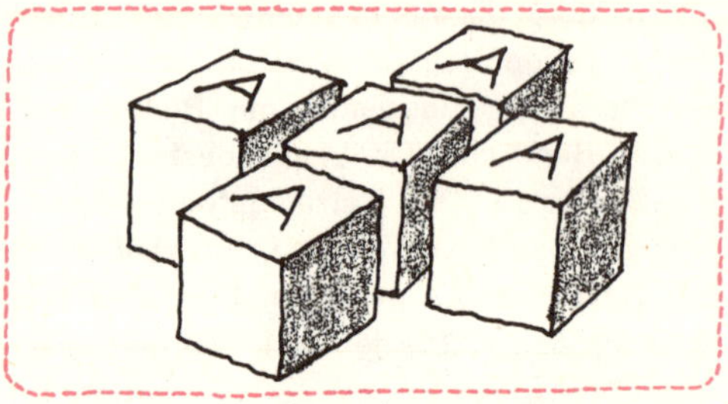

Die Deckel der Kisten waren mit einer eingebrannten Aufschrift versehen (hier mit ,,A'' bezeichnet). Die Kisten waren schwer. Die Jungen konnten sie nur mit Mühe über die Kanten kippen. Nach getaner Arbeit ergab sich folgendes Bild (Selbstverständlich mußten die Kisten wieder so stehen, daß ihre Aufschrift sichtbar war):

Als plötzlich der Lagerist erschien und erklärte, daß die Kiste, die vorher in der Mitte stand, noch einmal geöffnet werden müsse, war guter Rat teuer, denn die beiden Lehrlinge hatten sich die anfängliche Anordnung der Kisten nicht gemerkt. Einer von ihnen fand die fragliche Kiste trotzdem durch eine Überlegung heraus.
Welche der Kisten (1, 2, 3, 4, 5) war es?

170. Leergut

Jeweils fünf Kisten, für den gleichen Empfänger bestimmt, waren auf dem Lagerhof in der in Aufgabe 169 erwähnten Anordnung

zusammengestellt worden. Die Kisten, die an dem jeweiligen Tag zum Versand kommen sollten, mußten kurz vorher zu je fünf Stück nebeneinander auf der Rampe abgestellt werden. Nicht alle Kisten waren gefüllt. Während die gefüllten Kisten wegen ihres großen Gewichts nur über eine ihrer Grundkanten gekippt werden konnten, ließen sich die leeren Kisten ohne weiteres tragen. Die ersten fünf Kisten waren außer einer leeren sehr schwer. Unter den nächsten fünf Kisten befanden sich zwei leere.
Als die Kisten zum Abtransport bereitstanden, kam die Anweisung, auch das Leergut noch zu bepacken. Unglücklicherweise war nun aber der Platz um die Kisten herum mit anderen Gütern verstellt, und die Kisten waren sehr schwer zu erreichen.
Hätten die Transportarbeiter gewußt, welche drei Kisten Leergut waren, hätten sie sie möglicherweise ohne große Mühe herausheben können. Nach kurzem Überlegen konnte einer von ihnen die drei Kisten bestimmen, ohne sie überhaupt berührt zu haben.
Wie war das möglich?

171. Faltprobleme

Eine Landkarte wird durch vier Linien in acht gleich große, rechteckige Felder eingeteilt. Die Felder werden numeriert, wie die Skizze zeigt.

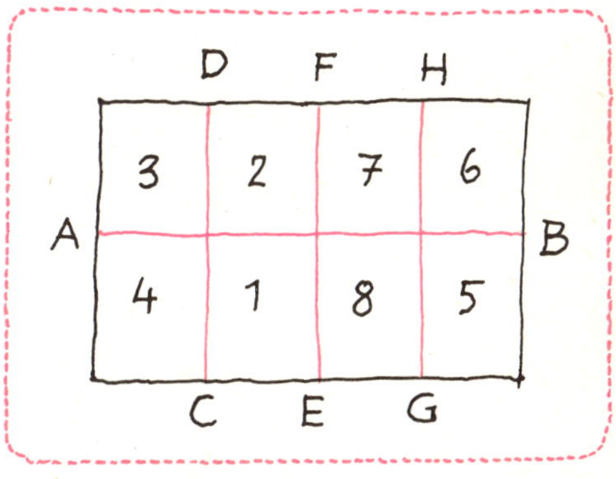

Jetzt soll die Karte entlang der eingezeichneten Linien so gefaltet werden, daß im zusammengelegten Zustand die Felder in der Reihenfolge 1, 2, . . ., 8 aufeinanderliegen.

Entlang welcher Linien muß nacheinander gefaltet werden? Ist dabei nach vorn oder nach hinten zu falten?

Wenn Sie die Lösung haben, ändern Sie die Numerierung der Felder wie folgt:

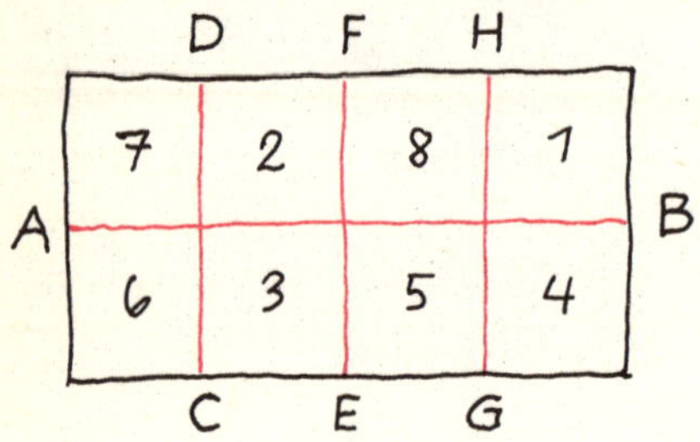

Nun stellen Sie sich die gleiche Aufgabe! Zu ihrer Lösung benötigen Sie wahrscheinlich mehr Zeit als zur ersten.

Man kann auch andere Einteilungen (mehr oder weniger Felder gleicher Größe) und andere Numerierungen der Felder wählen. Allgemeine Aussagen über Probleme dieser Art können jedoch ohne tiefere mathematische Kenntnisse nicht gemacht werden. Die Lösungen müssen in diesem Rahmen durch Probieren gefunden werden.

Kombiniere - Rechne - Schlußfolgere!

172. Geschickte Auswahl

In einer Klasse, der 30 Schüler angehörten, sollten im Sportunterricht zwei Mannschaften – A und B – gebildet werden, die ein Spiel gegeneinander auszutragen hatten. 15 Schüler der Klasse waren Mitglieder einer Sportwerbegruppe. Sie wollten natürlich bei diesem Spiel eine der Mannschaften bilden. Der Sportlehrer ließ die Mannschaften auszählen. Dazu nahmen alle 30 Schüler in einem großen Kreis Aufstellung; dann wurde abgezählt. Jeder Neunte dieser Abzählung schied aus und wurde bei der nächsten Ab-

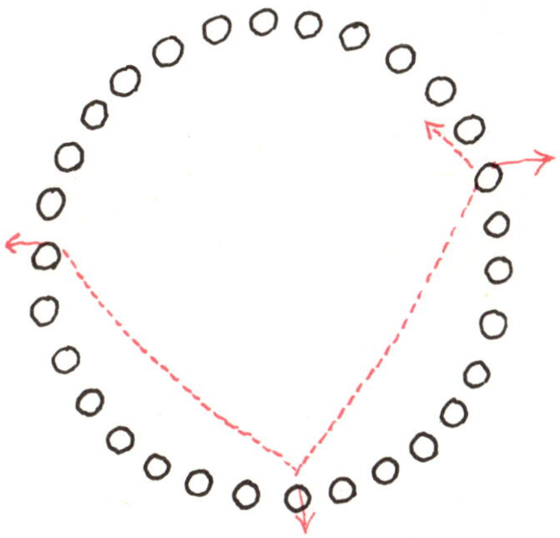

zählrunde nicht berücksichtigt. Die Abzählung begann bei einem Schüler, der Mitglied der Sportwerbegruppe war. Er hatte auch die Anordnung der Schüler im Kreise vorgenommen. Die Abzählung wurde beendet, als genau 15 Schüler, die eine Mannschaft bildeten, ausgeschieden waren. Welche Plätze mußten die 15 Mitglieder der Sportwerbegruppe in dem Kreis einnehmen, damit sie nach der Auszählung als Mannschaft B übrigblieben?

173. Der hilfsbereite Kraftfahrer

Herr Lehmann, der mit seinem Pkw einen Bekannten besuchen wollte, hatte vor Antritt seiner Fahrt das Tanken vergessen. Deshalb ging ihm unterwegs der Kraftstoff aus. Herr Lehmann versuchte, vorbeikommende Kraftfahrzeuge zu stoppen, in der Hoffnung, daß ihm einer der Vorbeifahrenden mit etwas Kraftstoff aushelfen könne. Ein Kraftfahrer, der in einem Reservebehälter noch 8 Liter Kraftstoff hatte, erklärte sich bereit, ihm die Hälfte davon abzugeben. Zur Teilung des Kraftstoffes standen aber keine Meßgefäße zur Verfügung. Der hilfsbereite Kraftfahrer hatte in seinem Wagen lediglich noch einen leeren Behälter mit 5 Liter Fassungsvermögen, und in Herrn Lehmanns Gepäck befand sich ein Drei-Liter-Topf.
Wie konnten mit Hilfe der drei Gefäße (einschließlich Reservebehälter) alle Kraftstoffmengen von 1 l, 2 l, 3 l, . . ., 8 l abgemessen werden?

174. Vier Mann und nur ein Boot

Im Urlaub kamen Vater, Mutter, Tochter und Sohn auf einer Wanderung an einen kleinen Fluß, den sie überqueren wollten. Weit und breit war keine Brücke zu sehen. Als sie eine Weile am Ufer entlang gegangen waren, entdeckten sie ein Wochenendhäuschen mit einer Anlegestelle, an der ein Boot vertäut war. Das Boot, ein winziges Gefährt, hatte eine Tragfähigkeit von maximal 75 kg. Der Vater wog 75 kg, die Mutter 70 kg und Tochter und Sohn je 35 kg.
Wie konnte die Familie mit dem entdeckten Boot übersetzen, und wie viele Flußüberquerungen waren mindestens erforderlich?

175. Festschmuck

Um ein Fest vorzubereiten, wollten Schüler in ihrem Klassenzimmer Schnüre ziehen und daran viele bunte Fähnchen befestigen. Jedes dieser Fähnchen sollte aus drei Papierstreifen zusammengeklebt werden. Zur Her-

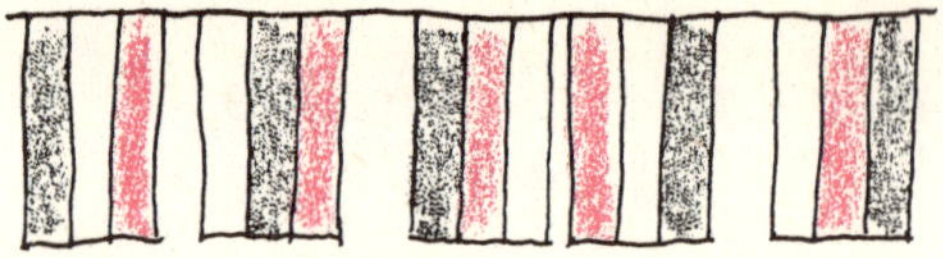

stellung der Fähnchen hatten sich die Kinder je eine Rolle rotes (r), blaues (b) und gelbes (g) Papier gekauft. Diese drei Farben stellten sie auf alle möglichen Arten zusammen. Einige solcher Farbzusammenstellungen sind z. B. r – b – g, r – g – b, r – g – r, aber auch r – r – g, r – r – r usw. Zwei Zusammenstellungen in einander entgegengesetzter Reihenfolge, wie z. B. r – b – g und g – b – r, sollten als voneinander verschieden gelten. Einer der Schüler hatte ausgerechnet, daß insgesamt 108 Fähnchen gebraucht wurden.
Wie viele verschiedene Fähnchen konnten die Kinder höchstens basteln, und wie viele brauchten sie von jeder Sorte?

176. Ungünstige Farbzusammenstellung

Der Lehrer erklärte den Kindern, daß er ihre Idee, das Klassenzimmer mit Fähnchen zu schmücken, zwar gut fände, es jedoch nicht günstig sei, Fähnchen mit Farbzusammenstellungen wie r – r – r oder r – r – b anzufertigen und daß außerdem zwei Fähnchen der Form r – g – b und b – g – r als gleich betrachtet werden müßten. Ausnahmen seien lediglich Zusammenstellungen der Farben wie g – r – g oder r – b – r, bei denen sich zwischen zwei gleichfarbigen Streifen ein andersfarbiger befindet.
Wie viele verschiedene Fähnchen konnten nunmehr höchstens hergestellt werden, und wie viele von jeder Sorte mußten es mindestens sein?

177. Drahtverbindungen

Ein langes Isolierrohr umschließt vier Leitungsdrähte. Aus jedem der beiden Rohrenden ragen vier Drahtenden heraus. Werden an jedem Rohrende je zwei beliebige der herausragenden Drahtenden miteinander verbunden, so entsteht entweder eine, oder es entstehen zwei geschlossene Drahtschlingen, beispielsweise:

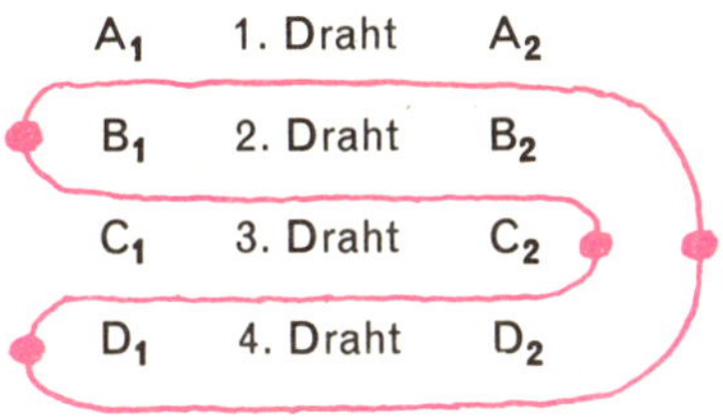

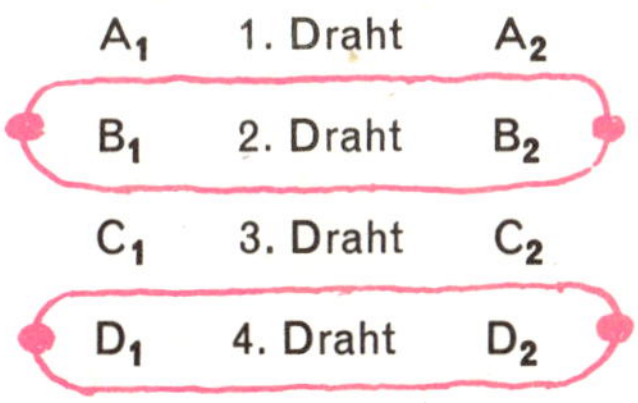

Welche der beiden Möglichkeiten (eine oder zwei geschlossene Drahtschlingen) ist wahrscheinlicher?

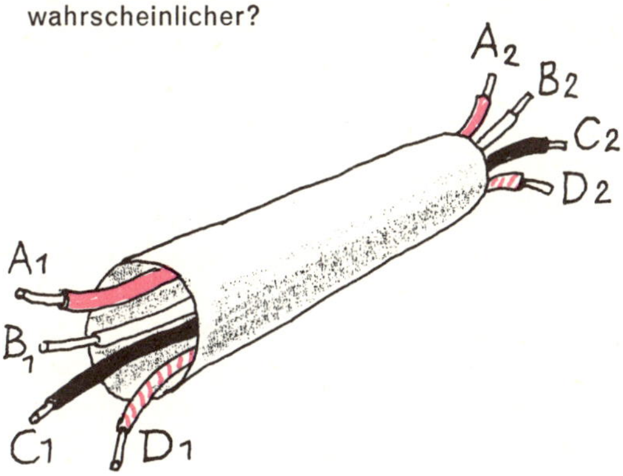

178. Rot und Schwarz

Um den Mathematikunterricht interessant zu gestalten, wurden Experimente durchgeführt. Einmal zeigte der Lehrer den Schülern fünf Kappen: drei schwarze, zwei rote. Dann mußten sich Horst, Bernd und Ulrike auf drei hintereinanderstehende Stühle setzen. Die Verdunklungen wurden heruntergelassen, das Licht gelöscht, und der Lehrer setzte jedem der drei eine der Kappen auf. Danach wurde das Licht wieder eingeschaltet. Natürlich durfte sich keiner der drei Schüler bei dem Experiment umdrehen, so daß Horst nur die Kappen von Bernd und Ulrike, Bernd nur die Kappe von Ulrike und Ulrike keine der Kappen sehen konnten. Jetzt wurde Horst gefragt, ob er eine schwarze oder eine rote Kappe trage. Er antwortete, daß er es nicht genau sagen könne. Bernd, der Horsts Antwort gehört hatte, gab die gleiche Antwort wie Horst. Ulrike jedoch konnte aus den Antworten von Horst und Bernd auf die Farbe ihrer Kappe schließen.
Welche Farbe war es?

179. Zuwachs

Es war am ersten Schultag nach den Sommerferien. Der Lehrer betrat mit drei Schülern das Klassenzimmer. Zu den anderen Schülern gewandt, erklärte er: „Frank, Wolfram und Helmut kommen aus Dresden, sie gehören ab heute zu unserer Klasse. Einer von ihnen heißt mit Familiennamen Neubert, einer Schumann und einer Krause. Frank heißt nicht Neubert. Euer neuer Schulkamerad Krause ist älter als euer neuer Schulkamerad Wolfram. Die Mutter des Schülers Neubert hat den Geburtsnamen Müller, und Wolframs Mutter ist eine geborene Schmidt. Jetzt wird es euch sicher nicht schwerfallen, den Vornamen eurer neuen Klassenkameraden die richtigen Familiennamen zuzuordnen."
Wie lauten die vollständigen Namen?

180. Drei Schönheiten

Einige Touristen verbrachten ihre Sommerferien am Schwarzen Meer. Dort wanderten sie oft. Eines Tages trafen sie drei junge Frauen: eine bleiche Schönheit mit schwarzem Haar und braunen Augen und eine Blondine mit blauen Augen und frischem, rosigem Teint. Die dritte war verschleiert. Verständlicherweise interessierte die Touristen, was sich hinter dem Schleier verbarg. Es gelang ihnen auch, unter Aufbietung aller Fremdsprachenkenntnisse den drei Frauen ihren Wunsch verständlich zu machen. Die verschleierte Frau erklärte, daß es ihr nichts ausmache, ihren Schleier zu lüften, jedoch wollte sie nur dann der Bitte der Touristen nachkommen, wenn sie vorher die Farbe ihrer Augen und ihres Haares sowie ihre Gesichtsfarbe bestimmen könnten. Dazu teilte sie ihnen mit, daß die Farben, die bei ihren Begleiterinnen zu sehen waren, bis auf eine Ausnahme (die Kombination dunkle Farben mit rosigem Teint ist nicht möglich) in ihrem Volk in allen Kombinationen vorkämen, und sie habe die in den Kombinationen seltener auftretende Haarfarbe. Außerdem hätten ihre Augen und ihr Gesicht eine Farbe von jeder ihrer Begleiterinnen. Die Touristen ließen sich durch diese Angaben nicht verblüffen, überlegten und gaben die gewünschte Beschreibung, die sie ihnen dann auch bestätigte.
Wie sah die verschleierte Frau aus?

181. Sonntag oder Wochentag?

Für ein Experiment wurden die sechs besten Teilnehmer eines „Zirkels junger Mathematiker" ausgewählt. Der Leiter der Gruppe, Herr Schmidt, erklärte ihnen, daß er sechs Kalenderblätter desselben Monats und Jahres habe, die jedoch die Jahresangabe nicht enthielten. Die Daten der Sonntage seien rot, die der Wochentage schwarz gedruckt. Zusätzliche Feiertage, die auf Wochentage fallen, lägen in dem betreffenden Monat nicht vor. Nachdem die sechs aus dem Zimmer geschickt worden waren, legte Herr Schmidt die Kalenderblätter auf den Tisch, die Tagesangaben nach oben. Bevor der erste Teilnehmer (A) wieder in das Zimmer gerufen wurde, wendete Herr Schmidt eines der Kalenderblätter. A sollte dann aus den fünf noch offen auf dem Tisch liegenden Kalenderblättern schlußfolgern, ob das Datum auf dem verdeckten Blatt einen Sonntag (rot gedruckt) oder einen Wochentag (schwarz gedruckt) kennzeichnete. War eine eindeutige Entscheidung nicht möglich, so hatte A auf die Rückseite des verdeckten Blattes die Antwort ,,nein" zu schreiben. Im anderen Fall mußte er mit ,,Sonntag" oder ,,Wochentag" antworten. A schrieb ,,nein". Bevor B den Raum betrat, wendete Herr Schmidt ein zweites Kalenderblatt. Dieses hatte B aus der Kenntnis der vier noch offenliegenden Blätter und der Antwort von A zu identifizieren. Aber auch B schrieb ,,nein" auf die Rückseite des zweiten Blattes. C fand beim Betreten des Raumes drei offenliegende und drei verdeckte Kalenderblätter – zwei davon mit den Antworten ,,nein" – vor. Die Fortführung des Experiments ergab, daß sowohl C als auch seine beiden Nachfolger D und E mit ,,nein" antworteten. F fand schließlich alle Kalenderblätter verdeckt vor, fünf von ihnen mit der Antwort ,,nein" auf der Rückseite. Trotzdem konnte er nach kurzer Überlegung das letzte Kalenderblatt identifizieren. Kennzeichnete dieses letzte Blatt einen Sonntag oder einen Wochentag? Ein Fehlschluß konnte nicht eingetreten sein, weil sonst Herr Schmidt das Experiment sofort abgebrochen hätte.

182. Wohlüberlegter Bücherkauf

Erich erhielt für einen Verbesserungsvorschlag eine Geldprämie. Das kam ihm sehr gelegen, weil er sich für sein Fernstudium mehrere Bücher kaufen mußte. Erich wollte aber nicht seine volle Prämie für Bücher ausgeben, denn er brauchte noch einige andere Dinge. In der Buchhandlung zog er acht Bücher, von denen jedes für sein Studium gleichermaßen wichtig war, in die engere Wahl. Sechs davon wollte er kaufen. Der Preis jedes dieser Bücher war ein voller Markbetrag, das billigste von ihnen kostete zwei Mark. Sich für sechs dieser Bücher zu entscheiden, fiel Erich sehr schwer. Deshalb schien es ihm am geeignetsten, diejenigen sechs auszuwählen, die zusammen am wenigsten kosteten.

Wieviel hatte Erich für die sechs billigsten Bücher mindestens zu bezahlen, wenn alle Preise für sämtliche Kombinationen von sechs dieser acht wichtigen Bücher voneinander verschieden waren?

183. Lebensversicherung

Eine Inspektorin der Versicherungsanstalt sprach beim Hausmeister eines großen Grundstücks vor, um von ihm die Altersangaben der drei noch nicht versicherten Hausbewohner zu erfahren. Der Hausmeister erklärte ihr, daß das Produkt aus den Altersangaben dieser drei Personen 1296 betrage. Die In-

spektorin ging auf diesen Scherz ein und meinte, daß ihr diese Angabe noch nicht genüge. Daraufhin erfuhr sie von ihm, daß die Summe des Alters jeder der drei Personen die Hausnummer ergebe. Ihr genügte aber auch diese Information noch nicht. Der Hausmeister überlegte eine Weile, bemerkte dann, daß er der älteste Hausbewohner sei, und meinte, daß sie nunmehr die drei gewünschten Altersangaben. bestimmen könne.
Anm.: Anfangs denkt man, daß dieses Problem unlösbar ist, weil man im Gegensatz zur Inspektorin ja die Hausnummer nicht kennt. Die Lösung kann aber trotzdem gefunden werden.
Wie lautet sie?

184. Drei natürliche Zahlen

Inge und Karsten, die mit ihrem Vater oft Denksportaufgaben lösen, sollen drei voneinander verschiedene natürliche Zahlen bestimmen. x_1 sei die kleinste, x_3 die größte dieser Zahlen, und das Produkt $x_1 \cdot x_2 \cdot x_3$ betrage 900.
Der Vater nennt seinen beiden Kindern getrennt je eine Zahl und erklärt ihnen dann, daß er Inge die mittlere Zahl x_2 genannt habe. Die Zahl, die er Karsten mitgeteilt hat, sei entweder der Betrag von $x_1 + x_3$ oder der Betrag von $x_2 + x_3$. Nachdem die beiden Kinder einige Zeit überlegt hatten, wurde Inge gefragt, ob sie die drei Zahlen nennen könne. Sie verneinte die Frage. Jetzt richtete der Vater die gleiche Frage an Karsten, aber auch er verneinte. Das wiederholte sich im Wechsel, bis nach siebenmaliger Verneinung Karsten die drei Zahlen x_1, x_2, x_3 nennen konnte. Welche waren es?

185. 38 + 1

Vor uns auf dem Tisch liegen 39 Kugeln, alle von gleicher Größe. 38 dieser Kugeln haben die gleiche Masse. Genau eine Kugel stimmt in ihrer Masse mit den anderen nicht überein. Wir sollen durch vier Wägungen mit Hilfe einer Tafelwaage herausfinden, welche dieser 39 Kugeln die in ihrer Masse abweichende Kugel ist. Gleichzeitig sollen wir feststellen, ob diese Kugel eine kleinere oder größere Masse als jede der anderen Kugeln besitzt.
Wie müssen wir vorgehen?

186. Drei Wägungen

Stellen Sie sich vor, Sie bekommen 13 Kugeln von gleicher Größe und gleichem Aussehen, eine Tafelwaage und einen Wägesatz. Ihnen wird mitgeteilt, daß zwölf von

diesen Kugeln die gleiche Masse besitzen. Über die dreizehnte Kugel wird nur ausgesagt, daß sie entweder auch die gleiche Masse wie die anderen besitzt oder daß ihre Masse von der der anderen Kugeln abweicht. Ihre Aufgabe besteht darin, durch drei Wägungen festzustellen, ob eine der dreizehn Kugeln eine abweichende Masse hat oder nicht. Sollte es eine Kugel mit abweichender Masse geben, ist sie herauszufinden. Gleichzeitig haben Sie die Masse einer ,,Normalkugel'' und die Masse der abweichenden Kugel zu bestimmen.
Hinweis: Das Vorhandensein eines Wägesatzes weist auf den Lösungsweg hin. Sie müssen die Gleichgewichtsbedingungen für die Waage berücksichtigen.

187. Skatturnier

In der ,,Skatstadt'' Altenburg finden öfters Skatturniere statt. Kürzlich hatten sich zu einem solchen Turnier in kleinerem Kreise 24 Mitspieler (A, B, C, . . ., W, X, Y) gemeldet, das ergab 8 Tischrunden zu je 3 Personen. Die Tischrunden wurden vor Beginn der Veranstaltung ausgelost. Die Turnierleitung hatte für die zwei zu spielenden Runden folgendes Reglement festgelegt:

1. Spielrunde		
1. Spieler	2. Spieler	3. Spieler
1	2	3
4	5	6
7	8	9
10	11	12
13	14	15
16	17	18
19	20	21
22	23	24

2. Spielrunde		
1. Spieler	2. Spieler	3. Spieler
1	10	22
2	14	20
3	9	18
4	16	23
5	11	17
6	12	21
7	13	19
8	15	24

Danach hatte beispielsweise der Spieler 1 in der ersten Spielrunde mit den Spielern 2 und 3, in der zweiten Spielrunde mit den Spielern 10 und 22 in einer Tischrunde zusammenzuspielen. Nach der Auslosung ergaben sich die folgenden Spielansetzungen:

1. Spielrunde		
1. Spieler	2. Spieler	3. Spieler
A	J	R
B	K	S
C	L	T
D	M	U
E	N	V
F	O	W
G	P	X
H	Q	Y

2. Spielrunde		
1. Spieler	2. Spieler	3. Spieler
A	N	X
B	H	M
C	D	V
E	G	W
F	K	T
J	Q	S
L	P	R
O	U	Y

Danach hatte beispielsweise der Spieler A in der ersten Spielrunde mit J und R, in der zweiten Spielrunde mit N und X an einem Tisch zusammenzuspielen. Die Spielansetzungen wurden vor ihrer Bekanntgabe an die Mitspieler von der Turnierleitung alphabetisch geordnet, so daß die Anordnungen der Zahlen bzw. Buchstaben in den beiden Tabellen einander nicht analog sind. (So muß z. B. Mitspieler A nicht die Nummer 1, J nicht die Nummer 2 usw. haben.) Welcher Mitspieler hatte bei der Auslosung welche Zahl gezogen?

Anm.: Dieses Problem scheint bei flüchtiger Betrachtung recht schnell lösbar zu sein. Das ist aber keineswegs der Fall!

Fortsetzung und Verallgemeinerung führen zum Ziel!

188. Störung im Pumpspeicherwerk

In einem Pumpspeicherwerk fiel die Pumpanlage, die das Wasser nachts aus dem unten gelegenen Sammelbecken wieder in das Staubecken hinaufpumpt, eines Morgens plötzlich aus.
Das Staubecken ist ein großer, quaderförmiger Betonbehälter. Am Morgen beträgt die Wassertiefe in ihm 15 m. Wenn tagsüber die Turbinen laufen, sinkt der Wasserspiegel um 7 m. In der darauffolgenden Nacht wird der Behälter einerseits durch den natürlichen Zufluß, andererseits durch das Zurückpumpen eines Teils des abgeflossenen Wassers wieder aufgefüllt, wobei der Anteil durch natürlichen Zufluß 5 m, der Anteil durch die Pumpanlage 2 m Wasserstand beträgt.
Weil nun die Pumpanlage ausgefallen war, konnte der Wasserspiegel nachts jeweils nur um 5 m wieder steigen.
Nach wie vielen Tagen wäre das Staubecken leer gewesen? Wann also mußte spätestens die Pumpanlage wieder arbeitsfähig sein?

189. Brunnenbau

Zwei nebeneinanderliegende röhrenförmige Brunnenschächte mit verschiedenen Durchmessern waren jeweils 60 m tief in die Erde

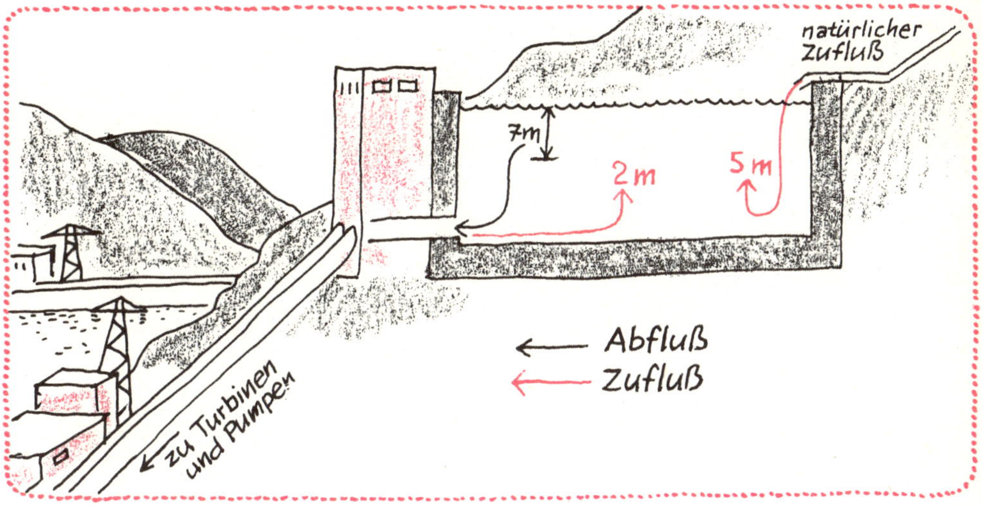

gegraben worden, ohne den Grundwasserspiegel zu erreichen. Nachdem der größere der beiden fertiggestellt worden war, begann man, ihn aus einer nahegelegenen Quelle zu füllen, und bei Fertigstellung des zweiten, engeren Schachtes war der erste gefüllt. Unglücklicherweise ließ die Ergiebigkeit der Quelle plötzlich nach, als man den zweiten Schacht zu füllen begann. Tagsüber ließ man das Quellwasser in den zweiten Schacht fließen, nachts in den ersten, weiteren, wobei in beiden Fällen ein Teil der zugeführten Wassermenge einsickerte.
Während im ersten Schacht tagsüber der Wasserspiegel um $^1/_2$ m sank, konnte er nachts durch den Wasserzufluß nur um $^1/_6$ m wieder gehoben werden. Weil der zweite Schacht einen kleineren Durchmesser als der erste besaß und außerdem hier weniger Wasser absickerte, stieg der Wasserspiegel am Tage um 1 m und senkte sich nachts um $^1/_4$ m.
Nach wie vielen Tagen, vom Beginn des Füllens des zweiten Schachtes an gerechnet, hatten die Wasserspiegel in beiden Schächten die gleiche Höhe erreicht, und wie hoch stand dann das Wasser darin?

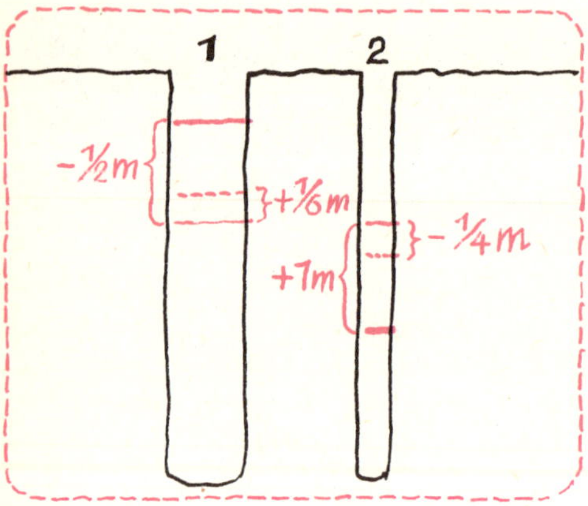

190. Der gerettete Wägesatz

Im Werkunterricht hatten einige ältere Schüler für das Physikkabinett der Schule einen Wägesatz anzufertigen. Die Massen der Wägestücke sollten aber nicht wie üblich (zweimal 1 g, einmal 2 g, einmal 5 g,

zweimal 10 g, einmal 20 g, einmal 50 g usw.), sondern nach der Beziehung $m_k = 2^k$ g für k = 0, 1, 2, 3, ... abgestuft sein, weil man auch mit einem solchen Satz alle Massen ganzzahliger Grammbeträge kombinieren kann. Die Schüler hatten jedoch die Anweisung ihres Physiklehrers durcheinandergebracht und fertigten Wägestücke nach der Beziehung $m_k = k^2$ g an. Nach Fertigstellung des Wägesatzes stellten sie enttäuscht ihren Irrtum fest, denn mit diesem Wägesatz ließen sich nicht alle Massen mit ganzzahligen Grammbeträgen m_n (wie z. B. m_n = 2g, 3g, 6g, 7g, 8g usw.) zusammenstellen. Ihre Mühe schien umsonst gewesen zu sein. Als sie dem Physiklehrer ihr Mißgeschick mitteilten, meinte er, daß der angefertigte Wägesatz vielleicht doch noch zu verwerten sei. Man müsse sich nur überlegen, ob ein zusätzliches Wägestück mit der Masse m_z angefertigt werden könne, so

daß sich $m_n + m_z$ mit den Stücken des angefertigten Wägesatzes zusammenstellen läßt (m_n bedeutet einen beliebigen der ganzzahligen Grammbeträge, die man nicht mit Hilfe der Stücke des Wägesatzes kombinieren kann, wie beispielsweise 2 g). Falls ein solches Wägestück m_z möglich ist, kann man nunmehr mit Hilfe des durch dieses Stück ergänzten Wägesatzes alle ganzzahligen Grammbeträge zusammenstellen. Bei allen nicht kombinierbaren Massen m_n muß das zusätzliche Wägestück allerdings auf die Warenseite der Waage gelegt werden.
Ist eine Ergänzung des Wägesatzes möglich? Wenn ja, welche Masse muß dann das Zusatzstück haben?

191. Falschgeld

In einer argentinischen Bank hatte man einen Sack mit echten Geldstücken gegen einen Sack mit Falschgeld vertauscht. Als die Polizei durch Zufall von dieser Tatsache Kenntnis erhielt, mußte zunächst festgestellt werden, welcher der Säcke im Tresor das Falschgeld enthielt. Glücklicherweise war den Kriminalisten eine der falschen Münzen, die äußerlich den echten gleich waren, in die Hände gefallen. Eine falsche Münze wog 0,3 g mehr als eine echte.
Nun konnte man daran gehen, durch Wägungen der Münzen das Falschgeld zu identifizieren. Das wäre aber recht aufwendig gewesen, denn für die im Tresor befindlichen 12 Geldsäcke hätte man 12 Wägungen durchführen müssen. Wie konnte man den Vorschlag eines Kriminalisten, das Problem mit einer einzigen Wägung zu lösen, in die Tat umsetzen?

192. Seerosenmathematik

Im Urlaub beobachtete Günther in einem Weiher eine besonders schön blühende, schnell wachsende Seerose. Ihm fiel auf, daß sich die auf dem Wasser liegende Blattfläche der Pflanze alle drei Tage fast genau verdoppelte. Nach 18 Tagen war die Wasserfläche des Weihers mit den Blättern und Blüten der Seerose halb bedeckt. Leider war der Urlaub zu Ende, und Günther konnte seine Beobachtungen nicht fortsetzen.
Nach wieviel weiteren Tagen bedeckte die Pflanze die gesamte Wasseroberfläche des Weihers?

193. Der unerfüllbare Wunsch

Wie die Sage berichtet, wurde das Schachspiel von einem Inder namens Sessa erfunden. Das Spiel habe dem reichen indischen Fürsten Sheran so gut gefallen, daß er Sessa dafür reich belohnen wollte. Auf die Aufforderung, sich eine angemessene Belohnung zu wünschen, erbat sich Sessa Bedenkzeit. Am anderen Tag trug Sessa dem

Fürsten seinen Wunsch vor. Für das erste Feld des Schachbrettes sollte ihm Sheran ein Weizenkorn, für das zweite zwei, für das dritte vier und für jedes weitere der 64 Felder stets das Doppelte an Weizenkörnern wie für das jeweils vorangehende geben. Sheran war über diesen, wie er meinte, geringfügigen Wunsch sehr verärgert. Warum mußte er jedoch bald einsehen, daß Sessa einen Wunsch geäußert hatte, den ihm niemand auf der Welt erfüllen konnte?

194. Einer sagt's dem anderen

Oft wundert man sich darüber, wie schnell sich ein Gerücht verbreitet. Wir nehmen deshalb einmal an, ein Bürger einer Stadt gebe im Zeitraum von einer halben Stunde eine Information an drei andere weiter. Jeder dieser drei Bürger möge in der folgenden halben Stunde weitere drei Bürger informieren, so daß jetzt bereits insgesamt 13 Bürger die Mitteilung kennen usw.
Nach welcher Zeit wären dann theoretisch alle 600000 Einwohner der Stadt Leipzig informiert?

195. Achilles und die Schildkröte

Einer Überlieferung zufolge habe der griechische Held Achilles eine Schildkröte, die einen Vorsprung vor ihm hatte, trotz seiner größeren Laufgeschwindigkeit nicht einholen können. Das wird folgendermaßen begründet: „Angenommen, die Schildkröte habe vor Achilles den Vorsprung s_0. Wenn Achilles diesen Weg s_0 zurückgelegt hat, ist die Schildkröte bereits ein Stück $s_1 < s_0$ weitergelaufen und befindet sich vor Achilles. Nachdem Achilles auch den Weg s_1 hinter sich gebracht hat, befindet sich die Schildkröte wieder ein Stück $s_2 < s_1$ vor Achilles, und diesen Schluß kann man beliebig oft wiederholen, ohne zu einem Ende zu kommen." Wenngleich diese Erklärung im Moment verblüfft, ist man doch davon überzeugt, daß hier ein Trugschluß vorliegen muß.
Worin liegt dieser Trugschluß begründet, und wie kann er geklärt werden?

196. Gliederkette – Kettenglieder

Eine 23gliedrige Kette soll durch Aufschneiden möglichst weniger einzelner Glieder so zerteilt werden, daß aus den entstandenen Kettenstücken (einschließlich der aufgeschnittenen Glieder) 23mal nacheinander Ketten von 1 bis 23 Gliedern zusammengestellt werden können.
Welches ist die Mindestzahl der aufzuschneidenden Kettenglieder, und welche der Kettenglieder muß man aufschneiden?
(Anm.: Die Aufgabe wurde anläßlich einer internationalen Mathematik-Olympiade gestellt. Es ist am günstigsten, wenn man sich nicht auf 23 Kettenglieder beschränkt, sondern das Problem allgemein löst.)

197. Der Rest für den Affen

In Illustrierten aus dem Jahre 1926 tauchte erstmalig das folgende interessante Problem auf:
Fünf schiffbrüchige Matrosen gelangten auf eine Insel und sammelten dort Nüsse, um ihre Ernährung für die kommenden Tage zu sichern. Die Nüsse schütteten sie zu einem Haufen inmitten ihres Lagers auf. In der Nacht hatte jeder der fünf Matrosen für eine bestimmte Zeit den Proviant zu bewachen. Als der erste seine Wache angetreten und sich die anderen zur Ruhe begeben hatten, befürchtete der Matrose, übervorteilt zu werden. Er teilte die Nüsse in fünf gleiche Teile und nahm sich seinen Teil. Bei der Teilung blieb eine Nuß übrig. Diese warf er einem in der Nähe befindlichen Affen zu. Dem nächsten Matrosen kam während seiner Wachzeit der gleiche Argwohn. Er teilte die Anzahl der noch verbliebenen Nüsse in fünf Teile, nahm sich seinen Teil, und wieder blieb bei der Teilung eine Nuß als Rest. Diese Nuß erhielt ebenfalls der Affe. Der gleiche Vorgang wiederholte sich beim dritten, vierten und fünften Matrosen. Am Morgen wurden die verbliebenen Nüsse schließlich an alle fünf Matrosen gleichmäßig verteilt, und auch bei dieser letzten Teilung blieb für den Affen eine Nuß als Rest.
Wie viele Nüsse hatten die Matrosen am Tag mindestens gesammelt, und wie viele erhielt jeder Matrose bei der letzten Teilung?

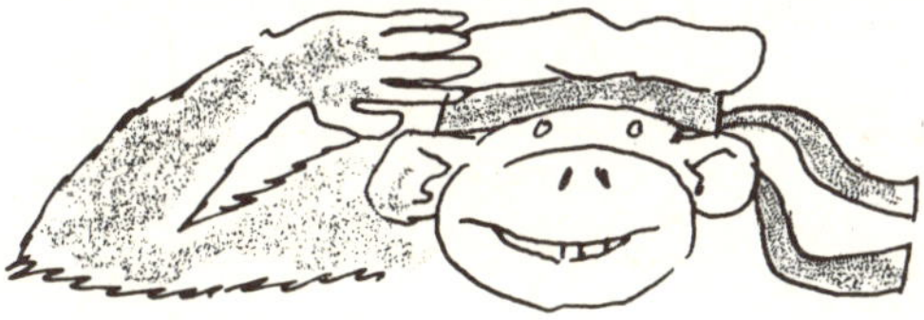

198. „Tankstellen" in der Antarktis

Vor einiger Zeit lief ein Film über die letzte Reise des englischen Polarforschers R. F. Scott. Der Film zeigte u. a., daß Scott auf dieser Reise Motorfahrzeuge einsetzte. Diese Tatsache gibt uns zu mathematischen Überlegungen Anlaß. Will man nämlich in unerforschten Gegenden eine große Entfernung mit einem Fahrzeug zurücklegen, so kann man nicht den gesamten Kraftstoffbedarf mitführen, sondern man muß ihn unterwegs mehrmals erneuern. Dazu müssen am Wege Depots angelegt werden.
Zunächst soll das Problem der Überwindung einer 800 km breiten Eisbarriere untersucht werden. Am Ausgangsort möge dem Fahrzeug ein beliebig großer Kraftstoffvorrat (z. B. von einem Tankschiff) zur Verfügung stehen. Die Kraftstoffmenge, die das Fahrzeug mit sich führen kann, reiche gerade für die Überwindung einer Entfernung von 500 km aus. Außerdem werde angenommen, daß beim Umfüllen des Kraftstoffes nichts verlorengeht.
Wieviel Kraftstoff wird zur Überwindung der Eisbarriere mindestens benötigt, wie viele Kraftstoffdepots müssen unter diesen Voraussetzungen unterwegs angelegt werden, und wie viele Fahrten sind insgesamt erforderlich?
Als eine Fahrt gelte eine Reise des Fahrzeugs von einem Haltepunkt (Depot bzw. Ausgangsort) zum nächstgelegenen, gleichgültig in welcher Richtung.
Manche wird vielleicht der Ansicht sein, daß

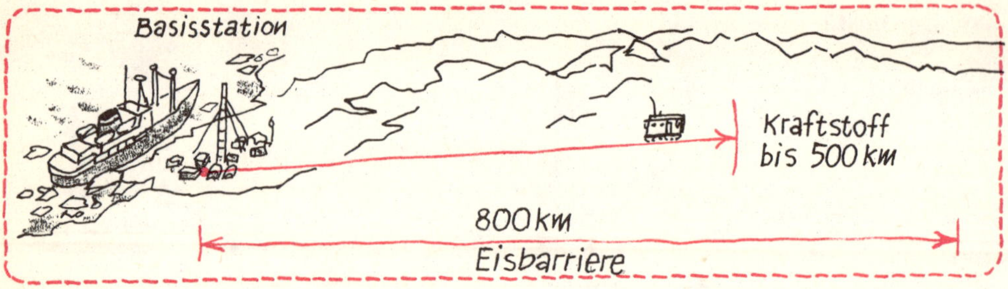

die Entfernung, die auf diese Weise mit einem solchen Fahrzeug überwunden werden kann, begrenzt ist.

Ist diese Vermutung richtig, oder kann man auf die angegebene Weise auch eine Eisbarriere von 1000 km Breite überwinden? Wenn ja, wieviel Kraftstoff wird dann mindestens dazu benötigt, wie viele Depots müssen unterwegs angelegt werden, und wie viele Fahrten sind insgesamt erforderlich?

199. Gesicherte Rückreise

Bei den Antarktisexpeditionen führten viele dieser Forschungsreisen ins Innere des Kontinents. Bei einem solchen Vorhaben muß das Fahrzeug nach Erreichen des Reiseziels wieder zum Ausgangsort S zurückgeführt werden, so daß in die am Wege zu errichtenden Depots nicht nur der Kraftstoff für die Hinreise, sondern auch der Kraftstoff für die Rückreise einzulagern ist. Zunächst wollen wir annehmen, daß die Expeditionsgruppe mit dem Fahrzeug 600 km vordringt und daß das Fahrzeug eine Kraftstoffmenge, die für 500 km Fahrweg ausreicht, mit sich führen kann.

Wieviel Kraftstoff ist dann zur Durchführung der gesamten Reise mindestens erforderlich, wie viele Fahrten müssen mindestens durchgeführt werden, wie viele Kraftstoffdepots sind am Wege zu errichten, und in welchen Entfernungen vom Startort haben diese Depots zu liegen?

Auch hier könnte die Meinung auftauchen, daß dem Vordringen in das Innere des Kontinents erst recht eine Grenze gesetzt sei, weil ja jetzt das Fahrzeug wieder zurückkehren muß und deshalb ganz andere Verhältnisse vorliegen. Wie steht es damit?

200. Nonstopflug

Moderne Flugzeuge können im Nonstopflug große Entfernungen bewältigen. Da eine Maschine während des Fluges durch andere Maschinen nachgetankt werden kann, ist es einem Flugzeug ohne weiteres möglich, die Erde zu umfliegen, ohne zwischenzulanden. Angenommen, alle Maschinen starten von einer Insel im Ozean, und jede von ihnen kann für insgesamt eine halbe Erdumrundung Treibstoff mit sich führen.

Wie viele Flugzeuge sind mindestens erforderlich, wenn eines von ihnen die Erde einmal umfliegen soll und die anderen nur als Treibstoffzubringer fungieren, und wie viele Ladungen Treibstoff werden für dieses Vorhaben insgesamt benötigt?

Lösungen

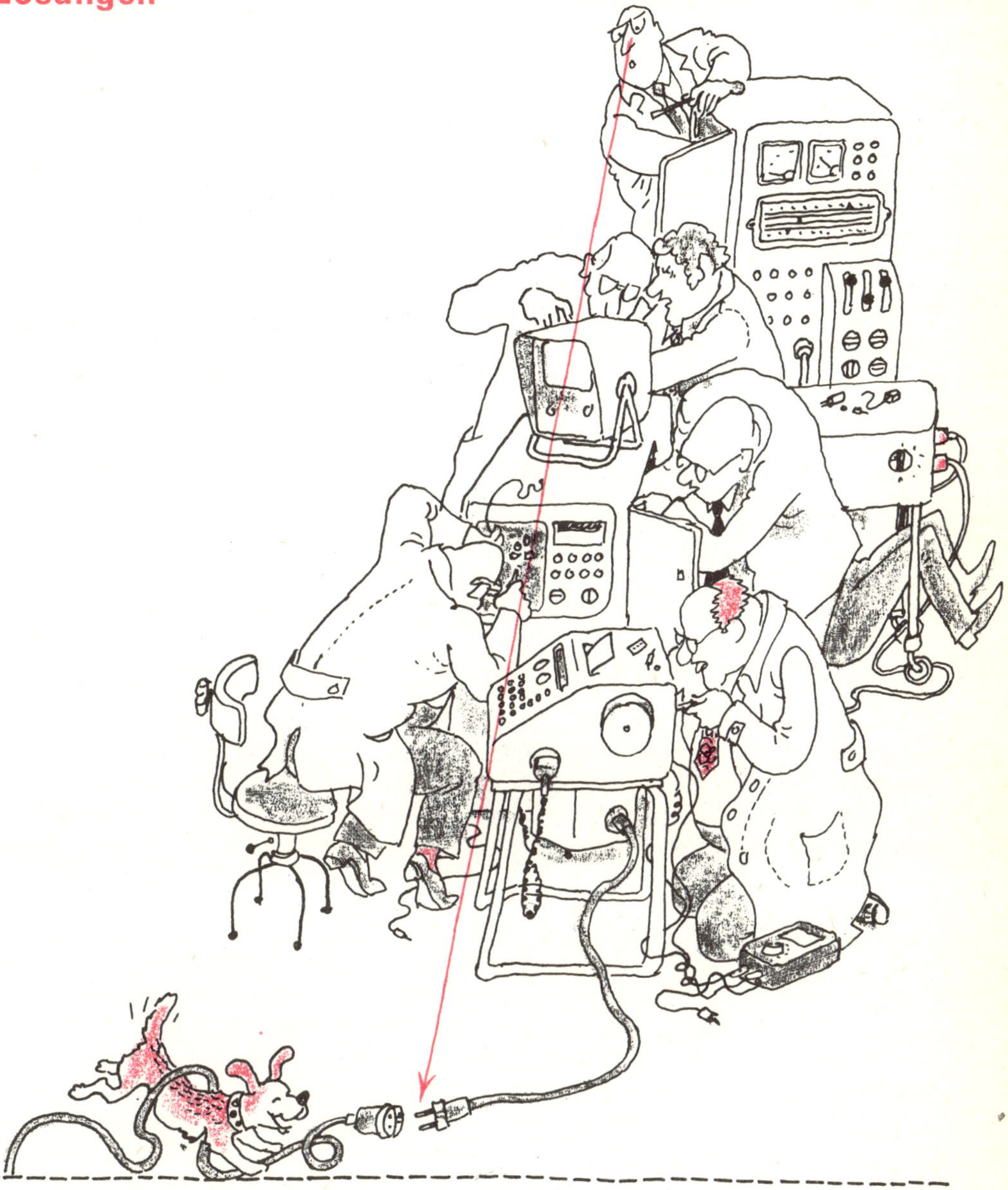

L 108.

Weil eine Urgroßmutter (U) und mindestens ein Kind (K) zu Freds Geburtstagsfeier erscheinen sollen, müssen im Minimalfall die Tochter von U (d. h. die Großmutter G von K) und die Enkeltochter von U (d. h. die Mutter M von K) erscheinen. Weil beispielsweise die Großmutter G die Großmutter von K, die Mutter von M und das Kind von U ist, kann man folgende Tabelle über die verwandtschaftlichen Beziehungen aufstellen:

Person	Urgroßmutter von	Großmutter von	Mutter von	Kind von
U	K	M	G	
G		K	M	U
M			K	G
K				M

Daraus ist sofort zu erkennen, daß die vier aufgeführten Personen U, G, M und K die geforderten verwandtschaftlichen Verhältnisse erfüllen. Fred muß also mindestens vier verschiedene Personen einladen.

L 109.

Der volle Name des Torhüters, Erhard Meyer, ist bekannt. Es verbleiben viermal der Vorname Dieter, dreimal der Vorname Kurt, zweimal der Vorname Erhard und einmal der Vorname Günther. Dazu liegen insgesamt vier verschiedene Familiennamen vor. Weil keine zwei Spieler gleiche Vor- und Familiennamen haben, müssen die vier Vornamen Dieter mit je einem der vier verschiedenen Familiennamen gepaart werden, also: Dieter Meyer, Dieter Krause, Dieter Lehmann, Dieter Schulz.

Übrig bleiben jetzt noch die drei Familiennamen Krause, Lehmann und Schulz, denen dreimal der Vorname Kurt zugeordnet werden muß, also: Kurt Krause, Kurt Lehmann, Kurt Schulz.

Aus den nunmehr verbleibenden Familiennamen Krause und Lehmann und den beiden Vornamen Erhard erhält man Erhard Krause und Erhard Lehmann, so daß schließlich der Mittelstürmer nur Günther Lehmann heißen kann.

L 110.

Stellt man jedem der beiden – unabhängig voneinander – die gleiche Frage, so sind folgende Kombinationen der Antworten möglich:

Fall	Antwort von W	Antwort von F
1	+	+
2	+	—
3	—	+
4	—	—

Dabei bedeuten das Symbol + die Antwort „ja", das Symbol — die Antwort „nein".
Die gleiche direkte Frage an beide (z. B.: „Ist Gruppe I nach A weitermarschiert?") hätte eine der Antwortenkombinationen 2 oder 3 zur Folge, weil der eine stets richtige, der andere stets falsche Auskünfte erteilt. Weil aber nicht bekannt ist, welcher von beiden die richtigen und welcher die falschen Auskünfte gibt, ist in den Fällen 2 und 3 die Marschrichtung nach wie vor unbestimmt. Demzufolge kommen zur Bestimmung der Marschrichtung von Gruppe I nur die Fälle 1 oder 4 in Betracht.
Wie gelangt man zu den für die richtige Kombination entscheidenden Fragen?
Bei der direkten Fragestellung: „Ist Gruppe I nach A marschiert?" erhält man:

Tatsächliche Marschrichtung nach	Antwort von W	Antwort von F
A	+	—
B	—	+

Um gleichlautende Antworten zu bekommen, muß die Frage so gestellt werden, daß bei Marschrichtung A entweder W mit „nein" oder F auch mit „ja" und bei Marschrichtung B entweder W auch mit „ja" oder F auch mit „nein" antwortet. Eine direkte Frage nach der Marschrichtung scheidet also aus. Weil W auf jede Frage die richtige, F auf jede Frage die entgegengesetzte Auskunft erteilt, bezieht man die Frage nicht auf die Marschrichtung, sondern jeweils auf die Antwort des anderen. So muß W bei Marschrichtung A die Antwort „nein" von F bestätigen, also auch mit „nein" antworten, und F muß, weil er falsche Auskunft erteilt, die Antwort „ja" von W verneinen. Das ist der Fall 4. Bei Marschrichtung B muß W die Antwort „ja" von F bestätigen, also auch „ja" antworten, und F muß die Antwort „nein" von W negieren und ebenfalls „ja" antworten. Das ist der Fall 1. Aus diesen Überlegungen ergibt sich schließlich die Fragestellung:
„Wie antwortet dein Partner, wenn man ihn fragt, ob Gruppe I in Richtung A weitermarschiert ist?"
Im Falle 4 ist dann Gruppe I nach A, im Falle 1 nach B weitermarschiert. Fragt man mit der Verneinung: „Wie antwortet dein Partner, wenn man ihn fragt, ob Gruppe I nicht in Richtung A weitermarschiert ist?", so ergibt sich im Fall 1 die tatsächliche Marschrichtung der Gruppe I nach A und im Fall 4 die tatsächliche Marschrichtung der Gruppe I nach B.

L 111.

Die Überlegungen zur Lösung dieses Problems sind ähnlich wie bei Aufgabe 110. Stellt man einem beliebigen Insassen eines der Lager die direkte Frage: „Ist dies das Lager der Gruppe W?", so ist jede der beiden Antworten „ja" oder „nein" möglich, weil sich in beiden Lagern sowohl Mitglieder von W als auch Mitglieder von F befinden. Durch eine solche direkte Fragestellung kann also das Lager nicht eindeutig bestimmt werden. Deshalb muß man (wie in Aufgabe 110) die Frage wieder so formulieren, daß sie auf die Merkmale der Gruppen W und F abzielt und sich nur indirekt auf das Lager bezieht. Eine solche Frage ist:
„Hat die Gruppe, der du zugeteilt worden bist, dieses Lager angelegt?"
Befindet man sich im Lager der Gruppe W und richtet diese Frage an ein Mitglied dieser Gruppe, so erhält man die Antwort „ja". Gerät man dagegen an ein Mitglied der Gruppe F, so muß es die Antwort „ja" doppelt verneinen, also auch „ja" antworten, weil es erstens nicht zur Gruppe W gehört und zweitens falsche Auskunft gibt. Befindet man sich im Lager der Gruppe F und fragt ein Mitglied der Gruppe W, so erhält man die Antwort „nein". Ein Mitglied der Gruppe F gibt aber ebenfalls die Antwort „nein", weil es auftragsgemäß den Tatbestand verneinen muß. Die Antwort „ja" bestimmt somit das Lager der Gruppe W, die Antwort „nein" das der Gruppe F. Stellt man die verneinte Frage: „Hat die Gruppe, der du zugeteilt worden bist, dieses Lager nicht angelegt?", so bestimmen umgekehrt die Antwort „nein" das Lager der Gruppe W und die Antwort „ja" das Lager der Gruppe F.

L 112.

Die beiden Papierröllchen sind vergleichbar mit zwei Objekten, von denen wir wissen, daß eines von ihnen die Eigenschaft A, das andere die Eigenschaft B besitzt. Hingegen ist uns unbekannt, zu welchem der beiden Objekte die Eigenschaft A und zu welchem die Eigenschaft B gehört. Haben wir jedoch eines der Objekte identifiziert, ist damit auch das andere eindeutig bestimmt. Diese Überlegung, auf das vorliegende Problem angewendet, ergibt: Nach der Verkündigung des Urteils sollte eines der Losröllchen das Wort „tot", das andere das Wort „lebendig" enthalten. Zöge der Verurteilte das Los mit dem Wort „tot", so müßte nach Voraussetzung das andere Röllchen das Wort „lebendig" enthalten, unabhängig davon, ob sich die Anwesenden davon überzeugten oder nicht. Der Verurteilte mußte also die neue Voraussetzung, die der Richter durch seinen Betrug schuf, ausschalten und das Problem dadurch eindeutig machen, daß er eines der Röllchen, nämlich das von ihm gezogene, ohne es anzusehen, verschwinden ließ (z. B. verschluckte).

L 113.

Nach Voraussetzung sollte der Verurteilte erschossen werden, wenn seine Aussage zutraf. Antwortete er: „Ich werde erschossen", so stimmte seine Aussage mit der Voraussetzung überein, und das Urteil konnte vollstreckt werden. Antwortete er: „Ich werde erhängt", und würde man ihn nun tatsächlich erhängen, so müßte seine Aussage zugetroffen haben. Doch im Falle des Zutreffens der Aussage sollte er erschossen werden. Damit waren die Richter in einen Widerspruch verstrickt. Auf die Aussage: „Ich werde erhängt" konnte der Verurteilte deshalb weder erschossen noch erhängt werden.

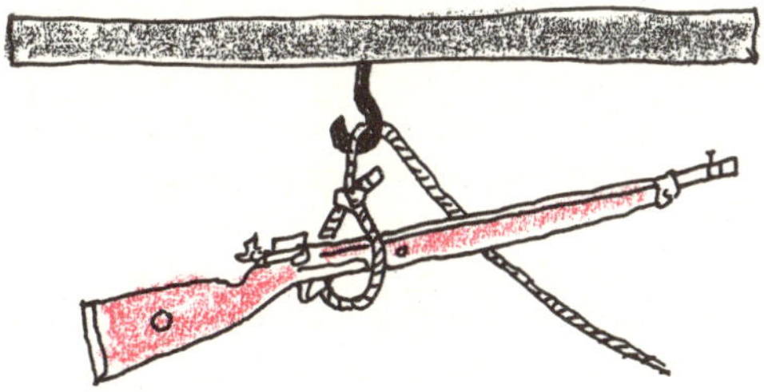

L 114.

Die Lösung des Problems läuft darauf hinaus, aus den Antworten der Standbilder Widersprüche zu erkennen. Standbild I behauptet, daß Standbild II der Gott der Wahrheit sei. Wäre das der Fall, so müßte es II bestätigen. Indessen aber antwortet II: „Ich bin der Gott der Diplomatie." Dieser Widerspruch schließt aus, daß II den Gott der Wahrheit darstellt. Weil Standbild I demzufolge auch nicht die Wahrheit gesagt hat, kommt es als Gott der Wahrheit ebenfalls nicht in Betracht. Also kann nur das Standbild III den Gott der Wahrheit darstellen. Nach dessen Auskunft, die wahr ist, stellt II den Gott der Lüge dar. Das Standbild I kann schließlich nur der Gott der Diplomatie sein.
Die Fragen, die an die drei Standbilder gerichtet werden mußten, kann man selbstverständlich auch durch logische Überlegungen finden.

L 115.

Eine Jahresangabe, wie sie die Inschrift enthält, erfordert eine Rückrechnung vom Bezugspunkt Null unserer Zeitrechnung aus. Eine solche Rückrechnung war aber zu Cäsars Zeit nicht möglich. Woher also wollte Claudius wissen, daß er im Jahre 57 vor unserer Zeitrechnung die Tafel anbrachte?

L 116.

Eine Uhr, die zwölf Stunden vor- bzw. nachgeht, zeigt gerade wieder die richtige Zeit. Daraus folgt, daß eine Uhr maximal sechs Stunden vor- oder nachgehen kann, denn man wertet als Fehlanzeige stets die kleinere Abweichung von der richtigen Zeit, wenn nicht bekannt ist, ob die Uhr schneller oder langsamer als eine normal gehende Uhr läuft. Deshalb kann die Behauptung, die Uhr gehe acht Stunden nach, nicht als richtig gelten.

L 117.

Die Zeitdifferenz zwischen den Anzeigen beider Uhren betrug 27 Minuten. Das Gespräch konnte deshalb nur am 28. Tage eines Monats geführt worden sein. Nach der Behauptung des Alten, daß die silberne Uhr übermorgen (am 1. Tag des neuen Monats) gestellt werden müsse, mußte der betreffende Monat 29 Tage gehabt haben, also der Februar eines Schaltjahres gewesen sein. Für die vergangenen 4 Jahre kommt dafür nur der Februar 1976 in Betracht. Also hat das Gespräch am 28. Februar 1976, 13.15 Uhr, stattgefunden.

L 118.

Der Soldat wies darauf hin, daß im Zeitraum von zwölf Stunden der große Zeiger einer Uhr den kleinen elfmal überrundet. Man mußte also bei Wachbeginn eine Uhr auf 12.00 Uhr stellen. Dann konnte die Wachablösung jedesmal dann erfolgen, wenn beide Zeiger dieser Uhr genau übereinanderstanden.

L 119.

Die Anzahl der vollen Stunden der augenblicklichen Uhrzeit sei n. Das ist auch die Anzahl der seit Mitternacht vergangenen Stunden. Es ergibt sich der Preis

$$\left(\frac{2 \cdot n \cdot 1{,}5}{n} + 1{,}15\right) \text{M} = 4{,}15\,\text{M},$$

und dieser ist (Kürzen von n) in jedem Fall von der Uhrzeit (also von n) unabhängig. Der Kunde konnte deshalb kein Geld eingebüßt haben.

L 120.

Die um zehn Uhr abfahrende Bahn trifft die erste Gegenbahn bei der Abfahrt von der Endstelle. Weil die Fahrzeit zwei Stunden beträgt, muß diese Gegenbahn um acht Uhr von der anderen Endstelle abgefahren sein. Die Zehn-Uhr-Bahn kommt um zwölf Uhr an der anderen Endstelle an. Hier trifft sie die letzte Gegenbahn, die gerade abfährt. Die Zehn-Uhr-Bahn muß deshalb allen Gegenbahnen mit den Abfahrtszeiten von acht Uhr bis zwölf Uhr begegnet sein, und das sind nach dem alten Fahrplan (alle 15 Minuten eine Bahn) 17 Bahnen, nach dem neuen Fahrplan (alle 10 Minuten eine Bahn) 25 Bahnen.

L 121.

Weil im vorliegenden Fall die Summe aus zwei vierstelligen Zahlen eine fünfstellige ergibt, kann nur M = 1 sein. Im Falle S < 8 kann kein fünfstelliges Resultat entstehen, woraus S = 8 oder S = 9 folgt. Dann kommen aber für O nur die Ziffern Eins oder Null in Frage. Wäre O = 1, so hätten zwei ver-

schiedene Buchstaben dieselbe Bedeutung, was der Voraussetzung widerspricht. Demnach kann nur O = Null sein. O = Null schließt aber S = 8 aus, denn es kann maximal E = 9 sein, und dann könnte entweder kein fünfstelliges Resultat entstehen, oder es wäre entgegen der Voraussetzung auch N = 0. Also ist S = 9. Aus der dritten Spalte (von links gerechnet) folgt weiter N = E + 1, denn sonst müßte entgegen der Voraussetzung N = E sein. Für D + E = Y ≦ 9 wäre N + R = 10 + E, und weil N = E + 1 ist, würde man R = 9 erhalten, was der Voraussetzung widerspricht. Also muß D + E > 11 (für D + E = 10 wäre Y = 0, und für D + E = 11 wäre Y = 1; das widerspricht der Voraussetzung) und damit N + R + 1 = 10 + E sein, was in Verbindung mit N = E + 1 die Beziehung R = 8 ergibt. Aus D + E > 11 wird E erschlossen. Für E = 2 müßte D ≧ 10 sein. Das aber ist unmöglich. Für E = 3 müßte D = 9 sein, aber es ist bereits S = 9. Für E = 4 müßte D = 8 sein, aber es ist bereits R = 8. Für E = 5 muß D = 7 sein. Damit wird N = E + 1 = 6 und Y = 2. Das ist möglich, denn dann ist auch N + R + 1 = 10 + E erfüllt. E = 6 ergäbe D = 6 oder D = 7, aber sowohl D = 6 als auch D = 7 und damit N = E + 1 = 7 widersprechen der Voraussetzung. E = 7 muß wegen N = E + 1 = 8 ebenfalls ausscheiden.
Das Ergebnis lautet schließlich

$$\begin{array}{r} 9567 \\ +\ 1085 \\ \hline 10652 \end{array}$$

Die Rundfunkteile hatten 106,52 M gekostet.

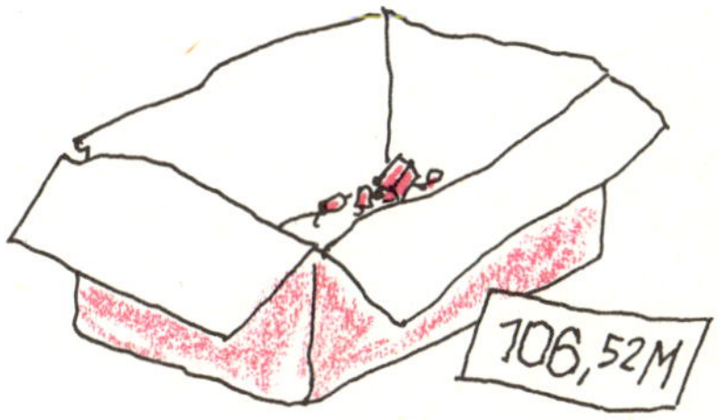

L 122.

Weil 9 verschiedene Buchstaben auftreten, werden, falls eine Lösung existiert, 9 verschiedene Ziffern gebraucht. Man beginnt am zweckmäßigsten mit der Bestimmung von R. R = 0 scheidet aus, denn dann wäre R = N. Für R = 1 müßte E ≧ 2 sein, und das würde in der fünften Spalte R ≧ 4 zur Folge haben (Widerspruch!). Im Falle R = 2 folgt E = 1 oder E = 6. Für E = 1 müßte in der vierten Spalte 2T eine ungerade Zahl sein (Widerspruch!). Für E = 6 würde für die vierte Spalte 2T + 1 eine gerade Zahl sein (Widerspruch!). Im Falle R = 3 müßte in der fünften Spalte 2E eine ungerade Zahl sein (Widerspruch!). In den Fällen R = 6 und R = 8 müßte für die fünfte Spalte 2E + 1 eine gerade Zahl sein (Widerspruch!). Für R bleiben demnach nur die Möglichkeiten R = 4, R = 5, R = 7 und R = 9.

Für R = 4 folgen N = 8 und E = 2 bzw. E = 7. E = 2 erfordert M = 1 und T = 1 = M (Widerspruch!) oder T = 6, woraus sich A = 9 ergibt. In diesem Fall bleiben für V, U und L die Ziffern 0, 3, 5 und 7, und es muß V + U + 1 ≧ 10 sein.

V = 0 und U = 0 müssen ausgeschlossen werden und demzufolge auch L = 0. V + U + 1 = 10 kann nicht entstehen. Demnach gilt V + U + 1 > 10.

Für V + U + 1 = 11 wird L = 1 = M (Widerspruch!). Für V + U + 1 = 12 wird L = 2 = E (Widerspruch!). Als einzige Möglichkeit bleibt V + U + 1 = 13, also L = 3 und V = 5, U = 7 bzw. V = 7, U = 5. Das sind zwei Lösungen.

E = 7 erfordert M = 6 und T = 3 oder T = 8 = N (Widerspruch!).

T = 3 ergibt A = 0, und für V, U, L bleiben die Ziffern 1, 2, 5 und 9, wobei V + U > 10 sein muß. [Denn für V + U = 10 wird L = 0 = A (Widerspruch!).]

V + U = 11 bedeutet L = 1 und V = 2, U = 9 bzw. V = 9, U = 2, das sind wieder zwei Lösungen.

Der Fall V + U = 14 ergibt L = 4 = R (Widerspruch!).

Für R = 5 folgen N = 0 und E = 2 bzw. E = 7. E = 2 erfordert M = 1 und T = 1 = M (Widerspruch!) oder T = 6, woraus sich A = 9 ergibt. Für V, U und L bleiben 3, 4, 7 und 8, und es muß V + U + 1 > 12 sein. (Denn V + U + 1 = 10 bedeutet L = N; V + U + 1 = 11 bedeutet L = M, und V + U + 1 = 12 bedeutet L = E. Das widerspricht den Voraussetzungen.) V + U + 1 = 13 ergibt L = 3,

und mit V = 4, U = 8 und V = 8, U = 4 sind wieder zwei Lösungen gefunden. V + U + 1 = 16 bedeutet L = 6 = T (Widerspruch!).
E = 7 erfordert M = 6 und T = 3 bzw. T = 8. T = 3 ergibt A = 0 = N (Widerspruch!). T = 8 ergibt entweder A = 0 = N (Widerspruch!) oder A = 9. Im Falle A = 9 bleiben für V, U und L die Ziffern 1, 2, 3, 4, und es muß V + U + 1 ≧ 10 sein. Diese Bedingung kann nicht realisiert werden.
Für R = 7 folgen N = 4 und E = 3 bzw. E = 8. Für E = 3 wäre 2 T eine ungerade Zahl (Widerspruch!), und für E = 8 folgt M = 7 = R (Widerspruch!).
Für R = 9 folgen N = 8 und E = 4 bzw. E = 9 = R (Widerspruch!). E = 4 erfordert

M = 3 und T = 2 oder T = 7. Aus T = 7 folgt A = 9 = R (Widerspruch!). T = 2 ergibt A = 0, und für V, U und L bleiben 1, 5, 6 und 7 mit V + U > 10. (Denn V + U = 10 ergibt mit L = 0 = A einen Widerspruch.) Aus V + U = 11 folgt L = 1 und V = 5, U = 6 und V = 6, U = 5. Das sind noch zwei Lösungen. V + U = 12 ergibt L = 2 = T (Widerspruch!), und V + U = 13 bringt L = 3 = M (Widerspruch!).
Es sind also insgesamt 8 Lösungen möglich. Die vollständigen Rechnungen dazu können leicht aufgestellt werden.

L 123.

Falls eine Lösung möglich ist, müssen alle 10 verschiedenen Ziffern benutzt werden, denn es treten 10 verschiedene Buchstaben auf.
Zunächst ist sofort klar, daß E = 1 sein muß. Am zweckmäßigsten ist es, wenn danach S bestimmt wird, denn dann sind sofort drei Stellen mit Ziffern besetzt.
S = 0, S = 1 und S = 9 müssen von vornherein ausscheiden, weil sich dafür die

widersprüchlichen Beziehungen E = D bzw. S = E bzw. S = I ergeben würden. Setzt man nacheinander für S die restlichen Ziffern 2, 3, 4, 5, 6, 7 und 8 und führt jeweils für U und A systematisch zwei der anderen Ziffern ein, so erkennt man, daß nur S = 8 sein kann. Daraus folgt aber sofort D = 9 und I = 6.
Jetzt werden für U der Reihe nach 0, 2, 3, 4, 5 und 7 eingesetzt. Dabei erkennt man, daß U = 2, U = 3, U = 4, U = 5 und U = 7 zu keiner Lösung führen, lediglich U = 0. Damit folgt L = 2.
Wählt man nachher A = 3, A = 4 und A = 5, so ergeben sich in allen drei Fällen Widersprüche. Es bleibt nur A = 7, und daraus folgt K = 3.
Die restlichen Ziffern 4 und 5 können nur für G und R beliebig gewählt werden. Die Entschlüsselung der Aufgabe ist also möglich. Es existieren die beiden Lösungen:

$$\begin{array}{r} 47088 \\ +\ 56181 \\ \hline 103269 \end{array} \quad \text{und} \quad \begin{array}{r} 57088 \\ +\ 46181 \\ \hline 103269 \end{array}$$

L 124.

Aus den 30 billigen Eiern und 20 Stück der teuren wurden zehnmal 5 Eier (und zwar zehnmal je 3 billige und je 2 teure) für zehnmal 2 Mark verkauft, das sind insgesamt 20 Mark. Als Rest bleiben 10 teure Eier, die vordem für insgesamt 5 Mark verkauft worden

waren (je 2 für 1 Mark). Nach Abmachung wurden sie jetzt aber fälschlicherweise zu je fünf Stück für 2 Mark, also pro Stück 10 Pfennige zu billig, verkauft.

L 125.

Bezeichnet man die beiden miteinander zu multiplizierenden Zahlen allgemein mit a und b und bliebe bei allen Divisionen (linke Spalte) niemals ein Rest, so erhielte man das Schema:

$$\begin{array}{rl} a & \cdot\ b \\ (a:2) & \cdot\ (b\cdot 2) \\ (a:2):2 & \cdot\ (b\cdot 2)\cdot 2 \\ \vdots & \\ 1 & \cdot\ \{\ldots[(b\cdot 2)\cdot 2]\cdot 2\cdot\ldots\cdot 2\} \end{array}$$

Jede der Zeilen dieses Schemas ergibt nur den Wert des Produkts a · b, weil jedesmal der erste Faktor des Produkts durch 2 dividiert, der zweite mit 2 multipliziert wurde, und das bedeutet lediglich eine fortlaufende Multiplikation des Produkts mit dem Faktor 1. Dabei ändert sich aber der Wert des Produkts nicht. Weil natürlich auch in der letzten Zeile der Wert des Produkts a · b erscheinen muß und der erste Faktor 1 ist, muß in der rechten Spalte der geforderte Wert des Produkts stehen. Nach Vereinbarung sind alle Zeilen bis auf die letzte zu streichen. Folglich bleibt nur das Resultat selbst stehen.
Angenommen, die Division a durch 2 ergibt den Rest 1, so muß a — 1 ohne Rest durch 2 teilbar sein, und die zweite Zeile des Schemas hat die Form $\frac{a-1}{2}\cdot 2b$. Der Wert dieses Produkts ist ab — b. Ist dann der erste

Faktor der zweiten Zeile ohne Rest durch 2 teilbar, so steht in der dritten Zeile $\frac{a-1}{4} \cdot 4b$, und der Wert auch dieses Produkts ist ab — b. Die dritte Zeile wird nach Vereinbarung gestrichen. In der ersten Zeile steht rechts b, in der zweiten Zeile steht ab — b, so daß die Summe aus der zweiten Zeile und der rechten Seite der ersten a · b ergibt.

Läßt der erste Faktor der zweiten Zeile bei Division durch 2 auch den Rest 1, so steht in der dritten Zeile

$$\frac{\frac{a-1}{2}-1}{2} \cdot 4b,$$

und der Wert dieses Produkts ist a — b — 2 b. Addiert man jetzt die rechten Seiten der ersten und zweiten Zeile zur dritten Zeile, so entsteht wieder der Wert von a · b. Auf diese Weise gelangt man schließlich zur letzten Zeile, die links nur den Faktor 1 enthält. Damit muß sich aber durch Addition aller rechts im Schema erscheinenden, nicht gestrichenen Zahlen der Wert des gesuchten Produkts ergeben.

Weil der erste Faktor laufend durch 2 dividiert wurde, beruht das Verfahren darauf, die höchste im ersten Faktor enthaltene Potenz von 2 zu finden und sie mit dem zweiten Faktor zu multiplizieren. Zum Wert dieses Produkts muß noch die Differenz zum gesuchten Produkt addiert werden. Diese Differenz setzt sich aus den rechts stehenden „Resten" zusammen. Dadurch wird auch erklärlich, weshalb die Zeilen, in denen die Division des ersten Faktors durch 2 keinen Rest ergibt, gestrichen werden müssen.

L 126.

Von den zwölf gefangenen Fischen erhielt jeder vier. Demnach gab der erste drei, der zweite nur einen Fisch an Karl-Heinz ab. Die zwölf Zigaretten hätten also nicht im Verhältnis 7 : 5, sondern im Verhältnis 3 : 1 verteilt werden müssen, an den ersten Angler also $\frac{3}{4} \cdot 12 = 9$, an den zweiten aber nur $\frac{1}{4} \cdot 12 = 3$ Zigaretten.

L 127.

1. Der erste der beiden dreistelligen Faktoren sei f_1, der zweite f_2, und die Dezimalzahlen in der ersten bis vierten Zeile sollen nacheinander mit n_1, n_2, n_3, n_4 bezeichnet werden.

f_1 · f_2

□□□ · □□□

1. Zeile: n_1 = □□□
2. Zeile: n_2 = 4 8 9 5
3. Zeile: n_3 = □□□
4. Zeile: n_4 = □□□□□□

Sofort ist klar, daß die erste Stelle von n_4 nur 1 sein kann, denn die erste Stelle von n_1 kann maximal 9 sein, und die Addition kann höchstens $9+4+1=14$ ergeben. $n_2 = 4895$ ist der Wert des Produkts aus f_1 und der zweiten Stelle von f_2. Aus der Primfaktorzerlegung $4895 = 5 \cdot 11 \cdot 89$ folgt, daß die zweite Stelle von f_2 nur 5 sein kann, weil 11 und 89 zweistellig sind. Damit wird aber $f_1 = 11 \cdot 89 = 979$. Die Zahlen n_1 und n_3, beide dreistellig, müssen Vielfache von 979 sein. $2 \cdot 979$ ist bereits vierstellig, also kommt für die erste und dritte Stelle von f_2 nur 1 in Frage. Jetzt kann die gesamte Rechnung sofort rekonstruiert werden. Sie lautet:

```
 979·151
 ───────
 979
 4895
   979
───────
147829
══════
```

2. Der sechsstellige Dividend sei a, der zweistellige Divisor b, und der vierstellige Wert des Quotienten sei c. Die Dezimalzahlen in der ersten bis siebenten Zeile sollen nacheinander mit $n_1, n_2, \ldots, n_7$ bezeichnet werden:

```
       a            b        c
□□□□□□  :  □□  =  □□□□
n1 = □□8
n2 =  □8□
n3 =   □□
n4 =   □□□
n5 =   □□3
n6 =     □□
n7 =     □□
```

Die 8 an zweiter Stelle von n_2 entsteht durch Subtraktion der 8 an dritter Stelle von n_1 von der dritten Stelle des Dividenden a. Daraus folgt, daß die dritte Stelle von a nur 6 sein kann. n_3 ist zweistellig, außerdem muß n_3 ein Vielfaches des zweistelligen Divisors b sein. Dieses zweistellige Vielfache von b kann maximal 99 sein, so daß die erste Stelle von n_2 auf jeden Fall 1 ist.

Stünde nämlich an erster Stelle von n_2 eine $2, 3, \ldots, 8$ oder 9, so wäre der durch Subtraktion in der vierten Zeile entstehende Rest nicht zweistellig. Für n_2 gibt es die Möglichkeiten $180, 181, \ldots, 189$. Nimmt man für n_2 die kleinstmögliche dieser Zahlen, also 180, und für das in der dritten Zeile erscheinende zweistellige Vielfache von b den größtmöglichen Wert, also 99, an, so ergibt sich in der vierten Zeile durch Subtraktion der Divisionsrest $180 - 99 = 81$, und das bedeutet, daß 81 kein Vielfaches von b, also auch nicht b selbst enthält. Der Divisor b muß demnach größer als 81 sein, und daraus folgt, daß n_3, n_6 und n_7 b selbst sind, denn $2 \cdot b$ wäre bereits dreistellig. Damit sind auch die zweite und vierte Stelle von c, nämlich 1, bestimmt.

Geht man von $n_2 = 180$ aus und subtrahiert davon nacheinander alle für b möglichen Zahlen 82, 83, . . ., 89, 90, 91, . . ., 99, so ergeben sich in der vierten Zeile nacheinander die 18 Divisionsreste 98, 97, . . ., 91, 90, 89, . . ., 81. Die ersten acht dieser Reste sind größer als der jeweilige von 180 subtrahierte Divisor b. In diesen Resten ist der entsprechende Divisor noch einmal enthalten, es liegen keine echten Divisionsreste vor. Wählt man für n_2 eine der Zahlen 181, 182, . . ., 189, so erhalten die Divisionsreste für die ersten acht Divisoren 82, 83, . . ., 89 noch größere Werte als im Falle $n_2 = 180$. Aus diesen Gründen müssen die Zahlen 82, 83, . . ., 89 als Divisoren ausscheiden, so daß für die ersten Stellen von b, n_3, n_6 und, weil die gesamte Division keinen Rest läßt, auch von n_7 nur 9 in Frage kommt. Weil die Subtraktion der Zahl n_5 von der Zahl n_4 den Wert 9 ergibt, kann die dritte Stelle von n_4 nur 2 sein, und eben diese 2 muß auch an fünfter Stelle von a auftreten.

Jetzt wird die zweite Stelle von b bestimmt. Dazu betrachtet man n_1 und n_5, es sind Vielfache von b. Aus der letzten Stelle 3 von n_5 folgt, daß b keine gerade Zahl ist, weil sämtliche Vielfachen gerader Zahlen wieder gerade Zahlen sind. Auch $b = 95$ muß ausgeschlossen werden, denn alle Vielfachen von 95 haben als letzte Stelle entweder 0 oder 5, niemals aber 3 oder 8. Demnach bleiben für die letzte Stelle von b nur 1, 3, 7 und 9. Für $b = 93$ ergibt sich unter Beachtung der letzten Stellen von n_1 und n_5 der Wert $c = 6111$ mit 1 an dritter Stelle. Weil $1 \cdot b = 93$ nur zweistellig ist, n_5 jedoch dreistellig, muß $b = 93$ ausgeschlossen werden. $b = 91$ ergibt $c = 8131$.

Versucht man nun (bis auf die letzte Stelle von a und die dritte Stelle von n_2) alle noch fehlenden Ziffern zu bestimmen, so müßte für n_2 und n_3 die Bedingung $n_2 - n_3 = n_2 - 91 = 28$ erfüllt werden; das ist aber unmöglich. Für $b = 99$ ergibt sich $c = 2171$, und für n_2 und n_3 müßte die Bedingung $n_2 - n_3 = n_2 - 99 = 70$ erfüllt werden, auch das ist unmöglich.

Allein für $b = 97$ lassen sich alle noch fehlenden Ziffern widerspruchsfrei bestimmen. In diesem Falle tritt zunächst 7 an die zweiten Stellen von b, n_3, n_6, n_7 und an die letzte Stelle von a. Mit Hilfe der dritten Stellen von n_1 und n_5 erhält man $c = 4191$, und es können nacheinander die Vielfachen $n_1 = 4 \cdot 97 = 388$ und $n_5 = 9 \cdot 97 = 873$, daraus die ersten beiden Stellen von a und n_4 und daraus schließlich die dritte Stelle von n_2 – das ist gleichzeitig die vierte Stelle von a – bestimmt werden.

Die vollständig rekonstruierte Rechnung – es gibt nur eine einzige Möglichkeit – lautet:

```
406527 : 97 = 4191
388
———
 185
  97
  ——
  882
  873
  ———
    97
    97
    ——
```

L 128.

An die Stelle der x müssen Ziffern treten, wobei nicht jedes x die gleiche Ziffer bedeutet. Um alle verschiedenen Zahlenkombinationen durchzuprobieren, müßte man etwa 81 Milliarden Möglichkeiten in Betracht ziehen. Das ist unmöglich. Trotzdem kann man die Rekonstruktion durchführen. Bezeichnet man den achtstelligen Dividenden mit a, den dreistelligen Divisor mit b und das fünfstellige Ergebnis ABCDE (Wert des Quotienten) mit c, so ist C = 8 bereits bekannt.

Weil in der Aufgabe zweimal die Division erst dann möglich wurde, wenn man den Rest um zwei Stellen erweiterte (dritte und fünfte Zeile), so muß im Resultat an den entsprechenden Stellen zweimal die Ziffer 0 auftreten. Damit folgt A 0 8 0 E. Die Multiplikation von E mit dem dreistelligen Divisor b ergibt eine vierstellige Zahl (sechste Zeile). Weil jedoch die Multiplikation von 8 mit b nur eine dreistellige Zahl (vierte Stelle) ergibt, muß $E > 8$ sein, und da andererseits E höchstens 9 sein kann, folgt E = 9. Damit erhält das Ergebnis c die Form A 0 8 0 9.

Da $8 \cdot 125 = 1000$, also eine vierstellige Zahl ist, muß $b < 125$ sein. Weil die Subtraktion nach der ersten Division einen zweistelligen Rest ergibt, muß $A > 7$ sein, denn im Falle A = 7 würde sich bei der ersten Subtraktion in der dritten Zeile ein mindestens dreistelliger Rest ergeben. A = 9 ist aber auch nicht möglich, weil das Produkt aus A und dem Divisor eine dreistellige Zahl sein muß (zweite Zeile), und das Neunfache des Divisors b ist ja vierstellig (sechste Zeile). Demnach bleibt nur die Möglichkeit, daß A = 8 Ist. Das Resultat lautet also 80809.

Um den Divisor b zu bestimmen, muß man beachten, daß mit a : b = c auch a : c = b gilt. Dividiert man demnach die kleinstmögliche achtstellige Zahl, nämlich 10000000, durch das nunmehr bekannte Resultat c = 80809, so erhält man eine untere Grenze für den Divisor b. Weil nun einerseits $10000000 : 80809 = 123\frac{60493}{80809}$ ist und andererseits $b < 125$ bereits festgestellt wurde, kann nur b = 124 sein. Schließlich ergibt sich durch Multiplikation von c mit b auch der Dividend a = 10020316, und die vollständige Rekonstruktion der Rechnung kann leicht durchgeführt werden. Die Rechnung lautete:

```
10020316 : 124 = 80809
 992
 ----
  1003
   992
   ----
    1116
    1116
    ----
```

L 129.

Erstes Kryptogramm

Die beiden dreistelligen Faktoren mögen f_1 und f_2 heißen, die Dezimalzahlen in der ersten bis vierten Zeile seien der Reihe nach mit n_1, n_2, n_3, n_4 bezeichnet.

```
         f1     f2
        4xx · x2x
n1 = x3xx
n2 =    x12
n3 =     xx4x
n4 = xxxxx8
```

Zunächst ist sofort klar, daß die vierte Stelle von n_3 eine 8 und die fünfte Stelle von n_4 eine 6 sein muß. n_2 ist das Doppelte von f_1, und es ist $400 \leqq f_1 \leqq 499$. Deshalb kann die erste Stelle von n_2 nur 8 oder 9 sein, und es wird $f_1 = 812 : 2 = 406$ oder $f_1 = 912 : 2 = 456$. Diese beiden Fälle sind weiter zu untersuchen. Wäre $f_1 = 406$, so müßte (s. erste Zeile) ein vierstelliges Vielfaches $a \cdot 406$ von 406 mit $a = 3, 4, \ldots, 9$ ($a = 1$ und $a = 2$ scheiden aus, weil $1 \cdot f_1$ und $2 \cdot f_1$ nur dreistellig sind) existieren, dessen zweite Stelle 3 ist. Das ist aber nicht möglich, weil f_1 an zweiter Stelle eine 0 hat und deshalb die beiden ersten Stellen von $a \cdot 406$ nur ein Vielfaches von 4, also eine gerade Zahl sein können. Demnach kommt nur $f_1 = 456$ in Frage. Unter den vierstelligen Vielfachen $a \cdot 456$ von 456 mit $a = 3, 4, \ldots, 9$ gibt es nur eine einzige Zahl, deren zweite Stelle 3 ist, nämlich $3 \cdot 456 = 1368$, und damit sind n_1 und die erste Stelle von f_2 gefunden. Desgleichen existiert nur ein vierstelliges Vielfaches $a \cdot 456$ mit $a = 3, 4, \ldots, 9$, dessen dritte und vierte Stelle 4 und 8 sind, nämlich $8 \cdot 456 = 3648$, und damit sind nicht nur n_3 und die dritte Stelle von f_2, sondern auch der Wert des Produkts $f_1 \cdot f_2$ eindeutig bestimmt. Die vollständige Rechnung lautet:

```
  456 · 328
1368
   912
   3648
149568
```

Es gibt für die Aufgabe nur eine Lösung.

Zweites Kryptogramm

Der neunstellige Dividend heiße a, der zweistellige Divisor b und der siebenstellige Wert des Quotienten c. Die Dezimalzahlen in der ersten bis neunten Zeile seien nacheinander $n_1, n_2, \ldots, n_9$.

```
         a            b       c
     xxxxxxxxx  :  xx  =  xxxx8xx
n1 = xxx
n2 =    xxx
n3 =    xxx
n4 =      xxx
n5 =      xxx
n6 =          xx
n7 =          xx
n8 =            xxx
n9 =            xxx
```

Aus der zweiten und achten Zeile folgt, daß die zweite und sechste Stelle von c nur 0 sein kann. Der Divisor b ist zweistellig, $n_7 = 8 \cdot b$ ist auch zweistellig. Die größte zweistellige Dezimalzahl ist 99. Wegen $99 : 8 = 12{,}25$ kann nur $b \leqq 12$ sein. Aus der ersten, dritten, fünften und neunten Zeile folgt, daß auch dreistellige ganzzahlige Viel-

fache $m \cdot b$ von b mit $1 \leqq m \leqq 9$ existieren. Das Achtfache von b ist zweistellig, also kann nur das Neunfache von b dreistellig sein, und die erste, dritte, vierte und siebente Stelle von c sind sämtlich 9. Für $b \leqq 11$ wird $m \cdot b \leqq 99$ $(1 \leqq m \leqq 9)$, d.h. höchstens zweistellig. Aus diesem Grunde kann nur $b = 12$ sein.
Jetzt läßt sich aber sofort $a = b \cdot c$ bestimmen, und die gesamte Rechnung kann mühelos rekonstruiert werden. Man erhält:

```
109197708 : 12 = 9099809
108
 ───
  119
  108
  ───
   117
   108
   ───
     97
     96
     ──
     108
     108
     ───
```

Die Lösung der Aufgabe ist durch die Ziffer 8 an fünfter Stelle von c eindeutig bestimmt.

L 130.

Bezeichnet man das Volumen des Wasserbehälters mit V, so sind die Wassermengen, die jede der vier Pumpen allein in einer Stunde schafft, $\frac{V}{1}$ bzw. $\frac{V}{2}$ bzw. $\frac{V}{3}$ bzw. $\frac{V}{6}$. Alle vier Pumpen gemeinsam fördern in einer Stunde die Wassermenge $\frac{V}{1} + \frac{V}{2} + \frac{V}{3} + \frac{V}{6} = 2\,V$. V ist die Hälfte dieser Wassermenge, und diese wird natürlich in der Hälfte der Zeit in den Behälter gepumpt. Durch alle vier Pumpen wird deshalb der Behälter in 30 Minuten gefüllt.

L 131.

Hätte jedes der drei Kinder den festgelegten Anteil erhalten, so wären $\left(\frac{17}{2} + \frac{17}{3} + \frac{17}{9}\right) M = \frac{289}{18} M \approx 16{,}06\,M$ zur Verteilung gekommen. Es wäre ein Rest von 0,94 Mark $\left(\text{das sind } \frac{1}{18} \text{ des Betrages}\right)$ geblieben, über dessen Aufteilung nichts gesagt worden war. Durch eine Vergrößerung des Dividenden von 17 Mark auf 18 Mark wurde nicht nur die Division durch die drei Divisoren 2, 3 und 9 möglich, sondern auch der Rest von 0,94 Mark mit aufgeteilt. Das ist aber gegen die Festlegung, und darin liegt der Fehlschluß begründet.

L 132.

Nach den angegebenen Bedingungen muß die Gesamtzeit des Kampfes in mehrere Abschnitte aufgeteilt werden.
1. Zunächst behaupten sich neun „Teufelsfische" gegenüber drei „Königsfischen". Die restlichen vier „Teufelsfische" bezwingen den vierten „Königsfisch" in drei Minuten.
2. Jetzt kämpfen dreizehn „Teufelsfische" gegen drei „Königsfische", und zwar zweimal vier und einmal fünf „Teufelsfische" gegen je einen „Königsfisch". Die fünf „Teufelsfische" beenden den Kampf nach

$\frac{4}{5} \cdot 3$ min $= 144$ s. Während dieser Zeit machen die zweimal vier „Teufelsfische" ihre beiden Gegner zu $\frac{4}{5}$ $\left(\text{nämlich } \frac{144\text{s}}{180\text{s}}\right)$ kampfunfähig.

3. Die beiden verbliebenen „Königsfische", die nur noch je $\frac{1}{5}$ ihrer Kampfkraft besitzen, stehen nunmehr im Kampf gegen sechs bzw. sieben „Teufelsfische". Sieben „Teufelsfische" würden einen „Königsfisch" mit voller Kampfkraft in $\frac{4}{7} \cdot 3$ min $= \frac{12}{7}$ min besiegen. Im vorliegenden Fall reduziert sich aber die Kampfzeit auf $\frac{1}{5} \cdot \frac{12}{7}$ min $= \frac{12}{35}$ min $= \frac{144}{7}$ s. Weil sechs „Teufelsfische" gegen den zweiten „Königsfisch" bis zum Sieg eine Kampfzeit von $\frac{1}{5} \cdot \frac{4}{6} \cdot 3$ min $= 24$ s brauchten, reduzieren sie in $\frac{144}{7}$ s die dem „Königsfisch" verbliebene Kampfkraft von $\frac{1}{5}$ auf

$$\frac{1}{5} \cdot \frac{24\,\text{s} - \frac{144}{7}\,\text{s}}{24\,\text{s}} = \frac{1}{35}.$$

4. Dieser letzte „Königsfisch", der nur noch $\frac{1}{35}$ seiner Kampfkraft besitzt, steht schließlich allein gegen alle dreizehn „Teufelsfische", und bis zu deren Sieg vergeht noch eine Zeit von

$$\frac{1}{35} \cdot \frac{4}{13} \cdot 3\,\text{min} = \frac{144}{91}\,\text{s}.$$

Die Gesamtkampfzeit ergibt sich durch Addition der Zeiten für die vier Abschnitte des Kampfes zu

$$3\,\text{min} + 144\,\text{s} + \frac{144}{7}\,\text{s} + \frac{144}{91}\,\text{s}$$

$$= \frac{4500}{13}\,\text{s} = 5\,\text{min}\ 46\frac{2}{13}\,\text{s}.$$

Die „Teufelsfische" haben den Kampf also nach dieser Zeit gewonnen.

L 133.

Das Volumen des Wassers im Glas I sei V_1, das des Weines im Glas II sei V_2. Das sind je k Teile Flüssigkeit, wenn ein Eßlöffel den k-ten Teil des Volumens V_1 bzw. V_2 faßt.

Gießt man aus dem Glas I einen Eßlöffel Wasser in das Glas II, so enthält das Glas II das Volumen $V_2 + \frac{V_1}{k}$, das sind k + 1 Teile. Ein Eßlöffel voll Gemisch, das das Volumen

$$\frac{V_2 + \frac{V_1}{k}}{k+1}$$

hat, wird nun in das Glas I, in dem sich noch die Flüssigkeitsmenge $V_1 - \frac{V_1}{k}$ befindet, zurückgeführt. Damit hat man schließlich im Glas I die Flüssigkeitsmenge

$$V_1 - \frac{V_1}{k} + \frac{V_2 + \frac{V_1}{k}}{k+1}$$

$$= V_1 - \frac{V_1}{k} + \frac{V_2}{k+1} + \frac{V_1}{k(k+1)}$$

$$= V_1 \cdot \left[1 - \frac{1}{k} + \frac{1}{k(k+1)}\right] + \frac{V_2}{k+1}$$

$$= V_1 \cdot \frac{k}{k+1} + \frac{V_2}{k+1},$$

und im Glas II bleibt

$$V_2 + \frac{V_1}{k} - \frac{V_2 + \frac{V_1}{k}}{k+1}$$

$$= V_2 + \frac{V_1}{k} - \frac{V_2}{k+1} - \frac{V_1}{k(k+1)}$$

$$= V_2 \cdot \left[1 - \frac{1}{k+1}\right] + \frac{V_1}{k} \cdot \left[1 - \frac{1}{k+1}\right]$$

$$= V_2 \cdot \frac{k}{k+1} + \frac{V_1}{k+1}.$$

$\frac{V_2}{k+1}$ stellt den Anteil des Weines in Glas I und $\frac{V_1}{k+1}$ den Anteil des Wassers im

Glas II dar. Weil anfangs beide Gläser bis zum Eichstrich gefüllt wurden, also $V_1 = V_2$ ist, muß sich demnach genausoviel Wein im Glas I wie Wasser im Glas II befinden. Diese Tatsache besteht auch dann, wenn nach dem Einbringen des Wassers in den Wein die Flüssigkeit im Glas II nicht umgerührt wird. Am Ende befinden sich nämlich in beiden Gläsern wieder gleich große Flüssigkeitsvolumina $V = V_1 = V_2$. Hat der Anteil des Weins im Glas I das Volumen $\frac{V}{p}$, so muß dieser das gleiche Volumen Wasser ersetzen. Dieses Wasser mit dem Volumen $\frac{V}{p}$ muß sich im Glas II befinden, denn andernfalls könnten die Flüssigkeitsvolumina in beiden Gläsern am Ende nicht gleich groß sein, und beim Umfüllen konnte weder Flüssigkeit hinzukommen noch verschwinden.

L 134.

Für eine sechsstellige Zahl der Form a b c a b c gilt die Zerlegung

$$\begin{aligned} & 10^5a + 10^4b + 10^3c + 10^2a + 10b + c \\ &= 10^3(10^2a + 10b + c) + 10^2a + 10b + c \\ &= (10^3 + 1)(10^2a + 10b + c) \\ &= 1001 \cdot (100a + 10b + c). \end{aligned}$$

Daraus folgt, daß jede Zahl der angegebenen Form den Faktor 1001 besitzt und jeder Teiler von 1001 auch gemeinsamer Teiler der zwölf angegebenen Zahlen ist. 1001 hat die Primfaktorzerlegung

$$1001 = 7 \cdot 11 \cdot 13,$$

und aus ihr ergeben sich sofort die sieben gemeinsamen Teiler 7, 11, 13, $7 \cdot 11 = 77$, $7 \cdot 13 = 91$, $11 \cdot 13 = 143$ und 1001.

L 135.

Die gesuchte Mindestzahl der Teilnehmer sei n. Bedeutet p die Anzahl der Sportler in je einem Glied des Marschblocks, so gilt die Voraussetzung $k_p = \frac{n - (p - 1)}{p}$ mit $p = 2, 3, 4, 5, 6$. k_p bedeutet jeweils die Anzahl der vollen Glieder für den entste-

henden Marschblock. Ferner muß $n = 7k$ sein, wobei k die Anzahl der Glieder von je sieben Sportlern bedeutet. Mit n muß selbstverständlich auch k eine natürliche Zahl sein. Wäre $1 < k < 7$, so ließe die Division von n durch k keinen Rest. Es würde bereits ein Marschblock mit lauter gleich großen Gliedern von weniger als sieben Sportlern entstehen. Das widerspricht der Voraussetzung. Demnach muß $k \geqq 7$ sein, und dafür gibt es zwei Möglichkeiten:

1. k ist Primzahl. In diesem Fall ist zu untersuchen, ob für k eine der Zahlen 7, 11, 13, 17, 19, 23, ... möglich ist. Dazu werden die Werte der Produkte 7k für k = 7, 11, 13, ... nacheinander durch p = 2, 3, 4, 5, 6 dividiert. R_p (7k) möge den Rest bei der Division von 7k durch p bedeuten. Man erhält folgende Tabelle:

p	$R_p(7 \cdot 7)$	$R_p(7 \cdot 11)$	$R_p(7 \cdot 13)$	$R_p(7 \cdot 17)$	$R_p(7 \cdot 19)$
2	1	1	1	1	1
3	1	2	1	2	1
4	1	1	3	3	1
5	4	2	1	4	3
6	1	5	1	5	1

Daraus geht hervor, daß $k = 17$ die Bedingungen der Aufgabe erfüllt.

2. k ist keine Primzahl, also $k = q \cdot m > 7$. Da $k = 17$ die Bedingungen der Aufgabe erfüllt, muß $7 < q \cdot m < 17$ gelten, denn es war nach der Mindestzahl der Teilnehmer gefragt. Dann kann aber $q \cdot m$ nur eine der Zahlen 8, 9, 10, 12, 14, 15, 16 sein. Jede dieser Zahlen enthält entweder den Faktor 2 oder 3, und damit wäre n ohne Rest bereits durch 2 bzw. 3 teilbar, was der Voraussetzung widerspricht.

An den Wettkämpfen nahmen demnach mindestens $n = 7 \cdot 17 = 119$ Betriebsangehörige teil.

Probleme dieser Art lassen sich bei Beherrschung der Zahlentheorie auch ganz allgemein lösen.

L 136.

Da Banach 1945 gestorben war, muß $x^2 \leqq 1945$ sein, wobei x eine natürliche Zahl ist. $x^2 - x = x(x-1)$ ist dann das Geburtsjahr von Banach und $1945 - x(x-1)$ sein Alter. Weil $\sqrt{1945} \approx 44{,}1$ ist, kommen für x nur natürliche Zahlen, die kleiner oder gleich 44 sind, in Betracht. Für $x = 44$ erhält man das Geburtsjahr $44 \cdot 43 = 1892$ und das Alter von 53 Jahren. Für $x = 43$ ergibt sich das Geburtsjahr 1806 und ein Alter von 139 Jahren, und für $x = 42$ müßte Banach 223 Jahre alt geworden sein. Berücksichtigt man die allgemeine Lebenserwartung, so kommt nur die erste Möglichkeit in Frage. Stefan Banach wurde im Jahre 1892 geboren, und er starb im Alter von 53 Jahren.

L 137.

Nach den Aussagen des ersten und zweiten Zeugen hatte die Kfz-Nummer die Form a a b b mit $0 \leqq a \leqq 9$, $0 \leqq b \leqq 9$, a und b dürfen nicht gleichzeitig null sein. Eine Zahl dieser Form ist durch 11 teilbar. Da die Zahl a a b b nach Aussage des dritten Zeugen eine Quadratzahl ist, muß sie durch $11^2 = 121$ teilbar sein. Damit fällt $a = 0$ weg, und für die fragliche Kfz-Nummer muß $1100 \leqq$ a a b b $\leqq 9999$ gelten. Außerdem muß a a b b $= c \cdot 121$ sein, und wieder muß auf Grund der Aussage des dritten Zeugen $c = n^2$ eine Quadratzahl sein. Da $1100 : 121 > 9$ und $9999 : 121 < 84$ ist, folgt $9 < c < 84$ und damit $3 < n \leqq 9$. Für die natürliche Zahl n kommen deshalb nur 4, 5, 6, 7, 8, 9 und folglich für c die Zahlen 16, 25, 36, 49, 64 und 81 in Betracht. Berechnet man für diese Zahlen c die Produkte $c \cdot 121$, so erkennt man, daß sich allein für $c = 64$ eine vierstellige natürliche Zahl der Form a a b b ergibt. Die gesuchte Wagennummer ist demnach 7744.

L 138.

Je drei aufeinanderfolgende natürliche Zahlen haben die Form $n_1 = 3k$, $n_2 = 3k + 1$, $n_3 = 3k + 2$, wobei auch k eine natürliche Zahl bedeutet. Ihre Quadrate sind $n_1^2 = 9k^2$, $n_2^2 = 9k^2 + 6k + 1 = 3(3k^2 + 2k) + 1$, $n_3^2 = 9k^2 + 12k + 4 = 9k^2 + 12k + 3 + 1 = 3(3k^2 + 4k + 1) + 1$. n_1^2 gibt bei Division durch 3 den Rest 0, n_2^2 und n_3^2 ergeben den Rest 1. Die Division des Quadrates einer beliebigen natürlichen Zahl durch 3 kann demnach niemals den Rest 2 ergeben, und damit stehen beide Aussagen des Zeugen zueinander im Widerspruch.

L 139.

Durch Vereinigung der beiden gleich großen Kamelherden entsteht eine Herde mit einer geraden Gesamtzahl von Tieren. Um den Kaufpreis zu erhalten, muß diese gerade natürliche Zahl quadriert werden. Die vorletzte Stelle der entstehenden Quadratzahl, also die Zehnerstelle, muß ungerade sein, weil bei der Teilung des Geldes eine Zehndollarnote und das Kleingeld übrigblieben. Jede gerade natürliche Zahl läßt sich in einer der Formen $10 \cdot k + 2$, $10 \cdot k + 4$, $10 \cdot k + 6$ und $10 \cdot k + 8$ darstellen, wobei k wiederum eine natürliche Zahl bedeutet. Als Quadratzahlen ergeben sich:

$$(10 \cdot k + 2)^2 = 100 \cdot k^2 + 40 \cdot k + 4,$$
$$(10 \cdot k + 4)^2 = 100 \cdot k^2 + 80 \cdot k + 10 + 6,$$
$$(10 \cdot k + 6)^2 = 100 \cdot k^2 + 120 \cdot k + 30 + 6,$$
$$(10 \cdot k + 8)^2 = 100 \cdot k^2 + 160 \cdot k + 60 + 4.$$

Die Quadrate von $(10 \cdot k + 4)$ und $(10 \cdot k + 6)$ haben beide eine ungerade vorletzte Stelle (Zehnerdezimale), und die letzte Stelle ist in beiden Fällen die Ziffer 6. Daraus folgt, daß das Kleingeld sechs Dollar und damit der Rest bei der Teilung des Geldes 16 Dollar betrug, so daß jeder der beiden acht Dollar bekommen mußte. Der zweite Araber bekam 10 Dollar, also zwei zuviel. Diese zwei Dollar hätte er an den ersten abgeben müssen. Sie sind genau der Preis, den der Beduine für das wertvolle Messer bezahlt hatte.

L 140.

Zum gegebenen Zeitpunkt möge der erste Maurer das Alter a^2, der zweite das Alter b^2, der dritte das Alter c^2 und der vierte das Alter d besitzen. Dabei sind a, b, c, d natürliche Zahlen. Nach Voraussetzung gilt:

(1) $a^2 + b^2 + c^2 + d = 129.$

Da jeder der vier 15 Jahre zuvor bereits existierte, gilt $a^2 > 15$, $b^2 > 15$, $c^2 > 15$, $d \geqq 15$. Aus Gleichung (1) folgt weiter $a^2 < 129$, $b^2 < 129$, $c^2 < 129$, $d \leqq 129$. Für a^2, b^2 und c^2 kommen deshalb nur die Quadratzahlen $n^2 = 16, 25, 36, 49, 64, 81, 100, 121$ in Frage. Außerdem müssen a^2, b^2, c^2 und d alle voneinander verschieden sein. Werden für a^2, b^2 und d die kleinstmöglichen Zahlen $a^2 = 16$, $b^2 = 25$, $d = 15$ angenommen, so folgt $c^2 < 129 - 16 - 25 - 15 = 73$. Diese Bedingung schließt die Quadratzahlen 81, 100 und 121 aus, so daß für die weiteren Betrachtungen $n^2 = 16, 25, 36, 49, 64$ bleiben. Da drei der vier Kollegen 15 Jahre zuvor ebenfalls eine Quadratzahl an Jahren „hinter sich" hatten, müssen zwei der Werte von $a^2 - 15$, $b^2 - 15$, $c^2 - 15$ wiederum Quadratzahlen sein. Bildet man diese Werte $n^2 - 15$ für alle noch in Frage kommenden Quadratzahlen n^2, so erhält man folgende Tabelle:

n^2	16	25	36	49	64
$n^2 - 15$	1	10	21	34	49

Es ist leicht zu erkennen, daß nur die beiden Werte $n^2 - 15 = 1$ und $n^2 - 15 = 49$ wieder Quadratzahlen sind, so daß $a^2 = 16$, $c^2 = 64$ sein muß, und dieses Resultat ergibt zusammen mit Gleichung (1):

$$d = 129 - a^2 - c^2 - b^2 = 129 - 16 - 64 - b^2 = 49 - b^2.$$

Da für b^2 jetzt nur noch eine der Zahlen 25, 36 und 49 genommen werden darf und da außerdem $d \geqq 15$ sein muß, gibt es nur eine einzige Möglichkeit, nämlich $b^2 = 25$, woraus schließlich $d = 24$ folgt. Die vier Kollegen waren demnach 16, 24, 25 und 64 Jahre alt.

L 141.

Die Bahnen nach beiden Richtungen treffen in gleichen Zeitabständen von 15 Minuten an der Haltestelle ein. Weil Erika von 15 zufälligen Fahrten dreizehnmal die nördliche und nur zweimal die östliche Endstelle erreicht, muß die Wahrscheinlichkeit dafür, an der Haltestelle in die Ost-Nord-Bahn einzusteigen, $\frac{13}{15}$ betragen. Die Wahrscheinlichkeit für das Einsteigen in die Nord-Ost-Bahn beträgt $\frac{2}{15}$. Daraus ergibt sich, daß die Bahnen in den beiden Richtungen in verschiedenen Zeitabständen die Haltestelle vor Erikas Wohnung erreichen. Diese Zeitabstände müssen sich wie die angegebenen Wahrscheinlichkeiten zueinander verhalten, also wie 13 : 2. Daraus folgt, daß die Nord-Ost-Bahn stets etwa zwei Minuten nach der Ost-Nord-Bahn an der Haltestelle ankommt. Um die Nord-Ost-Bahn zu nehmen, muß sich Erika gerade während dieser zwei Minuten zur Haltestelle begeben. Um die Ost-Nord-Bahn zu erreichen, steht ihr dagegen die viel größere Zeitspanne von 13 Minuten zur Verfügung.

L 142.

Es gibt zwei Lösungsmöglichkeiten.

1. Die gesuchte Breite des Sees sei a; v_1 und v_2 sollen die Beträge der Geschwindigkeiten der beiden Fähren I und II bedeuten. Bis zur ersten Begegnung hatten beide Fähren die gleiche Zeit t gebraucht. Während dieser Zeit hatte Fähre II einen Weg von 720 m, Fähre I von (a — 720 m) zurückgelegt. Wegen $t = \frac{s}{v}$ (s bedeutet den zurückgelegten Weg) muß dann $t = \frac{720\,\text{m}}{v_2} = \frac{a - 720\,\text{m}}{v_1}$ sein, und daraus folgt

$$(1) \qquad \frac{v_1}{v_2} = \frac{a - 720\,\text{m}}{720\,\text{m}}.$$

Auch die Zeit $\bar{t}$ vom Start bis zur zweiten Begegnung ist für beide Fähren die gleiche. Während dieser Zeit überquert Fähre I mit einer Geschwindigkeit vom Betrag v_1 den See, hat 20 min Aufenthalt und legt dann noch den Weg (a — 400 m) zurück. Fähre II überquert den See mit einer Geschwindigkeit vom Betrag v_2, hat ebenfalls 20 min Aufenthalt und bewegt sich dann noch 400 m bis zur Begegnung mit Fähre I. Damit muß

$$\bar{t} = \frac{a}{v_1} + 20\,\text{min} + \frac{a - 400\,\text{m}}{v_1} = \frac{a}{v_2} + 20\,\text{min} + \frac{400\,\text{m}}{v_2}$$

gelten, und daraus folgt

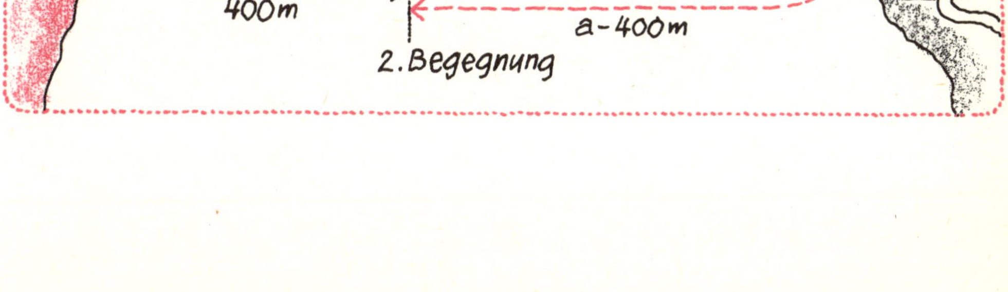

(2) $$\frac{v_1}{v_2} = \frac{2 \cdot a - 400\,m}{a + 400\,m}.$$

Die Gleichungen (1) und (2) zusammen ergeben

$$\frac{a - 720\,m}{720\,m} = \frac{2a - 400\,m}{a + 400\,m},$$

und durch Umformung erhält man daraus eine quadratische Gleichung für die Variable a, nämlich

$$a^2 - a \cdot 1760\,m = 0,$$

die von $a_1 = 0$ m und $a_2 = 1760$ m erfüllt wird. Weil der Wert $a_1 = 0$ m für das Problem nicht in Frage kommt, kann die Breite des Sees nur a = 1760 m sein.

2. Durch reine Überlegung kommt man bei diesem Problem schneller zum Ziel. Wenn die beiden Fähren einander erstmalig begegnen, haben sie zusammen den Weg a zurückgelegt. Nachdem sie beide am entgegengesetzten Ufer angelangt sind, beträgt der zurückgelegte Weg insgesamt 2a, und zum Zeitpunkt der zweiten Begegnung müssen sie zusammen die Entfernung 3a überwunden haben. Da die Beträge der Geschwindigkeiten beider Fähren konstant bleiben, hat jede von ihnen jetzt den dreifachen Weg, der bis zur ersten Begegnung zurückgelegt worden ist, hinter sich gebracht. Für die Fähre II sind das 3 · 720 m = 2160 m insgesamt, und das sind 400 m mehr als die Breite a des Sees. Demzufolge hat der See an der betrachteten Stelle eine Breite von 2160 m — 400 m = 1760 m.

L 143.

Wie bei vielen anderen Problemen gelangt man durch logische Schlüsse schnell zur Lösung. Da Hannes mit dem Motorroller zur gleichen Zeit wie an anderen Tagen von zu Hause gestartet war, hatte er für die gesamte Fahrt 20 Minuten weniger Zeit gebraucht als sonst. Diese 20 Minuten müssen die Zeit für die Fahrt vom Ort des Zusammentreffens der Freunde bis zum Hauptbahnhof und von dort nach diesem Ort zurück sein. Demnach hätte Hannes, als er seinen Freund traf, bis zum Bahnhof noch eine Fahrzeit von 10 Minuten gehabt, so daß die Begegnung 17.20 Uhr stattfand. Weil Kurt 16.30 Uhr auf dem Bahnhof angekommen war, mußte er also 50 Minuten lang zu Fuß gegangen sein.

Der algebraische Lösungsweg erfordert mehr mathematischen Aufwand. In den folgenden schematischen Darstellungen bedeuten v_1 den Betrag der Geschwindigkeit des Kradfahrers K, v_2 den Betrag der Geschwindigkeit des Fußgängers F, t die Ankunftszeit des Zuges im Normalfall (also 17.30 Uhr), s die Entfernung von der Wohnung bis zum Bahnhof, Δt die Fahrzeit von K für die Entfernung s, t_x den Zeitpunkt des Zusammentreffens von K mit F am besagten Tag und $\overline{\Delta t}$ die Zeit, die F für den Fußweg s_2 benötigte. Über die Pfeile sind die Wege und die Geschwindigkeiten, mit denen diese Wege

Eines Tages sagte die Großmutter zu ihren Enkelkindern, daß sie ihnen etwas Besonderes zeigen wolle. Sie kramte in ihren Truhen und brachte ein altes Bild zum Vorschein.
Betrachten Sie dieses Bild (siehe Skizze) genau! Wie viele Kinder sind darauf zu sehen?

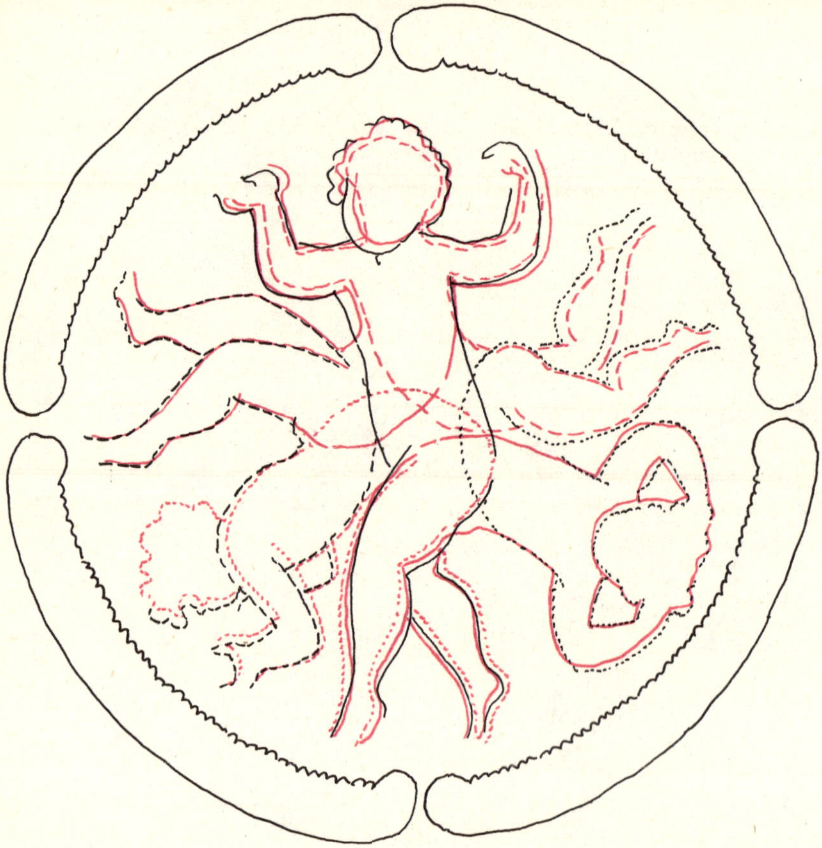

Wenn Sie die oben eingezeichneten, verschiedenartigen Linien verfolgen, so stellen auch Sie sicher fest, daß es genau sieben Kinder sind. Oder finden Sie mehr?

zurückgelegt wurden, geschrieben. Unter den Pfeilen stehen die für die Wege benötigten Zeiten. Dann gilt für den Normalfall:

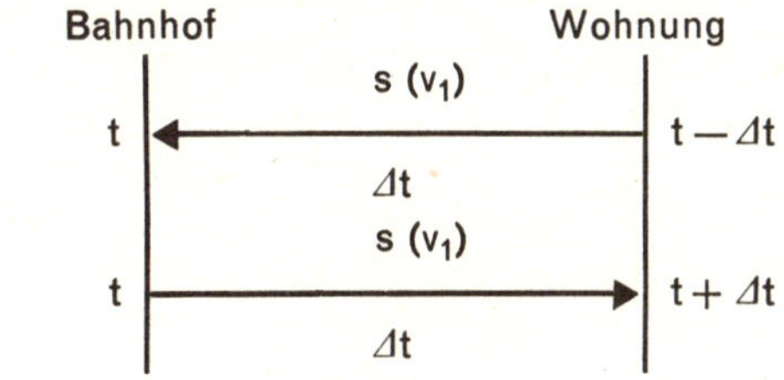

Im Ausnahmefall hat man:

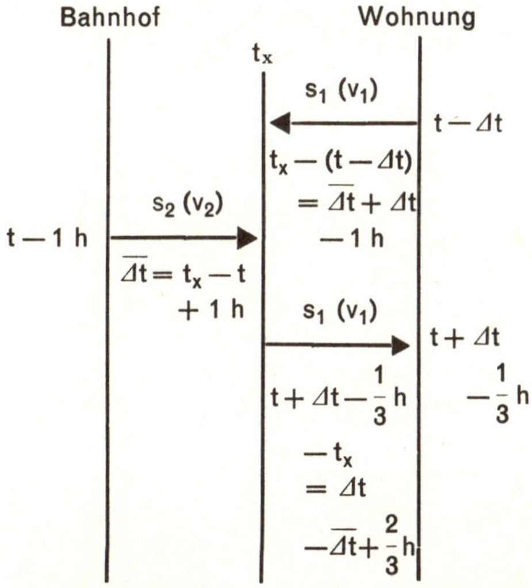

Dabei sind für die Fahrzeiten von K mit Hilfe der Gleichung $\overline{\Delta t} = t_x - t + 1\,h$ folgende Umformungen vorgenommen worden:

$$t_x - (t - \Delta t) = t_x - t + 1\,h + \Delta t - 1\,h$$
$$= \overline{\Delta t} + \Delta t - 1\,h,$$
$$t + \Delta t - \frac{1}{3}\,h - t_x$$
$$= \Delta t - (t_x - t + 1\,h) + 1\,h - \frac{1}{3}\,h$$
$$= \Delta t - \overline{\Delta t} + \frac{2}{3}\,h.$$

Weil der Weg das Produkt aus der Geschwindigkeit und der Zeit ist, folgt aus dem ersten Schema:

(1) $\quad s = v_1 \cdot \Delta t.$

Aus dem zweiten Schema erhält man:

(2) $\quad s_2 = v_2 \cdot \overline{\Delta t},$

(3) $\quad s_1 = v_1\,(\overline{\Delta t} + \Delta t - 1\,h),$

(4) $\quad s_1 = v_1 \left(\Delta t - \overline{\Delta t} + \frac{2}{3}\,h\right).$

Weil $s = s_1 + s_2$ ist, ergeben sich aus (1), (2) und (3) bzw. aus (1), (2) und (4) die Beziehungen:

$$v_1 \cdot \Delta t = v_2 \cdot \overline{\Delta t} + v_1 \cdot (\overline{\Delta t} + \Delta t - 1\,h),$$

$$v_1 \cdot \Delta t = v_2 \cdot \overline{\Delta t} + v_1 \cdot (\Delta t - \overline{\Delta t} + \frac{2}{3}\,h).$$

Daraus folgt durch Ausrechnen:

$$v_2 \cdot \overline{\Delta t} = v_1\,(1\,h - \overline{\Delta t}),$$

$$v_2 \cdot \overline{\Delta t} = v_1\,(\overline{\Delta t} - \frac{2}{3}\,h).$$

Gleichsetzen ergibt:

$$1\,h - \overline{\Delta t} = \overline{\Delta t} - \frac{2}{3}\,h,$$

und aus dieser Gleichung erhält man endlich

$2\overline{\Delta t} = 1\frac{2}{3}\,h = 100$ min, also $\overline{\Delta t} = 50$ min.

L 144.

Bezeichnet man die Anzahl der leeren bzw. halb gefüllten bzw. gefüllten Fässer für den ersten Sohn mit a bzw. b bzw. c und für den zweiten mit d bzw. e bzw. f, so muß der dritte $7-a-d$ leere, $7-b-e$ halb gefüllte und $7-c-f$ gefüllte Fässer erhalten. Insgesamt sind $7 \cdot 1 + 7 \cdot \frac{1}{2} = 10\frac{1}{2}$ Faßeinheiten Wein vorhanden, so daß jeder der drei Söhne 7 Fässer und $\frac{7}{2}$ Faßeinheiten Wein bekommen muß. Das ergibt für den ersten und zweiten Sohn

(1) $a + b + c = 7$
(2) $d + e + f = 7$
für die Anzahl der Fässer,

(3) $b \cdot \frac{1}{2} + c \cdot 1 = \frac{7}{2}$
(4) $e \cdot \frac{1}{2} + f \cdot 1 = \frac{7}{2}$
für die Menge des Weins.

Berechnet man aus den Gleichungen (3) und (4) die Variablen b und e und setzt die erhaltenen Ausdrücke in die Gleichungen (1) bzw. (2) ein, so ergeben sich die Beziehungen $a = c$ und $d = f$. Das bedeutet, daß für jeden der drei Söhne die Anzahl der leeren gleich der Anzahl der gefüllten Fässer sein muß. Da jeder der drei Söhne sieben Fässer erhält, gibt es für den ersten und zweiten nur folgende Möglichkeiten:

1. Sohn:

	a	b	c
1	0	7	0
2	1	5	1
3	2	3	2
4	3	1	3

2. Sohn:

	d	e	f
A	0	7	0
B	1	5	1
C	2	3	2
D	3	1	3

Jetzt muß man die Möglichkeiten 1, 2, 3, 4 mit den Möglichkeiten A, B, C, D kombinieren und für die sechzehn sich ergebenden Kombinationen die Anzahl $7-a-d$ der leeren, $7-b-e$ der halb gefüllten und $7-c-f$ der gefüllten Fässer für den dritten Sohn berechnen. Nicht alle diese Kombinationen können aber richtige Lösungen ergeben. Denn geht man z. B. von der Anzahl b und der Anzahl e der halb gefüllten Fässer aus, so müßte beispielsweise bei der Kombination 1 B der erste Sohn 7, der zweite 5 halb gefüllte Fässer erhalten. Da aber insgesamt nur 7 halb gefüllte Fässer vorhanden sind, kommt die Kombination 1 B nicht in Betracht. Beachtet man diese Bedingung, so kommen nur die Kombinationen 2D, 3C, 3D, 4B, 4C, 4D in Frage, und daraus folgen sofort die sechs möglichen richtigen Lösungen:

1. Sohn			2. Sohn			3. Sohn		
a	b	c	d	e	f	7 – a – d	7 – b – e	7 – c – f
1	5	1	3	1	3	3	1	3
2	3	2	2	3	2	3	1	3
2	3	2	3	1	3	2	3	2
3	1	3	1	5	1	3	1	3
3	1	3	2	3	2	2	3	2
3	1	3	3	1	3	1	5	1

Der Sohn des Winzers mußte eine dieser sechs Verteilungen vorgenommen haben.

L 145.

Eine natürliche Zahl, deren erste Ziffer 6 ist, kann in der Form

$$6 \cdot 10^x + n$$

geschrieben werden. Kommt die Ziffer 6 an das Ende, so entsteht 10 n + 6. Die Bedingung ist dann

$$\frac{1}{4}(6 \cdot 10^x + n) = 10n + 6.$$

Das ist eine diophantische Gleichung mit den Variablen x und n.

(Diophantische Gleichungen sind Gleichungen mit mehreren Variablen. Dabei werden nur ganzzahlige Lösungen zugelassen. Gleichungen dieser Art haben ihren Namen nach dem Mathematiker Diophantus von Alexandria, der 300 v. u. Z. lebte.) Nach n aufgelöst, ergibt sich $n = \frac{2\,(10^x - 4)}{13}$, und für x müssen jetzt der Reihe nach na-

türliche Zahlen 0, 1, 2, 3, . . . eingesetzt werden, bis sich für n eine natürliche Zahl ergibt. Das tritt erstmalig für x = 5 ein. Damit wird

$$n = \frac{2\,(10^5 - 4)}{13} = 15384.$$

Es gibt also eine natürliche Zahl mit der geforderten Eigenschaft. Sie ist 615384.

L 146.

Die erste Ziffer der gesuchten natürlichen Zahl sei x. Dann hat diese Zahl die Form $x \cdot 10^y + n$. Kommt die erste Ziffer an die letzte Stelle, so ergibt sich die neue natürliche Zahl 10n + x. Nach der angegebenen Bedingung muß $\frac{1}{4}(x \cdot 10^y + n) = 10n + x$ sein, und das ist eine diophantische Gleichung. Wird sie nach n aufgelöst, ergibt sich $n = x \cdot \frac{10^y - 4}{39}$. Dabei gilt $1 \leqq x \leqq 9$, und $10^y - 4$ ist eine $(y-1)$ - stellige natürliche Zahl, deren letzte Ziffer 6 ist. Davor stehen lauter Ziffern 9. Eine Zahl dieser Form muß deshalb so lange durch 39 dividiert werden, bis durch Anfügen einer 6 statt einer 9 die Division keinen Rest läßt. Man erhält:

```
999...6 : 39 = 2564
78
‾‾
219
195
‾‾‾
 249
 234
 ‾‾‾
  156
  156
  ‾‾‾
```

Damit wird $y = 5$. Wegen $1 \leqq x \leqq 9$ muß noch untersucht werden, für welches positive ganzzahlige x man die kleinste natürliche Zahl mit der geforderten Eigenschaft erhält. Für $x = 1$ wird die erste Stelle der gesuchten Zahl die Ziffer 1, also $1 \cdot 10^5 + 2564 = 102564$. Wegen $39 = 3 \cdot 13$ käme noch $x = 3$ in Frage, und man müßte dann die Division

```
999...6 : 13 = 7692
91
‾‾
 89
 78
 ‾‾
 119
 117
 ‾‾‾
   26
   26
   ‾‾
```

durchführen. Das ergibt $y = 5$, und die gesuchte Zahl wird $3 \cdot 10^5 + 7692 = 307692$. Wegen $307692 > 102564$ ist tatsächlich 102564 die kleinste natürliche Zahl mit der geforderten Eigenschaft.

L 147.

Die Anzahl der Personen mit Fahrkarten für den vollen Fahrpreis sei a, die Anzahl der Fahrgäste mit Sonntagsrückfahrkarten sei b, und die Anzahl der Personen mit Arbeiterrückfahrkarten sei c. Dann gilt $a + b + c = 8$. Wird der volle Fahrpreis gleich eins gesetzt, so muß außerdem $a + \frac{2}{3}b + \frac{1}{4}c = 4$ sein. Aus beiden Gleichungen zusammen folgt $4b + 9c = 48$, und das ist eine diophantische Gleichung mit zwei Variablen. Durch Umformung folgt $b = 12 - \frac{9}{4}c$, und c muß durch 4 teilbar sein, also $c = 0, 4, 8, 12, \ldots$. $c = 0$ kommt wegen $b = 12 - \frac{9}{4} \cdot 0 = 12$ nicht in Frage, denn das ist größer als 8. Außerdem müssen auch alle Werte $c \geqq 8$ wegfallen, weil sich dann $b < 0$ ergeben würde. Für die einzige Möglichkeit $c = 4$ folgt $b = 3$ und $a = 1$. Demnach hatte ein Reisender den vollen Fahrpreis bezahlt, drei Reisende hatten Sonntagsrückfahrkarten und vier Reisende Arbeiterrückfahrkarten.

L 148.

Da der Markbetrag mit dem Pfennigbetrag verwechselt wurde, konnte offenbar der Markbetrag durch eine höchstens zweistellige Zahl angegeben sein. Bezeichnet man den Markbetrag mit a, den Pfennigbetrag mit b, so war der Scheck auf $\left(a + \frac{b}{100}\right)$ M ausgestellt. Ausgezahlt wurden hingegen $\left(b + \frac{a}{100}\right)$ M. Nachdem vom ausgezahlten Betrag 5 Pfennige ausgegeben worden waren, blieben $2 \cdot \left(a + \frac{b}{100}\right)$ M übrig, also $\left(b + \frac{a}{100}\right) - \frac{5}{100} = 2 \cdot \left(a + \frac{b}{100}\right)$, und das ist wieder eine diophantische Gleichung mit den Variablen a und b. Durch Umformung ergibt sich $b = \frac{199a + 5}{98}$. Weil b eine natürliche Zahl bedeutet und der Nenner 98 eine gerade Zahl ist, muß der Zähler $199a + 5$ auch eine gerade Zahl sein. Das ist aber nur möglich, wenn a eine ungerade natürliche Zahl ist. Setzt man nacheinander $a = 1, 3, 5, 7, 9, 11, 13, \ldots, 99$, so stellt man fest, daß nur $a = 31$ eine natürliche Zahl für b ergibt. Der Scheck war demnach auf 31,63 M ausgestellt. Ausgezahlt wurden 63,31 M. Der Betrag von 63,31 M — 31,63 M = 31,68 M mußte zurückgezahlt werden.

L 149.

Der allgemeine Ausdruck für einen solchen Bruch lautet $\frac{10x + y}{10y + z}$, wobei x, y, z natürliche Zahlen mit den Bedingungen $1 \leqq x \leqq 9$, $1 \leqq y \leqq 9$, $1 \leqq z \leqq 9$ sind. Das Streichen der beiden gleichen Ziffern im Zähler und im Nenner bedeutet:

$$\frac{10x + y}{10y + z} = \frac{x}{z}.$$

Daraus folgt:

(1) $\qquad 9xz = y(10x - z)$.

Da die linke Seite dieser Gleichung den Faktor 9 enthält, muß er auch in der rechten enthalten sein. Das bedeutet aber, daß entweder y oder $(10x - z)$ durch 9 oder beide zugleich durch 3 teilbar sein müssen. Zunächst kann y nur 3, 6 oder 9 sein. Für $y = 3$ hat man $z = \frac{10}{3 + \frac{1}{x}}$, und diese Gleichung hat nur für $x = 3$ eine ganzzahlige Lösung, nämlich $z = 3$. Damit wird aber $x = y = z = 3$, und diese Lösung ist trivial. Für $y = 6$ folgt die Gleichung $z = \frac{20}{3 + \frac{2}{x}}$. Sie ergibt für $x = 1$, $x = 2$ und $x = 6$ ganzzahlige Werte von z. $x = 6$ ergibt die triviale Lösung $x = y = z = 6$, und für $x = 1$ erhält man $z = 4$. $x = 2$ ergibt $z = 5$. Für $y = 9$ schließlich gilt die Gleichung $z = \frac{10}{1 + \frac{1}{x}}$. Aus ihr erhält man für $x = 1$ den ganzzahligen Wert $z = 5$ und für $x = 4$ den Wert $z = 8$.

Es muß nun noch der Fall untersucht werden, daß $(10x - z)$ durch 9 teilbar ist. Dann wird $(10x - z)$ ein Vielfaches von 9, d. h. 9, 18, 27, ..., 81, und das ist nur für $x = z$ möglich, wie leicht nachzuprüfen ist. Für $x = z$ folgt aber aus der Beziehung (1) sofort $x = y = z$, und das wurde wegen Trivialität ausgeschlossen.

Es gibt demnach außer $\frac{16}{64}$ noch drei weitere Brüche mit der erwähnten Eigenschaft, nämlich

$$\frac{19}{95}, \frac{26}{65} \text{ und } \frac{49}{98}.$$

Selbstverständlich müssen auch die reziproken Werte dieser Brüche, also $\frac{64}{16}, \frac{95}{19}, \frac{65}{26}$ und $\frac{98}{49}$ die genannte Eigenschaft besitzen. In diesem Fall lautet der Ansatz $\frac{10x + y}{10z + x} = \frac{y}{z}$.

L 150.

Um aus einem Ring 9 Teile herauszuschneiden, sind 10 Schnitte erforderlich, denn der Ring muß zunächst aufgesägt werden. Sollen von einer Stange 10 Stücke abgesägt werden, so sind ebenfalls 10 Schnitte nötig, weil der Anfangsschnitt wegfällt. Bei gleichem Querschnitt des Materials der beiden Werkstücke können deshalb nur gleiche Zeiten für das Zersägen vorgegeben werden.

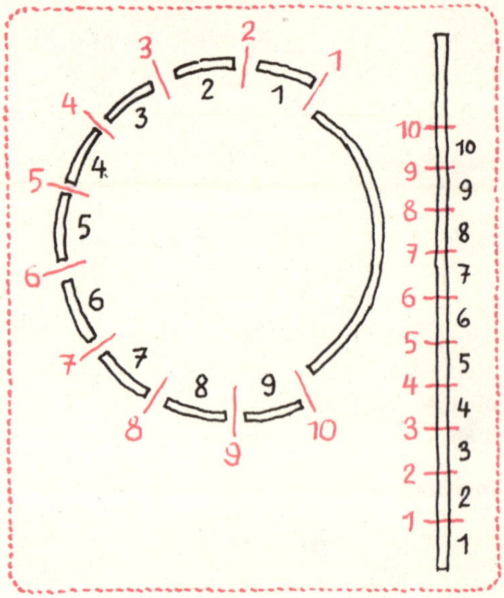

L 151.

Der Schornstein und dessen Schatten stellen die Katheten FS und FS' eines rechtwinkligen Dreiecks ($\triangle S'FS$) dar.

Auch die Latte, die mit Hilfe der Wasserwaage in ebenem Gelände lotrecht aufgestellt wird, und deren Schatten werden als Katheten F_1S_1 und F_1S_1' eines rechtwinkligen Dreiecks ($\triangle S_1'F_1S_1$) aufgefaßt.

Da $\triangle S'FS \sim \triangle S_1'F_1S_1$ ist, müssen die Längen entsprechender Seiten der beiden Dreiecke zueinander im gleichen Verhältnis stehen (Strahlensatz), also

$$\overline{S'F} : \overline{S_1'F_1} = h : \overline{F_1S_1}\,,$$

und daraus folgt sofort die Höhe des Schornsteins

$$h = \frac{\overline{S'F} \cdot \overline{F_1S_1}}{\overline{S_1'F_1}}\,.$$

Die Längen $\overline{S'F}$ (Schatten des Schornsteins), $\overline{F_1S_1}$ (Latte) und $\overline{S_1'F_1}$ (Schatten der Latte) kann man aber mit dem Meßband ohne weiteres messen, so daß mit Hilfe dieser drei Maße h berechnet werden kann.

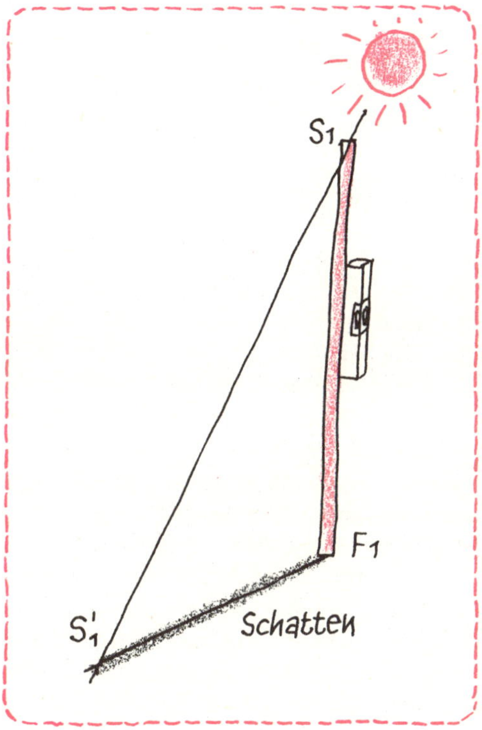

L 152.

Der Schüler blickte in Richtung auf die Brücke und hielt den Bleistift in Augenhöhe horizontal und quer zu seiner Blickrichtung so weit von seinem Auge entfernt, daß der Bleistift die Brücke gerade verdeckte (s. Skizze).

Mit dem Meßband bestimmte er den Abstand a des vorgehaltenen Bleistifts von seinem Auge und die Länge b des Bleistifts.

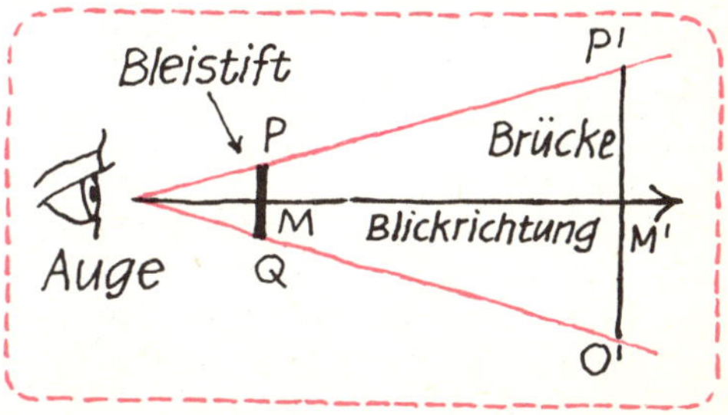

Mit $\overline{AM} = a$, $\overline{PQ} = b$, $\overline{AM'} = x$ (Entfernung bis zur Brücke), $\overline{P'Q'} = l$ (Länge der Brücke) gilt dann $x : a = l : b$ (Strahlensatz), und daraus folgt sofort

$$x = \frac{a \cdot l}{b}\,.$$

Werden die gemessenen Längen a und b sowie die bekannte Länge l der Brücke in diese Beziehung eingesetzt, so läßt sich leicht die gesuchte Entfernung x bis zur Brücke berechnen.

L 153.

Die Lösung ist schnell zu finden, wenn man bedenkt, daß beide Diagonalen in einem Rechteck gleich lang sind, also $\overline{BD} = \overline{AC}$. Aber $\overline{AC}$ ist der Radius des Kreises, und dieser beträgt 16 Längeneinheiten.

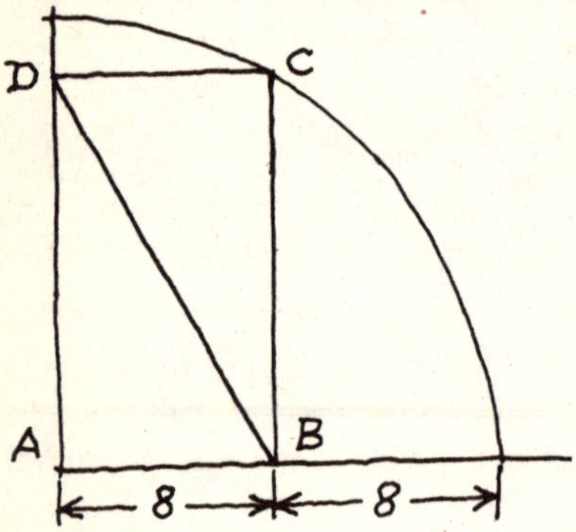

L 154.

Das Kabel möge durch die Ecke A in den Raum hinein- und durch die Ecke G wieder aus dem Raum hinausführen. Da es an Wand und Decke verlegt werden soll, wird die Fußbodenfläche ABCD von der Be-

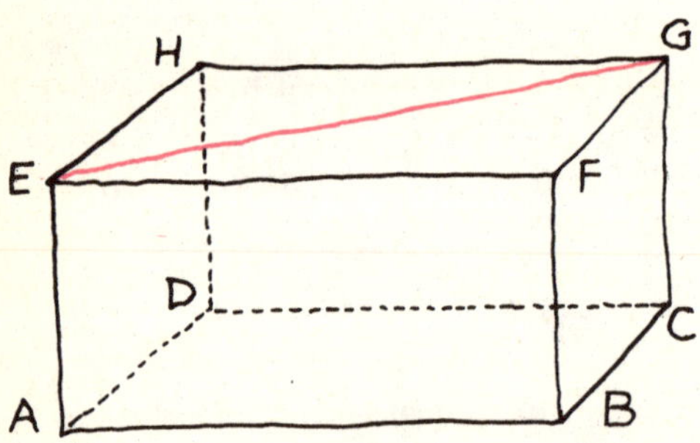

trachtung ausgeschlossen. Denkt man sich den Rest der Oberfläche des Quaders entlang der vier Seitenkanten AE, BF, CG und DH aufgeschnitten und danach die vier Wandflächen in die Ebene der Deckenfläche EFGH geklappt, so entsteht folgende Figur:

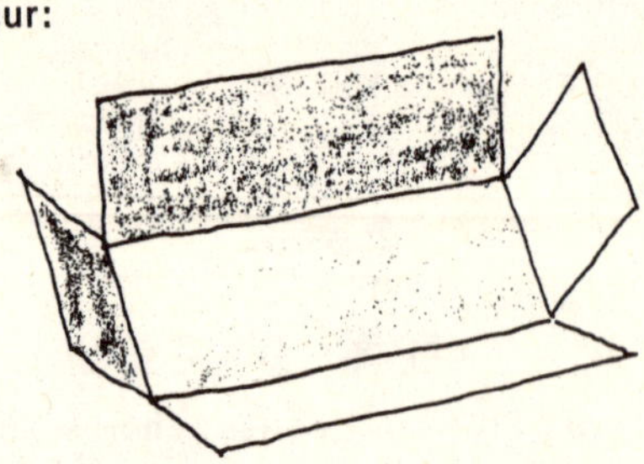

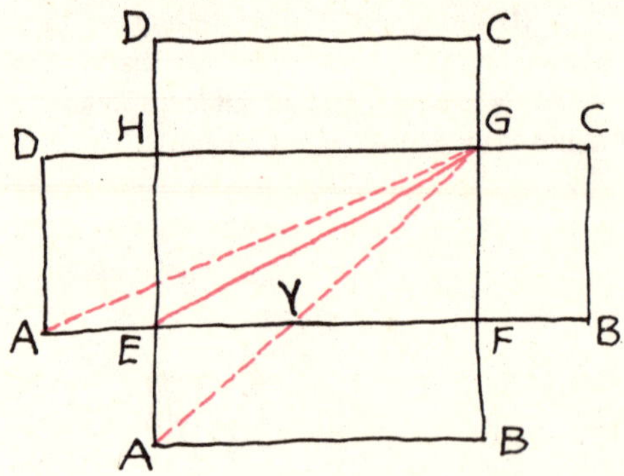

Würde man das Kabel vom Punkt A entlang der Seitenkante AE und vom Punkt E in Richtung der Flächendiagonalen der Deckenfläche EFGH weiter nach G führen (rote Linie), so brauchte man ein Kabel mit der Länge $\overline{AE} + \overline{EG}$. Zeichnet man in die Rechtecke AFGD und ABGH die Diagonalen AG ein (durch gestrichelte Linien gekennzeichnet), so erhält man im Rechteck AFGD u. a. △ AEG und im Rechteck ABGH u. a. △ AGE. In jedem dieser beiden Dreiecke treten die Seitenlängen $\overline{AE}$ und $\overline{EG}$ auf. Bekanntlich ist aber für jedes beliebige Dreieck die Summe aus zwei beliebigen Seitenlängen größer als die Länge der dritten Seite, so daß die Länge jeder der beiden Diagonalen AG in den Rechtecken AFGD und ABGH weniger als $\overline{AE} + \overline{EG}$ beträgt. Die beiden Diagonalen AG sind im allgemeinen verschieden lang (Gleichheit nur beim Würfel!). Die kürzere von beiden ist diejenige, deren Gegenwinkel im betreffenden Dreieck (d. h. $\sphericalangle$ AEG in $\triangle$AEG bzw. $\sphericalangle$ GEA in $\triangle$AGE) den kleineren Betrag hat, und das ist die Diagonale, die die längere Seite (hier EF) der rechteckigen Deckenfläche schneidet. Das Kabel muß demzufolge vom Punkt A an der Wand zunächst zum Punkt Y und vom Punkt Y an der Decke weiter zum Punkt G geführt werden. Die Lage des Punktes Y läßt sich mit Hilfe des Strahlensatzes aus Länge, Breite und Höhe des Zimmers leicht bestimmen. Die Proportion $\overline{GF} : \overline{GB} = \overline{FY} : \overline{BA}$ ergibt nämlich sofort

$$\overline{FY} = \frac{\overline{GF} \cdot \overline{BA}}{\overline{GB}}.$$

L 155.

Bezeichnet man die zehn Zehnpfennigstücke nacheinander mit A, B, C, . . ., K, so bilden C, B, E, H, J, G ein regelmäßiges Sechseck. Die drei Geraden durch B und C, E und H, J und G schneiden einander in den Eckpunkten A, K, D des gegebenen Dreiecks. Auch die drei Geraden durch B und E, H und J, C und G schneiden einander in den drei Eckpunkten X, Y, Z eines Dreiecks, das ebenfalls gleichseitig sein muß, weil man es sich wie $\triangle$AKD aus dem gleichen regelmäßigen Sechseck entstanden denken kann. $\triangle$XYZ entspricht den geforderten Bedingungen, denn seine Spitze zeigt nach oben.

Da beide Dreiecke das regelmäßige Sechseck einschließen, darf an den Zehnpfennigstücken C, B, E, H, J, G, F nichts verändert werden. Die Lösung der Aufgabe muß deshalb dadurch erfolgen, daß man das Zehnpfennigstück A nach dem Punkt X, das Zehnpfennigstück K nach dem Punkt Y und das Zehnpfennigstück D nach dem Punkt Z schiebt.

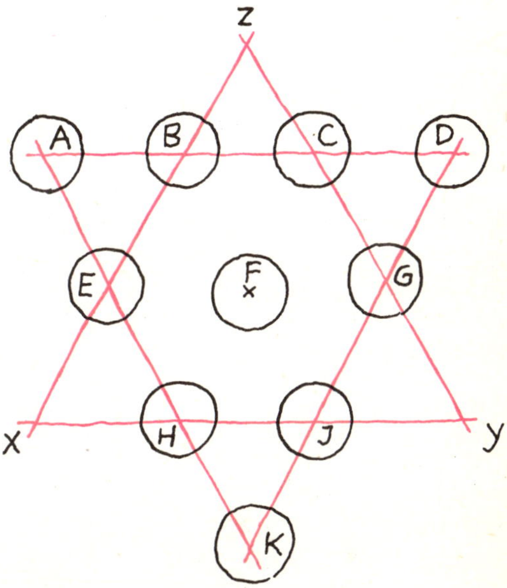

L 156.

Bezeichnen Sie die Münzen nacheinander mit A, B, C, D, E, F, so erkennen Sie, daß jeweils drei Münzen, etwa B, C und D (oder B, C und F oder B, E und F usw.), in ihrer Lage bleiben müssen, weil sie bereits drei „Eckpunkte" des geforderten „Sechsecks" bilden. Hieraus folgt, daß es mehrere Lösungen geben muß. Sollen beispielsweise B, C und D ihre Lage behalten, so müssen Sie beim ersten Zug A an C und F schieben.

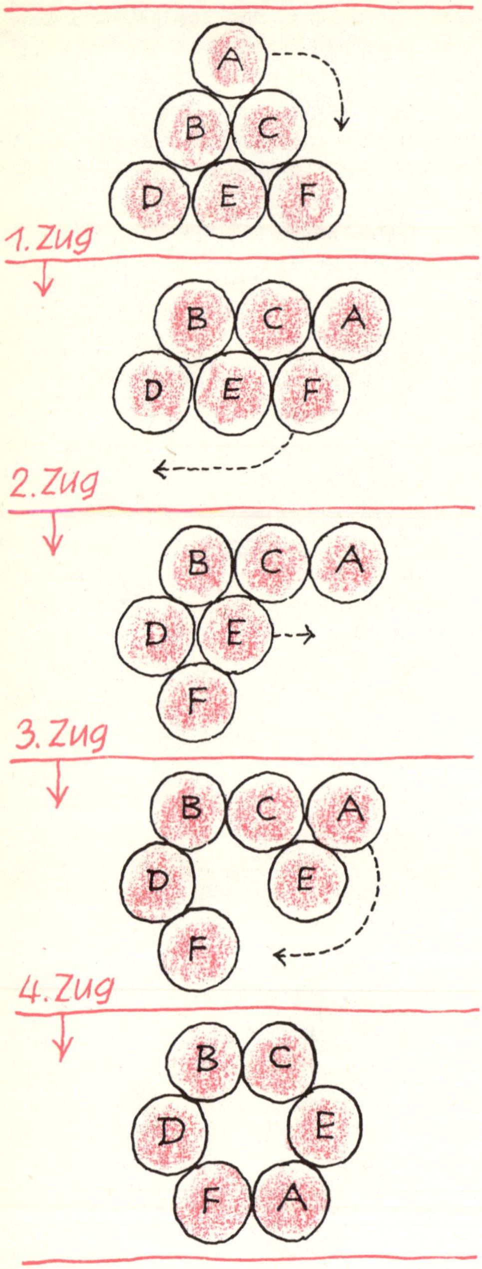

Dann schieben Sie F an D und E, danach E an C und A und schließlich A zwischen F und E. Es sind in diesem Fall mindestens vier Züge nötig, um die geforderte Umordnung zu erreichen. Überlegen Sie, ob eine geringere Anzahl von Zügen durch die Bedingung, nach der sie erfolgen müssen, möglich ist!

L 157.

Weil sich die gesamte Figur aus 20 Quadraten aufbaut und weil durch die Zerlegung vier zueinander kongruente Teilfiguren entstehen sollen, geht man systematisch so vor, daß man die Figur zunächst in zwei zueinander kongruente, aus jeweils 10 Quadraten bestehende Teilfiguren zerlegt. Eine

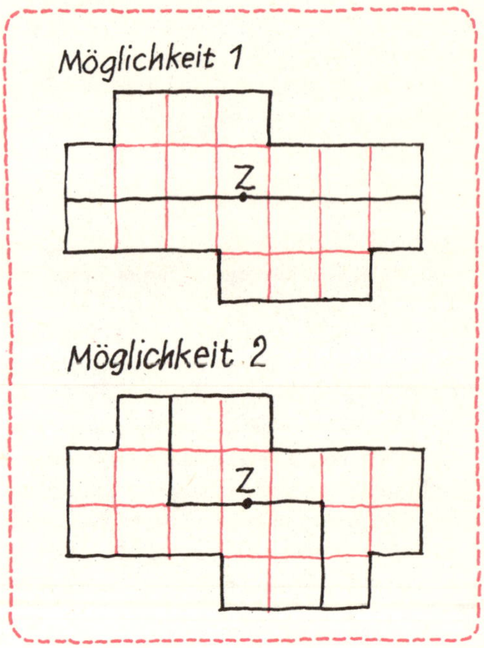

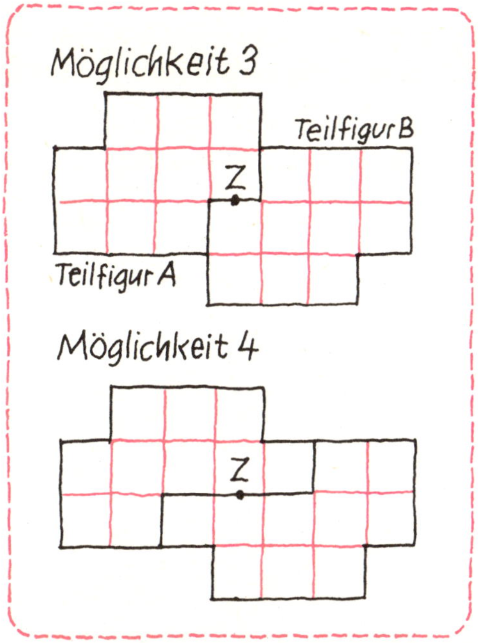

Zerlegung einer Figur in zwei zueinander kongruente Teilfiguren ist nur dann möglich, wenn diese Figur Symmetrieeigenschaften besitzt, d. h. wenn man eine Symmetrieachse s oder ein Symmetriezentrum Z angeben kann. Bei der Zerlegung geht man dann von s bzw. Z aus. Im vorliegenden Fall gibt es mehrere Möglichkeiten. Vier davon sind in den obenstehenden Skizzen dargestellt.

Da jeder der beiden entstandenen Teile wieder in zwei zueinander kongruente Teile zerlegt werden soll, müssen auch diese Teilfiguren Symmetrieeigenschaften besitzen. Das ist nur bei der Möglichkeit 3 der Fall, weshalb alle anderen Möglichkeiten wegfallen. Jetzt wird die Teilfigur A betrachtet, das Symmetriezentrum Z_A bestimmt und auf der Grundlage der Symmetrieeigenschaft die Zerlegung in zwei zueinander kongruente, jeweils fünf Quadrate enthaltende Teile vorgenommen. Auch hierfür gibt es mehrere Möglichkeiten, beispielsweise folgende vier:

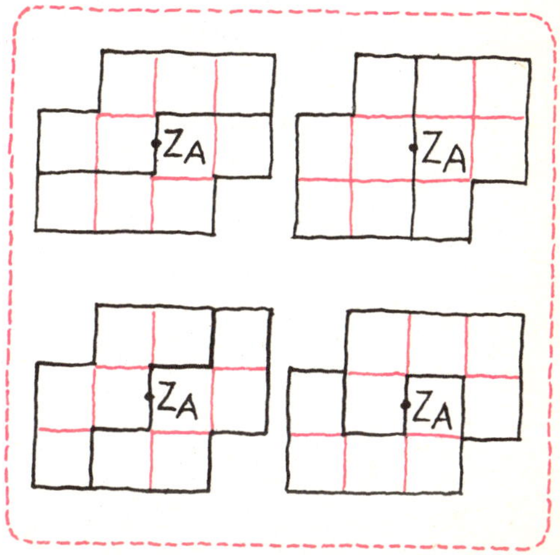

Addiert man nun für jede dieser Möglichkeiten die auf den Teilfiguren angegebenen 5 Zahlen, so stellt man fest, daß nur die Möglichkeiten 2 und 4 die Bedingung, daß die Summe aus diesen Zahlen den Wert 50 haben soll, erfüllen. Vergleicht man schließlich diese zwei Möglichkeiten mit den entsprechenden Zerlegungen der Teilfigur B, so kann noch die Möglichkeit 2 ausgeschlossen werden, und als einzige mögliche Zerlegung der Ausgangsfigur bleibt:

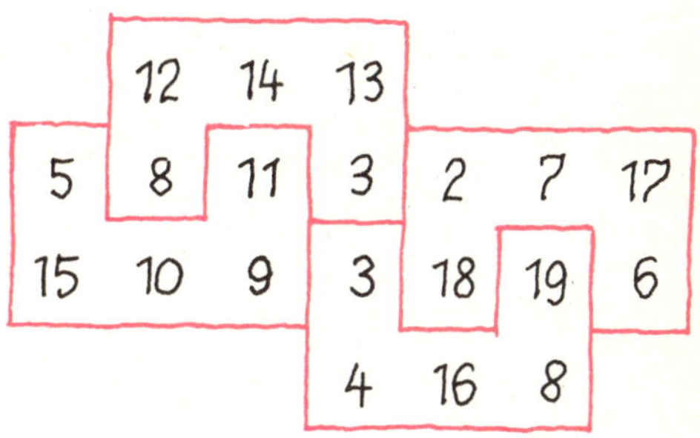

L 158.

Wie folgende Skizze zeigt, tauchte der Schwimmer an der Stelle P in 16 m Entfernung von der Startlinie s auf.

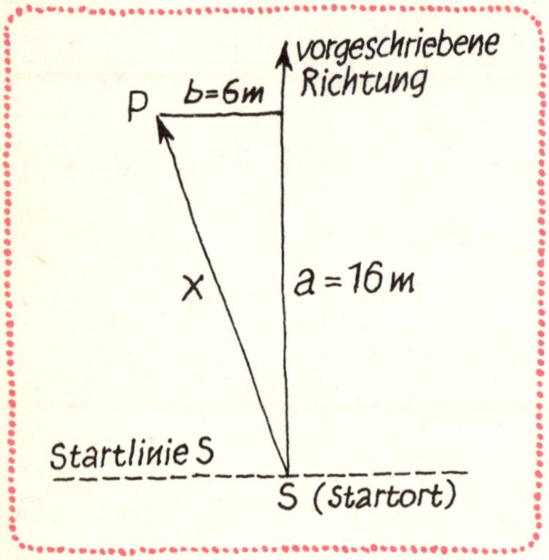

Durch Anwendung des Lehrsatzes von Pythagoras erhält man:

$$x^2 = a^2 + b^2 = (16\text{ m})^2 + (6\text{ m})^2 = 292\text{ m}^2,$$

also

$$x = \sqrt{292}\text{ m} \approx 17{,}10\text{ m}.$$

Wäre der Schwimmer in der vorgeschriebenen Richtung geschwommen, so hätte er die Bedingung erfüllt gehabt.

L 159.

Wählt man als Längeneinheit die Seitenlänge und als Flächeneinheit den Flächeninhalt eines der quadratischen Papptäfelchen, so mußte der Flächeninhalt des anzufertigenden Pappdeckels 10 Flächeneinheiten und seine Seitenlänge $\sqrt{10}$ Längeneinheiten betragen. Nach dem Lehrsatz des Pythagoras kann aber $(\sqrt{10}\text{ LE})^2 = 10\text{ FE}$ in eine Summe aus zwei Quadratzahlen, nämlich $10\text{ FE} = 9\text{ FE} + 1\text{ FE}$, d. h. $(\sqrt{10}\text{ LE})^2 = (3\text{ LE})^2 + (1\text{ LE})^2$ zerlegt werden. Daraufhin betrachtet man die folgende, aus den 10 Papptäfelchen zusammengesetzte Figur.

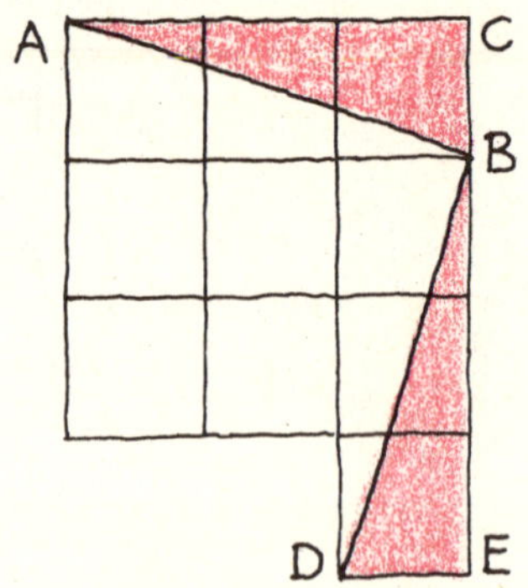

$\triangle ABC$ und $\triangle BDE$ sind rechtwinklig und kongruent. Da die Längen ihrer Katheten $\overline{CA}$ und $\overline{BC}$ (bzw. $\overline{EB}$ und $\overline{DE}$) 3 LE und 1 LE betragen, so müssen ihre Hypotenusen AB und BD die geforderte Länge von $\sqrt{10}$ LE besitzen. Damit ist bereits die Seitenlänge des quadratischen Pappdeckels gefunden. Man braucht jetzt nur noch die beiden rechtwinkligen Dreiecke $\triangle ABC$ und $\triangle BDE$ abzuschneiden und – wie die folgende Skizze zeigt – an anderer Stelle wieder anzusetzen.

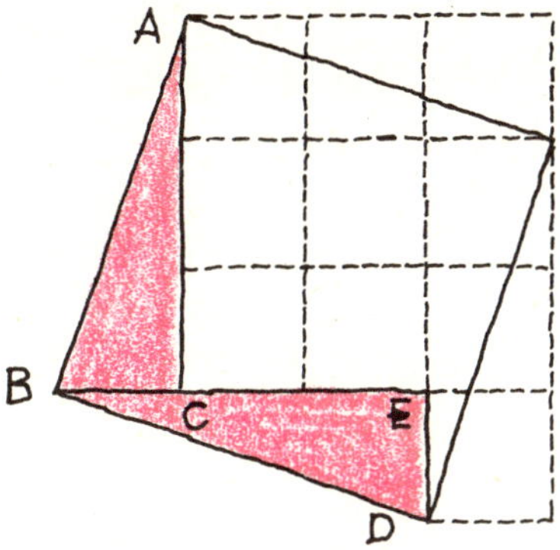

L 160.

Da die Grundkantenlänge der Pyramide 1 m betragen sollte und jeder Tischtennisball den Durchmesser d = 4 cm besitzt, wird die unterste quadratische Schicht an den Seiten von jeweils $\frac{100\text{ cm}}{4\text{ cm}} = 25$ Bällen begrenzt. Diese Schicht enthält demnach $25 \cdot 25 = 25^2 = 625$ Tischtennisbälle. Die Bälle der darüber liegenden zweiten Schicht befinden sich in den Zwischenräumen der untersten Schicht, so daß die zweite Schicht $24 \cdot 24 = 24^2 = 576$ Tischtennisbälle enthalten muß usw. Ein Tischtennisball bildet den oberen Abschluß, d. h. die Spitze der Pyramide. Die Gesamtzahl der zum Bau der Pyramide benötigten Bälle ergibt sich somit zu

$$n = 25^2 + 24^2 + 23^2 + \ldots + 2^2 + 1^2 = \sum_{k=1}^{k=25} k^2$$

$$= \frac{1}{6}(2 \cdot 25 + 1)(25 + 1) \cdot 25 = 5525\,.$$

(Die verwendete Summenformel für die Reihe der Quadratzahlen kann jeder mathematischen Formelsammlung entnommen werden.) Um die Höhe h der Ballpyramide zu bestimmen, denkt man sich jeweils die Mittelpunkte der 25 aneinandergrenzenden Bälle, die eine Pyramidenkante bilden, geradlinig miteinander verbunden:

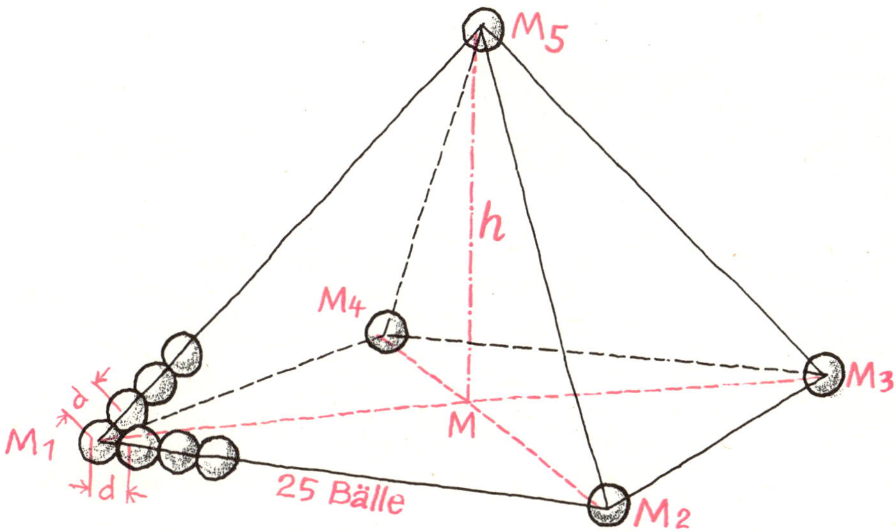

Aus der Zeichnung erkennt man sofort:

$$\overline{M_1 M_2} = \overline{M_2 M_3} = \overline{M_1 M_5} = \overline{M_2 M_5} = 24 \cdot d = 24 \cdot 4\,\text{cm} = 96\,\text{cm}.$$

$\triangle M_2 M M_1$ und $\triangle M_1 M M_5$ sind gleichschenklige rechtwinklige Dreiecke, so daß $\overline{M_1 M} = \overline{M_2 M} = h$ gilt. Durch Anwendung des Lehrsatzes von Pythagoras erhält man:

$$h^2 + \overline{M_1 M}^2 = 2h^2 = \overline{M_1 M_5}^2 = (96\,\text{cm})^2.$$

Daraus folgt:

$$h = \frac{96\,\text{cm}}{\sqrt{2}} = \frac{96}{2}\sqrt{2}\,\text{cm} \approx 48 \cdot 1{,}41\,\text{cm} \approx 67{,}7\,\text{cm}.$$

Da h der Abstand des Mittelpunktes des höchstgelegenen Balls von der Ebene der Mittelpunkte der Bälle in der untersten Schicht ist, muß man zu h noch einen Balldurchmesser addieren, um die Gesamthöhe H der Pyramide zu erhalten. Schließlich wird:

$$H = h + d \approx 71{,}7\,\text{cm}.$$

L 161.

Legt man zunächst, wie die Skizze zeigt, eines der Bretter so vom Brunnenrand AB zum Brunnenrand AD, daß ein gleichschenkliches rechtwinkliges Dreieck mit den Eckpunkten E, F und A entsteht, so ist die Grundlinie EF von $\triangle EFA$ knapp 3 m lang, und seine Höhe $\overline{AG}$ beträgt knapp 1,5 m. Der Abstand von der Brunnenecke A bis zur gegenüberliegenden Ecke H des Betonsockels beträgt $\overline{AH} = \sqrt{3^2 + 3^2}$ m

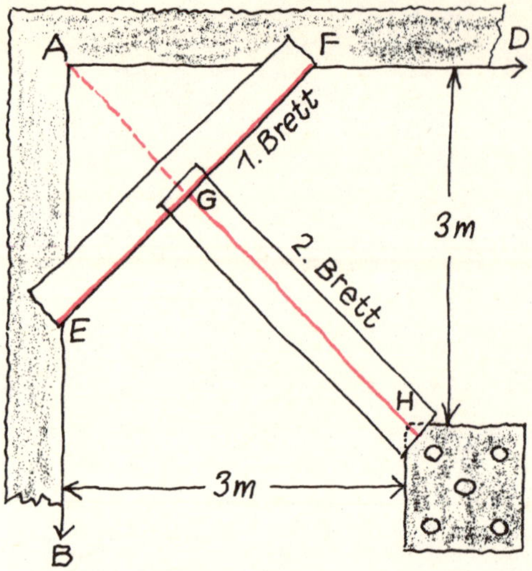

$= 3 \cdot \sqrt{2}$ m $\approx 4{,}2$ m. Damit wird $\overline{GH} = \overline{AH} - \overline{AG} \approx 2{,}7$ m, und das ist bedeutend weniger als die Brettlänge.

Die Lehrlinge mußten eines der Bretter von Brunnenrand zu Brunnenrand legen, das andere von der Mitte G des ersten Brettes zur Ecke H des Betonsockels.

L 162.

Zwei der Bretter legt man mit einem ihrer beiden Enden aufeinander, so daß die Bretter etwas weniger als einen rechten Winkel miteinander bilden. Das dritte Brett wird quer über die beiden ersten von Schenkel zu Schenkel gelegt, wodurch die drei Bretter ein nahezu gleichschenkliges, rechtwinkliges Dreieck einschließen. Schließlich wird das vierte Brett mit einem Ende unter dem Scheitel des rechten Winkels hindurch auf das die Hypotenuse

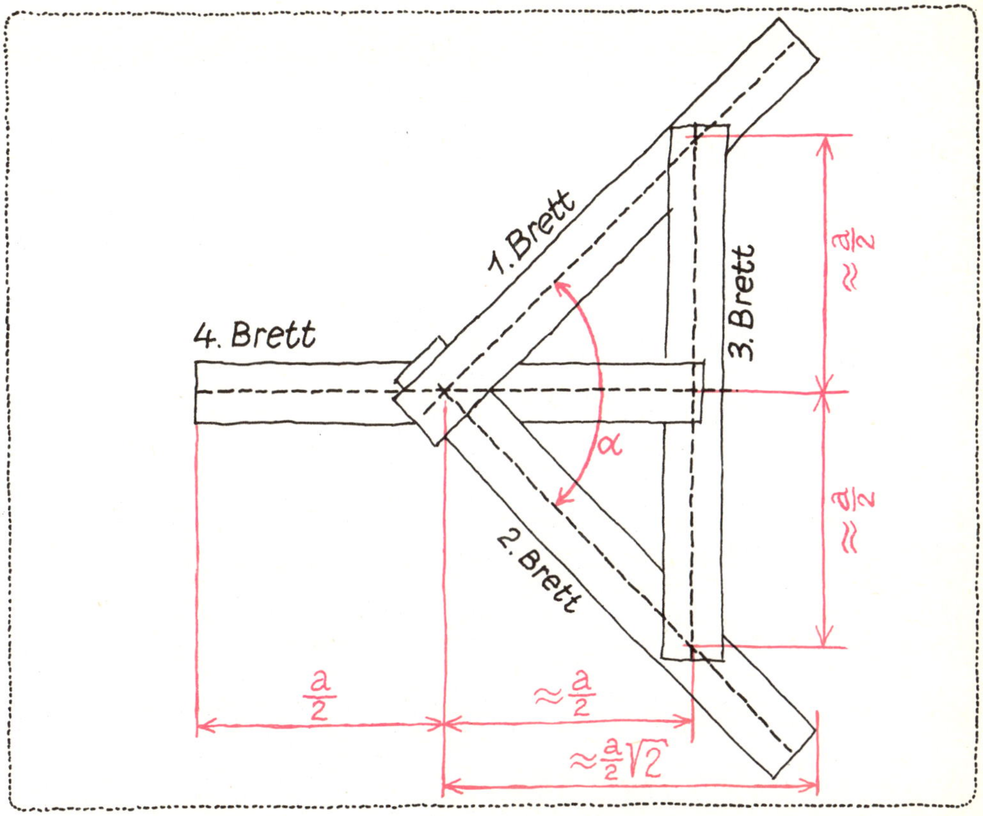

des Dreiecks bildende Brett geschoben (s. Skizze). Aus der Skizze entnimmt man sofort (a bedeutet die Länge eines Brettes), daß die auf die angegebene Weise zusammengebaute Brücke die Gesamtlänge

$$l = \frac{a}{2} + \frac{a}{2}\sqrt{2} = \frac{a}{2}\left(1 + \sqrt{2}\right) \approx 1{,}2 \cdot a = 3\text{ m}$$

besitzt, und das sind 50 cm mehr als die Länge eines Brettes. Dabei muß man berücksichtigen, daß infolge des Aufeinanderlegens der Brettenden die Gesamtlänge der beschriebenen Anordnung etwas weniger als 1,2 a betragen wird. Man kann jedoch den Winkel α etwas kleiner als 90° wählen und überdies das dritte Brett etwas näher an den Scheitel des Winkels α bringen. Auf diese Weise kann man erreichen, daß sogar $l > 1{,}2 \cdot a$ wird.

L 163.

In der folgenden Skizze bedeuten s die gesuchte Entfernung des Bläschens von der Nullmarke, r den Radius der Krümmung und α den Neigungswinkel der Wasserwaage.

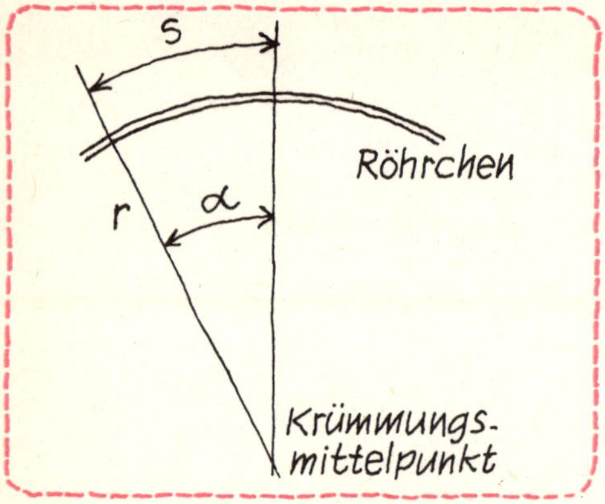

Der Kreisumfang $U = 2\pi \cdot r$ entspricht einem Vollwinkel. Demnach entspricht einem Winkel von 1° die Bogenlänge $b_1 = \frac{\pi}{180°} \cdot r \cdot 1°$, so daß sich für den gegebenen Winkel $\alpha = 0{,}5°$ die Bogenlänge

$$s = \frac{\pi}{180°} \cdot r \cdot 0{,}5° = \frac{\pi \cdot r}{360}$$

$$\approx \frac{3{,}14 \cdot 10^3\,\text{mm}}{360} \approx 8{,}72\,\text{mm}$$

ergibt. Um dieses Stück entfernt sich also das Bläschen von der Nullmarke. Da $\alpha = 0{,}5°$ ein relativ kleiner Winkel ist, erhält man durch dieses Resultat einen Begriff von der großen Genauigkeit einer Wasserwaage.

L 164.

Wie die Skizze zeigt, sollen R den Radius der Kugel, r den Radius der zylindrischen Bohrung, h die halbe Länge der Bohrung und H die Höhe der wegfallenden Kugelkalotten bedeuten. Wird mit V_x das gesuchte Restvolumen der Kugel, mit V_K das Volumen der Vollkugel, mit V_Z das Volumen des Zylinders und mit V_0 das Volumen einer Kalotte bezeichnet, so muß $V_x = V_K - V_Z - 2V_0$ sein. Setzt man $V_K = \frac{4}{3}\pi \cdot R^3$, $V_Z = \pi \cdot r^2 \cdot 2h$ und $V_0 = \pi \cdot H^2 \cdot \left(R - \frac{H}{3}\right)$ (s. Formelsammlung) in diese Gleichung ein, so ergibt sich:

$$V_x = \pi\left[\frac{4}{3}R^3 - 2r^2h - 2H^2\left(R - \frac{H}{3}\right)\right].$$

Mittels der Beziehungen $R^2 = r^2 + h^2$ (Pythagoras) und $H = R - h$ werden jetzt die Variablen r und H eliminiert. Man erhält:

$$V_x = \pi\left[\frac{4}{3}R^3 - 2(R^2 - h^2)h - 2(R-h)^2\left(R - \frac{R-h}{3}\right)\right]$$

$$= \frac{4}{3}\pi \cdot h^3.$$

Dieses Resultat läßt erkennen, daß das Volumen der durchbohrten Kugel nur von h abhängt. Für $r = 0$ (nicht durchbohrte Kugel)

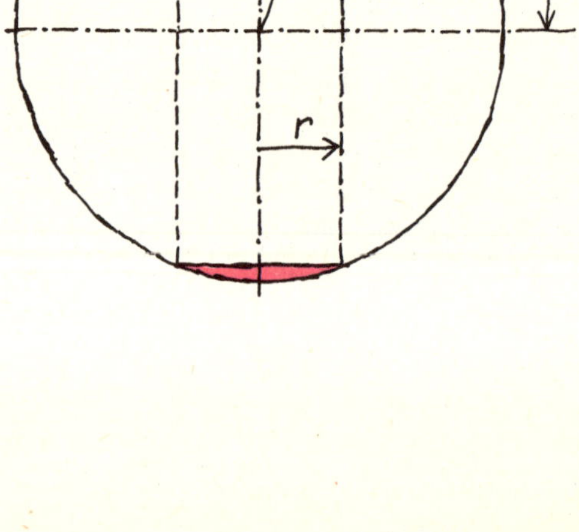

wird h = R, und man hat $V_x = V_K = \frac{4}{3}\pi \cdot R^3$.

Mit h = 6 cm ergibt sich das gesuchte Volumen:

$$V_x = \frac{4}{3}\pi \cdot (6\,\text{cm})^3 \approx 904{,}32\,\text{cm}^3 .$$

L 165.

Schneidet man das endlose, 3 m lange Band auseinander, verdreht ein Ende um 180° und klebt das Band wieder zusammen, so liegen jetzt an der Klebestelle Vorder- und Rückseite des Bandes nebeneinander. Bei der dadurch entstandenen „einseitigen Fläche“ kann man geometrisch keine Vorder- und keine Rückseite unterscheiden. (Man nennt diese „einseitige Fläche“ das „Möbiussche Band“, weil sie auf den Ideen eines der Schöpfer der projektiven Geometrie, des deutschen Mathematikers August Ferdinand Möbius (1790—1868), beruht.) Auf diese Weise können fortlaufend 6 m Bandlänge bebildert werden, weil nunmehr auch die Fläche, die vorher Bandrückseite war, mit ausgenutzt wird.

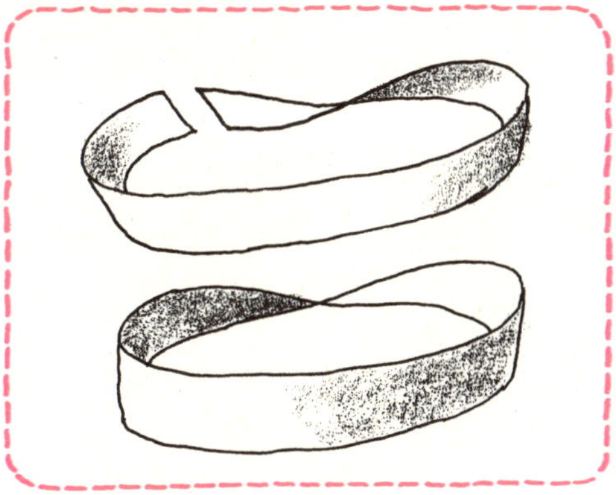

L 166.

Da sich der Jäger, nachdem er den Bären erlegt hatte, nordwärts wandte und dadurch wieder zum Ausgangsort seiner Wanderung zurückkam, muß er sich auf der Peripherie eines sphärischen Dreiecks (Kugeldreiecks) bewegt haben. Die Bewegungen nach Süden,

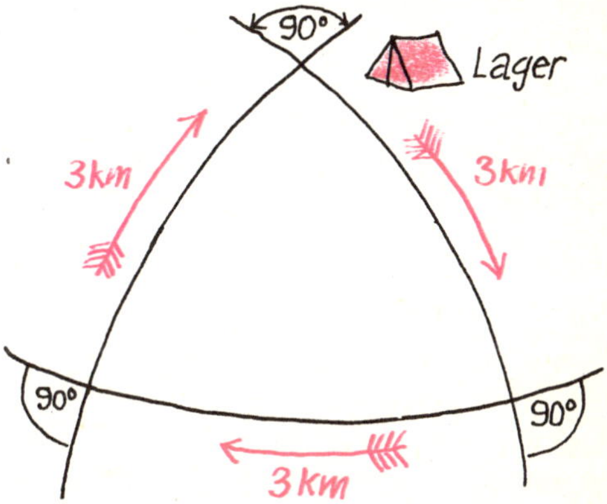

dann nach Westen, dann nach Norden bedeuten, daß er zuerst auf einem Längenkreis, dann auf einem Breitenkreis, schließlich wieder auf einem Längenkreis gelaufen ist und daß die beiden Basiswinkel des sphärischen Dreiecks rechte Winkel sind.

Ein solches sphärisches Dreieck ist aber nur am Nordpol möglich. Der erlegte Bär kann deshalb nur ein Eisbär gewesen sein, und dieser hat ein weißes Fell.

Auch in der Nähe des Südpols kann man unendlich viele Wanderrouten konstruieren, für die die genannten geographischen Bedingungen zutreffen. Dazu betrachtet man zwei Breitenkreise K_1 und K_2 um den Südpol. Der Kreis K_1 hat einen Umfang von 3 km und den Radius $r_1 \approx \frac{3}{2\pi}$ km $\approx$ 0,48 km.

K_2 hat den Radius $r_2 \approx \frac{3}{2\pi}\,\text{km} + 3\,\text{km}$.

Geht man von einem beliebigen Punkt P des Kreises K_2 genau 3 km nach Süden, so gelangt man zu einem Punkt Q auf dem Kreis K_1. Geht man dann 3 km westwärts, so durchläuft man die gesamte Peripherie von K_1 und gelangt wieder zum Punkt Q. Wenn man jetzt noch 3 km nordwärts wandert, kehrt man zum Ausgangspunkt P zurück. Jeder Punkt P des Kreises K_2 erfüllt die gegebenen Bedingungen. Weil es aber in der Antarktis keine Bären gibt, kommt für die Beantwortung der Frage des Jägers nur die erste Lösung in Betracht.

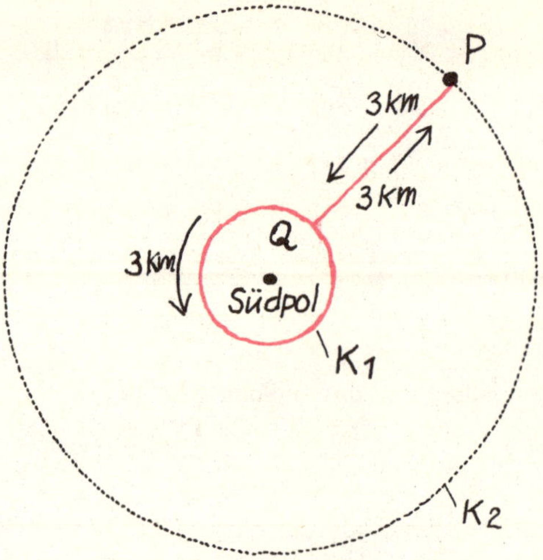

L 167.

Die Lösung dieses Problems ist einem der bekanntesten Rätselerfinder Englands, Henry Ernest Dudeney (1857 – 1931), zu verdanken.

Zunächst werden die acht Randfelder, links oben beginnend, entgegen dem Uhrzeigersinn von 1 bis 8 durchnumeriert. Das Mittelfeld erhält keine Nummer, weil es von keinem der Springer erreicht werden kann und deshalb für die Lösung der Aufgabe nicht in Betracht kommt. Jedes der acht Randfelder kann ein Springer von zwei verschiedenen anderen Randfeldern aus erreichen, und zwar:

Nummer des Randfeldes	1	1	2	2	3	3	4	4	5	5	6	6	7	7	8	8
zu erreichen von	4	6	5	7	6	8	1	7	2	8	1	3	2	4	3	5

Die Nummern der Felder werden jetzt kreisförmig derart angeordnet, daß auf beiden Seiten jeder Zahl die Nummern der Felder stehen, von denen aus das betreffende Feld erreicht werden kann. So muß beispielsweise auf der einen Seite der Nummer 1 die Nummer 4, auf der anderen Seite die Nummer 6 stehen usw.

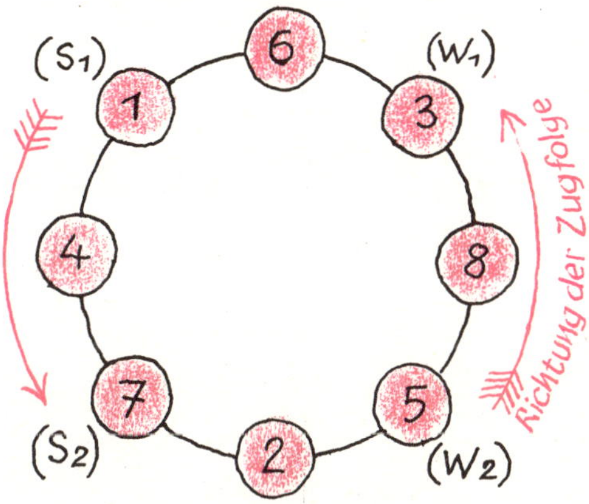

Aus diesem in sich geschlossenen Zyklus der Nummern der Schachfelder ergibt sich die Lösung der Aufgabe. Man kann mit jedem beliebigen der vier Springer beginnen, z. B. mit s_1, und entweder auf das eine oder auf das andere von ihm zu erreichende Feld ziehen. Man muß jedoch beachten, daß der erste Zug die Richtung festlegt, in der der Zyklus durchlaufen wird. Um eine minimale Anzahl von Zügen durchzuführen, müssen dann alle Züge der vier Springer so erfolgen, daß sie die gleiche, im Zyklus einmal festgelegte Richtung haben. Weil jeder der vier Springer einen halben Zyklus durchlaufen muß, also viermal zu ziehen hat, sind insgesamt mindestens sechzehn Züge zur Lösung des Problems erforderlich, und zwar:

Nr.	Springer	von Feld	nach Feld
1	s_1	1	4
2	s_2	7	2
3	w_2	5	8
4	w_1	3	6
5	s_1	4	7
6	s_2	2	5
7	w_2	8	3
8	w_1	6	1
9	s_1	7	2
10	s_2	5	8
11	w_2	3	6
12	w_1	1	4
13	s_1	2	5
14	s_2	8	3
15	w_2	6	1
16	w_1	4	7

L 168.

Wo immer auch ein Dominostein auf das Schachbrett gelegt wird, bedeckt er zwei nebeneinanderliegende Felder, und das sind ein schwarzes und ein weißes. Weil zwei einander gegenüberliegende Eckfelder – das sind zwei weiße bzw. zwei schwarze – von der Betrachtung ausgeschlossen wurden, wären demnach 30 weiße und 32 schwarze bzw. 32 weiße und 30 schwarze Felder mit Dominosteinen zu bedecken. Mit 30 Dominosteinen ist das Bedecken von

60 Feldern, nämlich 30 weißen und 30 schwarzen, ohne weiteres möglich. Die verbleibenden zwei Felder können jedoch niemals mit einem Dominostein bedeckt werden, weil sie gleiche Farbe haben und deshalb nicht nebeneinander liegen können. Das bedeutet, daß das gestellte Problem nicht lösbar ist.

L 169.

Die Kisten werden mit Spielwürfeln verglichen. Der Deckel einer solchen Kiste mit der eingebrannten Aufschrift (A) soll dabei die Seitenfläche des Würfels mit sechs „Augen“ bedeuten.

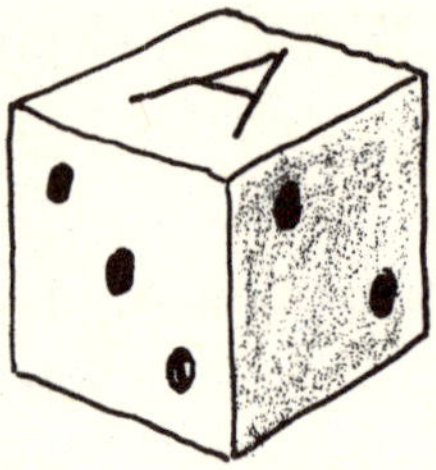

Addiert man für diese Darstellung des Würfels die „Augen“ auf allen sichtbaren Flächen, so ergibt sich $6+3+2=11$, eine ungerade natürliche Zahl. Wird der Würfel nach vorn bzw. nach links über eine Kante gekippt, ergeben sich folgende Lagen:

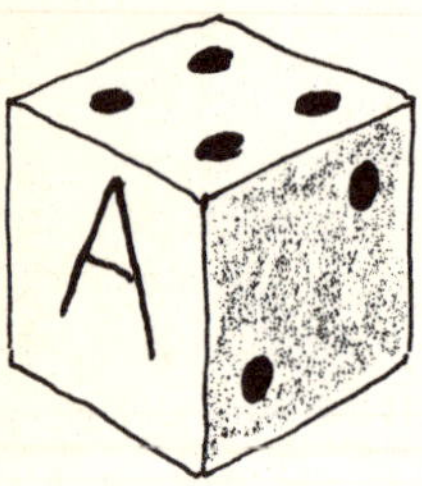

Jetzt betragen die Summen aus den „Augen“ auf den sichtbaren Seitenflächen $6+4+2=12$ bzw. $3+2+1=6$; das sind gerade natürliche Zahlen. Diese Eigenschaft ist auch beim Kippen des Würfels nach hinten bzw. nach rechts zu erkennen. Wird allgemein ein Würfel um 90° um eine beliebige seiner Kanten gedreht, so bleiben jeweils zwei der Seitenflächen weiterhin sichtbar. Die Anzahl der „Augen“ auf der dritten Seitenfläche geht in ihre Differenz mit 7 über, so daß dabei aus einer ungeraden Zahl eine gerade entsteht, und umgekehrt. Dasselbe gilt für den Wert der Summe aus den auf den sichtbaren Flächen befindlichen „Augen“. Eine Lage des Würfels heiße ungerade, wenn diese Summe einen ungeraden Wert hat, im anderen Fall heiße die Lage gerade. Stellt man sich vor, daß das Kippen eines Würfels, also der Transport der Kisten auf einem Schachbrett, dessen Felder genau die Größe der Seitenflächen des Würfels haben, stattfindet, so entsprechen ungerade Lagen der einen (schwarz), gerade Lagen der anderen Farbe (weiß) der Felder. In der Endstellung stehen die Kisten 1, 3 und 5 in ungerader Lage auf schwarzen Feldern. Sie haben sich deshalb ursprünglich auch in ungerader Lage auf schwarzen Feldern befunden. Kiste 2 befindet sich in gerader Lage auf weißem Feld, sie muß ursprünglich aber auch auf einem schwarzen Feld gestanden haben, weil sich ihre Lage geändert hat. Die Kisten 1, 2, 3 und 5 können deshalb nur mit den vier ursprünglich außen stehenden Kisten identisch sein, weil diese sich alle in ungerader Lage auf schwarzen Feldern befunden haben. Kiste 4 ist die einzige, die ursprünglich in gerader Lage auf einem weißen Feld – näm-

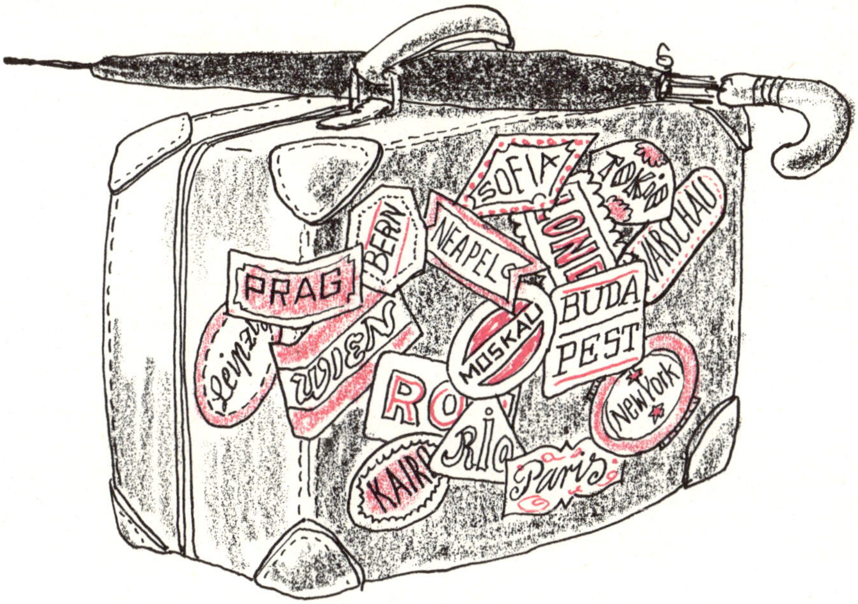

Mancher Artist ist schon weit in der Welt herumgekommen und hat auf seinem Koffer einen eindrucksvollen „Reisebericht“ sammeln können (siehe Skizze).
In welcher Stadt hatte der Artist seinen ersten Auftritt?

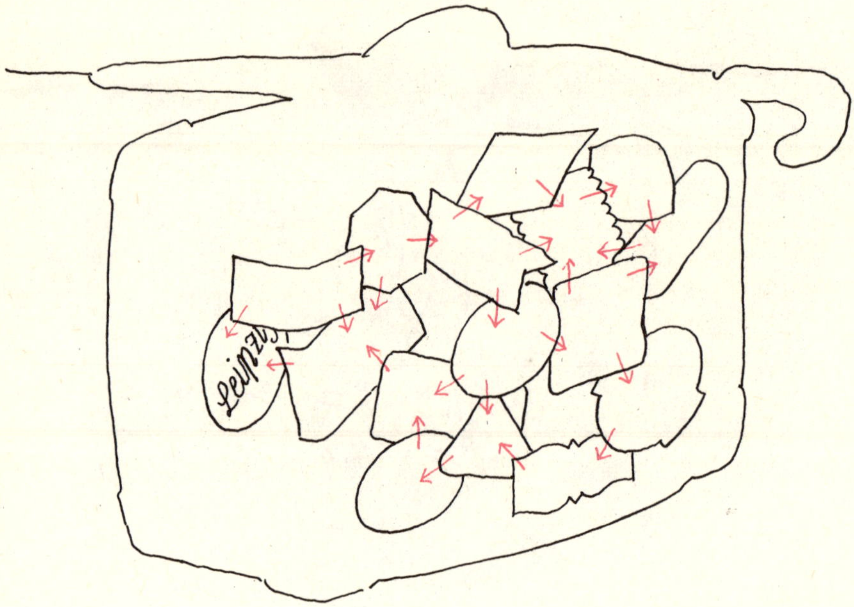

Wie Sie aus der Skizze leicht erkennen können, war der erste Auftritt des Artisten in Leipzig.

lich in der Mitte – stand. Werden alle Kisten um eine gleichliegende Kante bewegt, so bleibt die gerade Anordnung der Kisten in der Endstellung erhalten. An der Aussage ändert sich nichts.

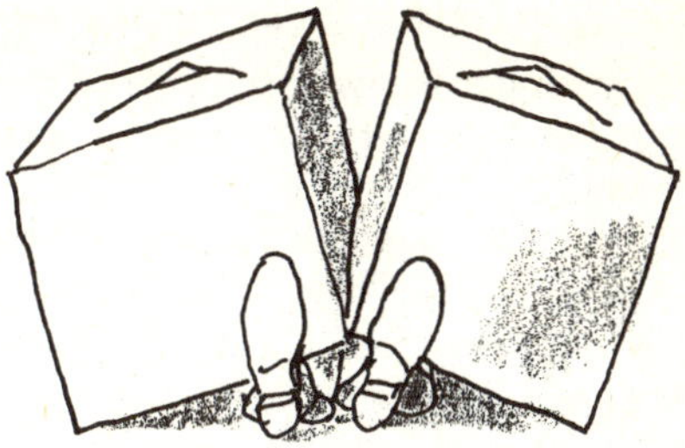

L 170.

Man bildet sämtliche „Kombinationen aus den fünf Elementen 1, 2, 3, 4, 5 zur zweiten Klasse" (alle Zusammenstellungen von je zwei der fünf Zahlen 1, 2, 3, 4, 5), das sind genau 10 Stück. Dann werden für alle diese Kombinationen die Lagen der beiden Kisten, die durch die darin vorkommenden zwei Elemente bezeichnet werden, miteinander verglichen. Das geschieht sowohl für die Ausgangsstellung als auch für die beiden Endstellungen. (So haben z. B. die durch die Kombination 1 2 bezeichneten Kisten 1 und 2 in der Ausgangsstellung gleiche Lage.) Man erhält:

	Kisten-paar	Ver-gleich	Kisten-paar	Ver-gleich	Kisten-paar	Ver-gleich	Kisten-paar	Ver-gleich
Ausgangs-stellung: 1 2 3 4 5	1 2	+	2 3	—	3 4	—	4 5	+
	1 3	—	2 4	+	3 5	—		
	1 4	+	2 5	+				
	1 5	+						
1. End-stellung: 1 2 4 3 5 (mit einer leeren Kiste)	1 2	—	2 3	+	3 4	—	4 5	+
	1 3	—	2 4	—	3 5	—		
	1 4	+	2 5	—				
	1 5	+						
2. End-stellung: 1 2 3 4 5 (mit zwei leeren Kisten)	1 2	—	2 3	—	3 4	—	4 5	—
	1 3	+	2 4	+	3 5	+		
	1 4	—	2 5	—				
	1 5	+						

Haben die betreffenden beiden Kisten gleiche Lage (s. Aufgabe 169), so wird das bei der entsprechenden Kombination mit einem „+" ausgedrückt, andernfalls durch ein „—". Jetzt vergleicht man alle diese Zeichen für die Kombinationen der Ausgangsstellung mit den Zeichen der ihnen jeweils entsprechenden Kombinationen für die beiden Endstellungen der Kisten.. Man erkennt sofort, daß die Zeichen für die folgenden Kombinationen für die Ausgangsstellung und für die jeweilige Endstellung nicht miteinander übereinstimmen.

1. Endstellung: 12, 23, 24, 25,

2. Endstellung: 12, 13, 14
25, 35, 45

Daraus folgt, daß in der ersten Endstellung die Kiste 2 Leergut sein muß, denn Kiste 2 befindet sich in der Ausgangsstellung mit den Kisten 1, 4 und 5 in der gleichen Lage, in der Endstellung mit diesen Kisten dagegen nicht. Aus demselben Grund müssen in der zweiten Endstellung die Kisten 1 und 5 die leeren sein.

L 171.

Wie man leicht feststellen kann, gibt es für derartige Probleme mehrere Lösungsmöglichkeiten.
Im ersten Fall wird beispielsweise der obere Streifen der Karte um die Linie AB nach hinten gefaltet, so daß danach der untere Streifen obenauf liegt und die Zahlen 4, 1, 8, 5 sichtbar sind. Jetzt liegen Feld 4 über Feld 3, Feld 1 über Feld 2, Feld 8 über Feld 7 und Feld 5 über Feld 6.

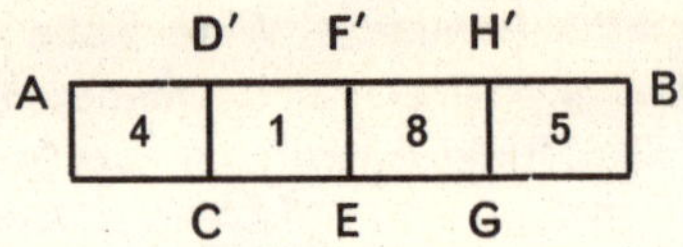

Dann werden das linke (Feld 4) und das rechte Ende (Feld 5) des einmal gefalteten Streifens um CD′ und GH′ nach hinten gefaltet, so daß jetzt die Felder 3 und 4 unter den Feldern 1 und 2 und die Felder 6 und 5 unter den Feldern 8 und 7 liegen.

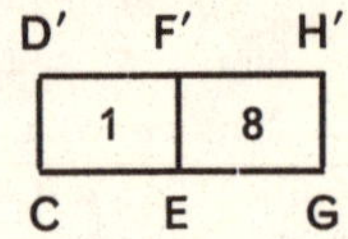

Wird jetzt noch um die Linie EF′ nach hinten gefaltet, so liegen die beiden Felder 1 und 8 außen, und die geforderte Reihenfolge ist hergestellt.
Im zweiten Fall wird ebenfalls zuerst der obere Streifen der Karte um die Kante AB nach hinten gefaltet, so daß danach Feld 6 über Feld 7, Feld 3 über Feld 2, Feld 5 über Feld 8 und Feld 4 über Feld 1 liegen.

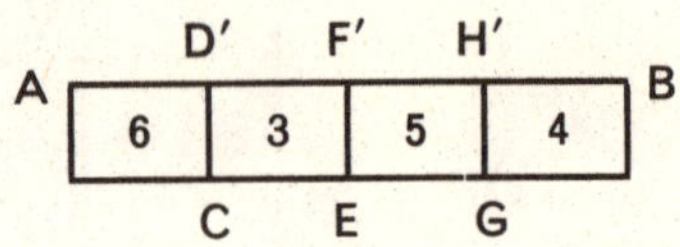

Jetzt faßt man beide Enden des gefalteten Streifens, biegt die Enden nach oben, steckt das Ende mit den Feldern 6 und 7 zwischen die Felder 4 und 1 und schiebt das zwischengeschobene Ende weiter, bis die Felder 2 und 3 zwischen den Feldern 1 und 4 liegen, womit auch in diesem Fall die Aufgabe gelöst ist.

L 172.

Man erhält die Lösung am schnellsten und übersichtlichsten, wenn man zwei konzentrische Kreise zeichnet, diese in 30 Sektoren unterteilt und die 30 Randfelder fortlaufend numeriert. Dann wird vom kleineren Kreis aus eine spiralförmige Linie nach innen gezeichnet. Bei der nun folgenden Abzählung, bei dem Schüler beginnend, der die Anordnung der anderen vorzunehmen hatte und den wir hier mit der Nummer 1 be-

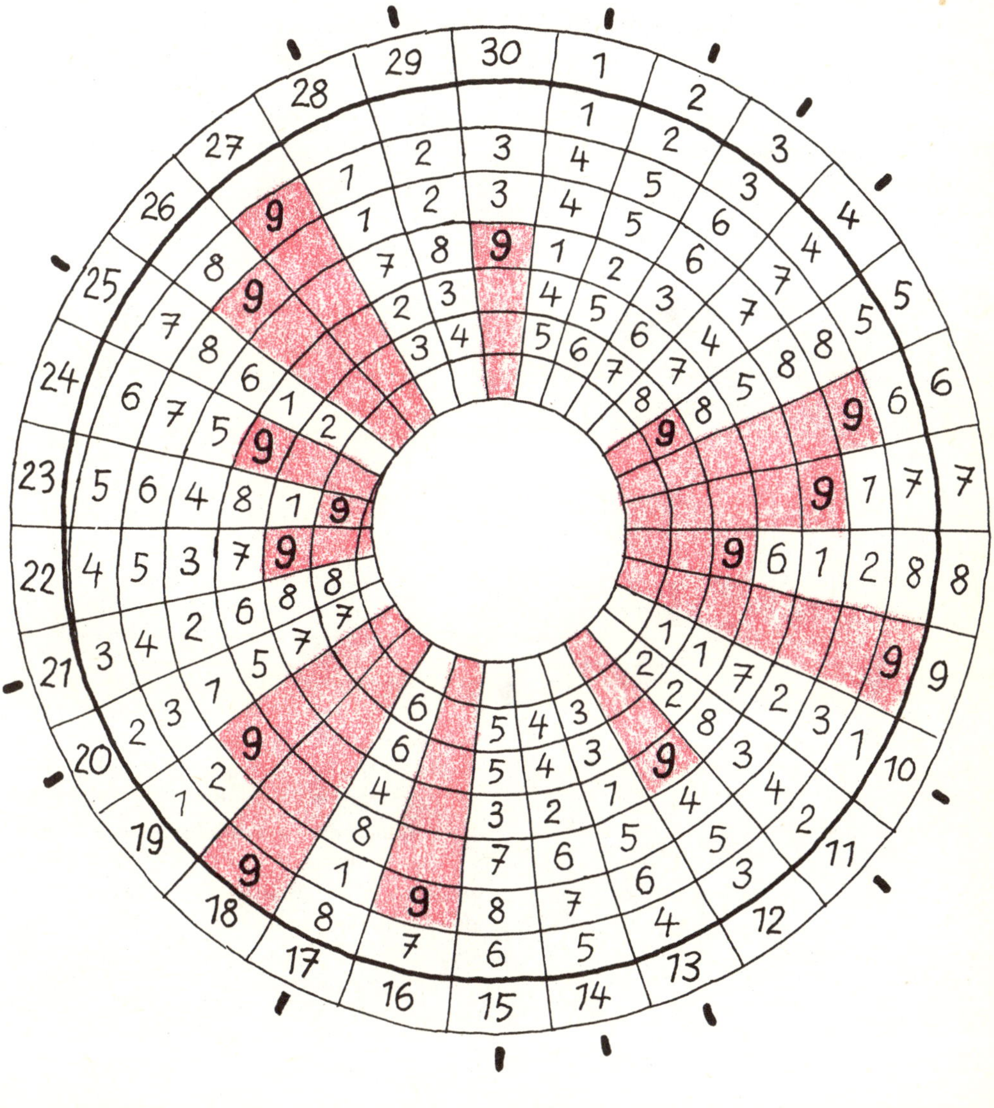

zeichnet haben (seine Nummer kann beliebig sein), wird jedes neunte Feld gekennzeichnet. Kommt man bei dieser Auszählung zu einem Kreissektor, der schon ein gekennzeichnetes Feld enthält, so muß man ihn beim Weiterzählen überspringen. Es ergibt sich das Schema auf Seite 181.

Die Kreissektoren, die keine gekennzeichneten Felder enthalten, sind die nach der Auszählung Verbleibenden. Ihre Nummern geben deshalb die Plätze an, die die Schüler der Mannschaft B einnehmen müssen. Es sind die 15 Plätze 1, 2, 3, 4, 10, 11, 13, 14, 15, 17, 20, 21, 25, 28 und 29.

L 173.

Um aus dem Reservebehälter 4 Liter Kraftstoff zu entnehmen, muß durch wiederholtes Umfüllen des Kraftstoffes mit Hilfe der drei Gefäße I (8 Liter), II (5 Liter) und III (3 Liter) erreicht werden, daß man im Behälter II einen Liter Kraftstoff getrennt erhält. Aus dem Reservebehälter I, der dann nur noch 7 Liter Kraftstoff enthält, wird das Gefäß III gefüllt und sein Inhalt anschließend in das Gefäß II geschüttet, in dem sich nunmehr 4 Liter Kraftstoff befinden. In dem folgenden Schema sind alle Umfüllvorgänge zusammengefaßt.

Nr.	Umfüllung		Flüssigkeitsmengen nach Umfüllen (in l)		
	von	nach	in I	in II	in III
1	I	III	5	0	3
2	III	II	5	3	0
3	I	III	2	3	3
4	III	II	2	5	1
5	II	I	7	0	1
6	III	II	7	1	0
7	I	III	4	1	3
8	III	II	4	4	0

Nach acht Umfüllvorgängen ist also die beabsichtigte Halbierung des Kraftstoffvorrates erreicht. Man erkennt aus dem Schema, daß das Abmessen eines Liters Kraftstoff vier, das Abmessen von 2 Litern Kraftstoff drei Umfüllungen, das Abmessen von 3 bzw. 5 Litern Kraftstoff nur einen Umfüllvorgang erfordern. Um 7 Liter Kraftstoff zu erhalten, sind fünf Umfüllungen nötig. Sollen 6 Liter Kraftstoff abgemessen werden, sind drei Umfüllvorgänge folgendermaßen durchzuführen:

Nr.	Umfüllung		Flüssigkeitsmengen nach Umfüllung (in l)		
	von	nach	in I	in II	in III
1	I	II	3	5	0
2	II	III	3	2	3
3	III	I	6	2	0

Nach diesem Schema kann man schon beim zweiten Umfüllen eine Kraftstoffmenge von 2 Litern erhalten.

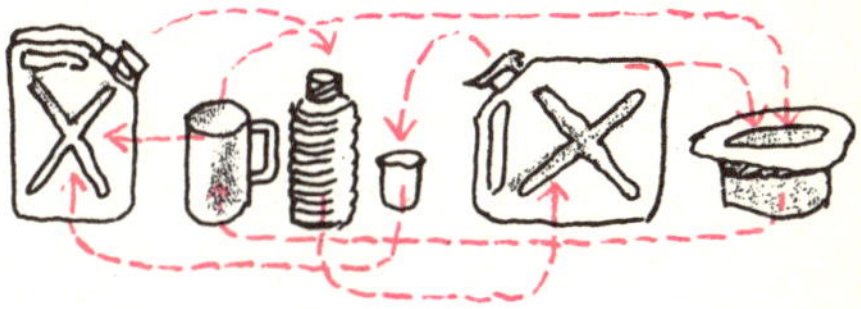

L 174.

Infolge der geringen Tragfähigkeit des Bootes finden entweder ein Erwachsener oder die beiden Kinder in ihm Platz. Außerdem muß das Boot (bis auf die letzte Flußüberquerung) stets wieder zurückgebracht werden. Deshalb setzen zuerst die beiden Kinder (K_1 und K_2) über. Eine andere Möglichkeit gibt es zunächst nicht. Eines von ihnen (K_1) kommt mit dem Boot wieder zurück, das zweite (K_2) bleibt am anderen Ufer. Danach setzt einer der Erwachsenen (E_1) über, und das zweite Kind (K_2) bringt das Boot zurück, usw. Das folgende Schema verdeutlicht die nacheinander ausgeführten Flußüberquerungen.

Überquerung	Personen am Ausgangsufer	Personen im Boot	Personen am Gegenufer
1	E_1, E_2	—K_1, K_2→	
2	E_1, E_2	←K_1—	K_2
3	E_2, K_1	—E_1→	K_2
4	E_2, K_1	←K_2—	E_1
5	E_2	—K_1, K_2→	E_1
6	E_2	←K_1—	E_1, K_2
7	K_1	—E_2→	E_1, K_2
8	K_1	←K_2—	E_1, E_2
9		—K_1, K_2→	E_1, E_2

Frühestens mit der neunten Flußüberquerung also kann das Übersetzen aller vier Personen abgeschlossen werden.

L 175.

Nimmt man drei Papierstreifen mit den Farben r, b und g, so kann jeder von ihnen mit je einem zweiten Papierstreifen der Farben r, b und g zusammengeklebt werden. Das ergibt die neun Möglichkeiten:

r – r	b – r	g – r
r – b	b – b	g – b
r – g	b – g	g – g

An jedes dieser neun aus zwei Streifen bestehenden Fähnchen wird nun der dritte Streifen geklebt, und dafür gibt es jeweils wieder die drei Farben r, b und g, so daß die Kinder insgesamt höchstens $3 \cdot 9 = 3 \cdot 3^2 = 3^3 = 27$ voneinander verschiedene Fähnchen basteln konnten. (Diese 27 Zusammenstellungen der drei Farben r, b und g heißen die „Variationen der drei Elemente r, b, g zur dritten Klasse mit Wiederholung". Ihre Anzahl ist ${}^{w}V_3^3 = 3^3 = 27$. Allgemein gilt ${}^{w}V_k^r = k^r$.)

Weil insgesamt 108 Fähnchen benötigt wurden, mußten die Kinder von jeder Sorte $\frac{108}{27} = 4$ Fähnchen basteln.

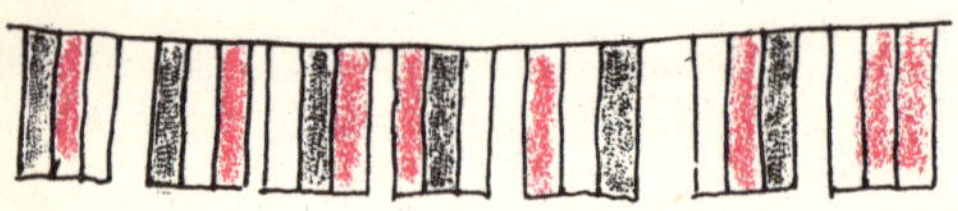

L 176.

Zunächst werden alle Farbzusammenstellungen von r, b und g in verschiedener Reihenfolge gebildet. Man nennt sie die „Permutationen der drei Elemente r, b, g", und davon gibt es $P_3 = 3! = 1 \cdot 2 \cdot 3 = 6$ Stück. (Allgemein ist die Anzahl der Permutationen von n Elementen

$$P_n = n! = 1 \cdot 2 \cdot 3 \cdot 4 \cdot \ldots \cdot n.)$$

Sie sind:

1. r – b – g	3. b – r – g	5. g – r – b
2. r – g – b	4. b – g – r	6. g – b – r

Nach Vereinbarung gelten die Farbzusammenstellungen 4. und 2., 5. und 3. sowie 6. und 1. als gleich, weshalb 4., 5. und 6. gestrichen werden müssen. Mit zwei gleichfarbigen und einem andersfarbigen Streifen lassen sich noch folgende Farbzusammenstellungen bilden, wobei die Vereinbarung, daß Möglichkeiten wie r – r – g ausgeschlossen werden, zu berücksichtigen ist.

r – b – r	b – r – b	g – r – g
r – g – r	b – g – b	g – b – g

Das sind noch einmal sechs. Bei drei gleichfarbigen Streifen erhielte man nur die drei Möglichkeiten r – r – r, b – b – b und g – g – g, die aber nicht den Forderungen entsprechen. Damit konnten jetzt höchstens neun voneinander verschiedene Fähnchen hergestellt werden, und von jeder Sorte mußten es mindestens $\frac{108}{9} = 12$ sein.

L 177.

Wie man sich leicht klarmachen kann, gibt es folgende Möglichkeiten, je zwei von vier Drahtenden A, B, C, D miteinander zu verbinden.

AB und CD, AC und BD, AD und BC

Das gilt für jedes der beiden Rohrenden. Hat man an einem Rohrende je zwei der vier Drahtenden auf eine dieser drei Arten miteinander verbunden, so gibt es für die Verbindung von je zwei der vier Drahtenden am anderen Rohrende wieder die drei angegebenen Möglichkeiten. Damit erhält man insgesamt folgende neun Möglichkeiten, auf beiden Seiten des Rohres je zwei der Drahtenden miteinander zu verbinden.

erstes Rohrende		zweites Rohrende		Anzahl der entstehenden Drahtschlingen
A_1B_1	C_1D_1	A_2B_2	C_2D_2	2
A_1B_1	C_1D_1	A_2C_2	B_2D_2	1
A_1B_1	C_1D_1	A_2D_2	B_2C_2	1
A_1C_1	B_1D_1	A_2B_2	C_2D_2	1
A_1C_1	B_1D_1	A_2C_2	B_2D_2	2
A_1C_1	B_1D_1	A_2D_2	B_2C_2	1
A_1D_1	B_1C_1	A_2B_2	C_2D_2	1
A_1D_1	B_1C_1	A_2C_2	B_2D_2	1
A_1D_1	B_1C_1	A_2D_2	B_2C_2	2

Aus der Tabelle ist zu erkennen, daß man in sechs von neun möglichen Fällen eine einzige Drahtschlinge erhält, wohingegen in nur drei Fällen zwei Drahtschlingen entstehen. Die Wahrscheinlichkeit dafür, daß man eine einzige Drahtschlinge erhält, beträgt also $\frac{6}{9}=\frac{2}{3}$, die Wahrscheinlichkeit für das Entstehen von zwei Drahtschlingen beträgt $\frac{3}{9}=\frac{1}{3}$, und diese beiden Wahrscheinlichkeiten verhalten sich zueinander wie 2 : 1. Demzufolge ist es wahrscheinlicher, daß man durch Verbindung von je zwei der aus beiden Rohrenden herausragenden Drähte eine einzige Drahtschlinge erhält.

L 178.

Weil insgesamt drei schwarze und zwei rote Kappen vorhanden waren, konnten bei der erwähnten Verteilung folgende Kombinationen entstehen:

N	Horst	Bernd	Ulrike
1	s	s	s
2	s	s	r
3	s	r	s
4	r	s	s
5	s	r	r
6	r	s	r
7	r	r	s

Dabei bedeuten N die Nummer der Kombination, s und r die Farben der Kappen. Im Fall 5 hätte Horst bereits die Farbe seiner Kappe bestimmen können. Auf Grund von Horsts Antwort muß deshalb dieser Fall ausscheiden. In den Fällen 2 und 6 sieht Bernd bei Ulrike eine rote Kappe. In beiden Fällen trägt aber Bernd eine schwarze Kappe. Bernds Antwort schließt deshalb auch diese beiden Fälle aus. Es verbleiben die Fälle 1, 3, 4 und 7, bei all denen Ulrike eine schwarze Kappe trägt.

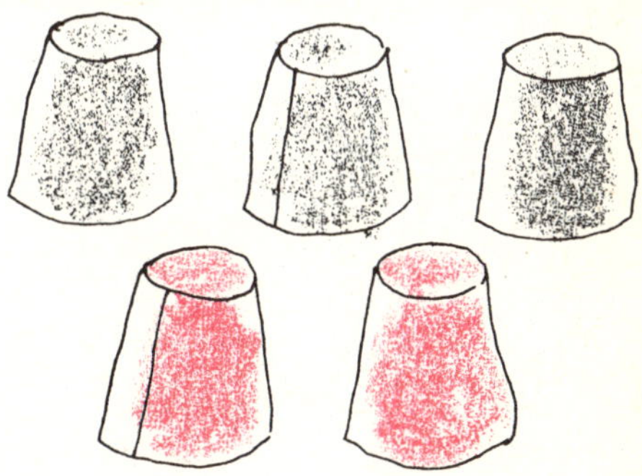

L 179.

Jeden der drei Vornamen Frank, Wolfram und Helmut kann man mit jedem der drei Familiennamen paaren, so daß insgesamt folgende neun Möglichkeiten für die vollen Namen der drei Schüler bestehen:

Frank Neubert
Helmut Neubert
Wolfram Neubert
Frank Krause
Helmut Krause
Wolfram Krause
Frank Schumann
Helmut Schumann
Wolfram Schumann

Weil Frank nicht Neubert heißt, muß der Name Frank Neubert gestrichen werden. Da der Schüler Krause älter als der Schüler Wolfram ist, kann keiner der drei Wolfram Krause heißen. Schließlich verhelfen die Geburtsnamen der Mütter der Schüler Wolfram und Neubert zum Ausscheiden des Namens Wolfram Neubert, so daß nur der Schüler Schumann den Vornamen Wolfram haben kann. Weil es keine zwei Schüler mit dem Familiennamen Schumann gibt, müssen die Namen Frank Schumann und Helmut Schumann wegfallen. Damit ergibt sich für den Vornamen Frank allein der Familienname Krause, und der Name Helmut Krause muß gestrichen werden. Für den Namen des dritten Schülers gibt es schließlich nur noch eine Möglichkeit. Die drei Schüler hießen Frank Krause, Wolfram Schumann und Helmut Neubert.

L 180.

Alle möglichen Kombinationen Haarfarbe – Augenfarbe – Teint sind:

N	Haarfarbe	Augenfarbe	Teint
1	schwarz	braun	rosig
2	schwarz	braun	bleich
3	schwarz	blau	rosig
4	schwarz	blau	bleich
5	blond	braun	rosig
6	blond	braun	bleich
7	blond	blau	rosig
8	blond	blau	bleich

Die Kombination 2 trifft für die erste, die Kombination 7 für die zweite Begleiterin zu. Beide Kombinationen kommen deshalb für die verschleierte Frau nicht in Betracht. Da eine Kombination dunkler Farben mit rosigem Teint nicht möglich ist, scheidet der Fall 1 aus. Danach ist schwarz die in den Kombinationen seltener auftretende Haarfarbe. Da die Kombinationen 1 und 2 bereits ausgeschieden sind, muß die Kombination 3 oder die Kombination 4 die richtige Lösung sein. Im Fall 3 sind blaue Augenfarbe und rosiger Teint miteinander kombiniert.

Das sind aber beides Merkmale der zweiten Begleiterin, ein Merkmal der ersten (braune Augen bzw. bleicher Teint) fehlt. Deshalb erfüllt auch die Kombination 3 die gegebenen Bedingungen nicht, und es bleibt allein der Fall 4: Die verschleierte Frau hatte schwarzes Haar, blaue Augen und bleichen Teint.

L 181.

Ein beliebiger Monat besitzt mindestens vier, höchstens fünf Sonntage. Hätte A beim Betreten des Zimmers fünf Kalenderblätter mit rot gedruckten Daten gesehen, so hätte das verdeckte Kalenderblatt einen Wochentag kennzeichnen müssen. A kann deshalb höchstens vier Kalenderblätter von Sonntagen gesehen haben, und diese Tatsache wurde durch seine Antwort „nein“ zum Ausdruck gebracht. Hätte B vier Blätter mit rot gedruckten Daten gesehen, so hätten es eben diese vier sein müssen, die A bereits gesehen hat. Das zweite verdeckte Blatt hätte dann wiederum einen Wochentag kennzeichnen müssen. Da B auch „nein“ antwortete, kann er höchstens drei Kalenderblätter mit rot gedruckten Daten gesehen haben. Auf gleiche Weise folgt, daß C höchstens zwei solcher Blätter, D höchstens ein und E kein Kalenderblatt eines Sonntags gesehen hat, so daß auf dem letzten das Datum eines Wochentages sein mußte.

L 182.

Weil nach Voraussetzung die Preise für je sechs der acht Bücher, die Erich in die engere Wahl zog, alle voneinander verschieden sind, müssen auch die Einzelpreise der acht Bücher alle voneinander verschieden sein. Daraus folgt weiter, daß auch alle Kaufpreise für die restlichen beiden Bücher, die Erich schließlich nicht kaufte, voneinander verschieden sein müssen. Man geht deshalb in der Folge der natürlichen Zahlen, mit 2 (niedrigster Buchpreis) beginnend, gliedweise vorwärts und markiert diejenigen Zahlen, die als Buchpreise möglich sind, wie beispielsweise 2, 3 und 4, denn die aus je zwei dieser drei Zahlen gebildeten Summen $2+3, 2+4$ und $3+4$ haben voneinander verschiedene Werte. Würde man auch die nächste Zahl 5 hinzunehmen, so erhielte man mit $5\,M + 2\,M = 3\,M + 4\,M = 7\,M$ den gleichen Preis für zwei verschiedene Buchpaare, und die Preise für die beiden zugehörigen Sechserkombinationen könnten dann nicht voneinander verschieden sein. Der Betrag 5 Mark kommt deshalb als Buchpreis nicht in Betracht. Wählt man als viertes Element die Zahl 6, so haben alle Summen aus je zwei der Zahlen 2, 3, 4 und 6 voneinander verschiedene Werte, und die gegebenen Bedingungen sind erfüllt. Auf diese Weise fährt man fort, bis nacheinander acht mögliche Buchpreise gefunden sind. Man erhält die folgende Tabelle, in der nacheinander die als Buchpreise in Frage kommenden natürlichen Zahlen n mit dem Symbol „+“, die auszuscheidenden mit dem Symbol „—“ gekennzeichnet sind. Für letztere ist außerdem der Grund des Ausscheidens angegeben.

n	als Buchpreis möglich	Grund des Ausscheidens
2	+	
3	+	
4	+	
5	—	5 + 2 = 4 + 3
6	+	
7	—	7 + 2 = 6 + 3
8	—	8 + 2 = 6 + 4
9	+	
10	—	10 + 2 = 9 + 3
11	—	11 + 2 = 9 + 4
12	—	12 + 3 = 9 + 6
13	—	13 + 2 = 9 + 6
14	+	
15	—	15 + 2 = 14 + 3
16	—	16 + 2 = 14 + 4
17	—	17 + 3 = 14 + 6
18	—	18 + 2 = 14 + 6
19	—	19 + 4 = 14 + 9
20	—	20 + 3 = 14 + 9
21	—	21 + 2 = 14 + 9
22	+	
23	—	23 + 2 = 22 + 3
24	—	24 + 2 = 22 + 4
25	—	25 + 3 = 22 + 6
26	—	26 + 2 = 22 + 6
27	—	27 + 4 = 22 + 9
28	—	28 + 3 = 22 + 9
29	—	29 + 2 = 22 + 9
30	—	30 + 6 = 22 + 14
31	+	

Für die acht zur engeren Auswahl stehenden Bücher ergeben sich so die Buchpreise

(1) 2 M, 3 M, 4 M, 6 M, 9 M, 14 M, 22 M, 31 M,

und der Gesamtpreis beträgt (2 + 3 + 4 + 6 + 9 + 14 + 22 + 31) M = 91 M. Die sechs billigsten dieser acht Bücher kosten zusammen (2 + 3 + 4 + 6 + 9 + 14) M = 38 M, und das ist gleichzeitig der Betrag, der mindestens aufgewendet werden mußte. Schließt man bei der Aufstellung der Tabelle die Zahl 9 aus und wählt dafür die 10, so ergeben sich bei Anwendung der gleichen Methode die acht Buchpreise

(2) 2 M, 3 M, 4 M, 6 M, 10 M, 15 M, 20 M, 30 M,

und der Gesamtkaufpreis für die acht Bücher beträgt jetzt nur 90 Mark. Läßt man die Zahlen 9 und 10 aus und wählt 11 Mark als fünften möglichen Einzelpreis, so ergeben sich die acht Buchpreise

(3) 2 M, 3 M, 4 M, 6 M, 11 M, 16 M, 21 M, 26 M,

und ihre Summe hat einen Wert von 89 Mark. Bei Weglassen der Zahlen 9 und 15 ergeben sich die acht Buchpreise

(4) 2 M, 3 M, 4 M, 6 M, 10 M, 16 M, 21 M, 26 M

und ein Gesamtbetrag von 88 Mark für die in die engere Wahl gezogenen acht Bücher. Man erkennt, daß die ursprünglich ermittelten Buchpreise (1) nicht den niedrigsten Gesamtkaufpreis für alle acht Bücher ergeben. Die Kaufpreise betragen für die jeweils sechs billigsten Bücher nacheinander:

Fall	(1)	(2)	(3)	(4)
Gesamtpreis der sechs billigsten Bücher	38 M	40 M	42 M	41 M

Wenngleich mit der eingangs erörterten Methode der niedrigste Gesamtpreis für alle acht Bücher nicht gefunden werden kann, so ist das Verfahren doch zur Ermittlung des Mindestpreises für die sechs billigsten

Bücher geeignet, denn die ersten vier Buchpreise sind unter der gegebenen Voraussetzung die kleinsten überhaupt möglichen, und das Auslassen des fünften oder des sechsten oder des fünften und sechsten möglichen Preises kann sich nur auf die folgenden Buchpreise (den siebenten und den achten), nicht aber auf die vorangegangenen reduzierend auswirken. Für die sechs billigsten Bücher waren demnach mindestens 38 Mark zu bezahlen.

L 183.

Nach der ersten Information muß man zunächst die Zahl 1296 in drei geeignete Faktoren $a \cdot b \cdot c = 1296$ zerlegen. Dabei bedeuten a das Alter der ersten, b das Alter der zweiten und c das Alter der dritten Person. Man geht von der Primfaktorenzerlegung

$$1296 = 1 \cdot 1 \cdot 2 \cdot 2 \cdot 2 \cdot 2 \cdot 3 \cdot 3 \cdot 3 \cdot 3$$

aus (Obwohl 1 keine Primzahl ist, muß sie in der Zerlegung zweimal als Faktor auftreten, weil theoretisch zwei der Personen ein Jahr alt sein können.) und faßt die Primfaktoren zu allen möglichen Zahlentripeln (Dreierkombinationen aus drei Zahlen) zusammen. Man erhält die 42 Möglichkeiten:

	a	b	c
1	1	1	1296
2	1	2	648
3	1	3	432
4	1	4	324
5	1	6	216
6	1	8	162
7	1	9	144
8	1	12	108
9	1	16	81
10	1	18	72
11	1	24	54
12	1	27	48
13	1	36	36
14	2	2	324
15	2	3	216
16	2	4	162
17	2	6	108
18	2	8	81
19	2	9	72
20	2	12	54
21	2	18	36

	a	b	c
22	2	24	27
23	3	3	144
24	3	4	108
25	3	6	72
26	3	8	54
27	3	9	48
28	3	12	36
29	3	16	27
30	3	18	24
31	4	4	81
32	4	6	54
33	4	9	36
34	4	12	27
35	4	18	18
36	6	6	36
37	6	8	27
38	6	9	24
39	6	12	18
40	8	9	18
41	9	9	16
42	9	12	12

Daß wegen der maximalen Lebenserwartung die Tripel 1, 2, 3, 4, 5, 6, 7, 14, 15, 16, 23 schon ausgeschlossen werden können, ist für die Lösung der Aufgabe nicht wichtig. Hätten alle 42 Summen $a + b + c$ verschiedene Beträge, so hätte die Inspektorin, der die Hausnummer bekannt war, mit Hilfe der zweiten Information sofort die drei fraglichen Alter bestimmen können. Weil ihr das aber nicht möglich war, gibt es unter den Zahlentripeln mindestens zwei mit dem gleichen Betrag der Summe $a + b + c$. Es sind dies die Tripel 10 und 18 mit $a + b + c = 91$. Alle anderen scheiden aus. Wäre der Hausmeister älter als 81 Jahre, dann kämen beide Möglichkeiten in Betracht. Das widerspricht aber der dritten Information, denn die drei Altersangaben sollten danach eindeutig bestimmt sein. Wäre er jünger als 72 Jahre, so wäre er im Widerspruch zur dritten Information nicht der älteste Hausbewohner. Deshalb muß sein Alter zwischen 72 und 81 Jahren liegen, und die drei noch nicht versicherten Hausbewohner sind 1, 18 und 72 Jahre alt.

L 184.

Um das Problem zu lösen, geht man ähnlich wie bei der Aufgabe 183 vor. Aus der „Primfaktorzerlegung"

$$900 = 1 \cdot 2 \cdot 2 \cdot 3 \cdot 3 \cdot 5 \cdot 5$$

müssen durch geeignete Zusammenfassung der Faktoren wieder alle möglichen Zahlentripel gebildet werden. Weil $x_1 < x_2 < x_3$ sein soll, kommen von vornherein alle Tripel nicht in Betracht, die zwei gleiche Zahlen enthalten, wie z. B. $x_1 = 6$, $x_2 = 6$, $x_3 = 25$. Bezeichnet man die Nummer des Zahlentripels mit N, so erhält man die Tabelle auf Seite 191 mit den 32 in Frage kommenden Zahlentripeln und den jeweiligen Werten für $x_1 + x_3$ und $x_2 + x_3$.

Die Striche nach den Tripeln mit N = 12, N = 19, N = 25, N = 27 und N = 31 sollen darauf hindeuten, wie die Tripel gebildet worden sind. Wären alle x_2 voneinander verschieden, so hätte Inge bereits nach der ersten an sie gerichteten Frage die drei Zahlen x_1, x_2, x_3 nennen können, weil ihr ja die Zahl x_2 mitgeteilt worden ist. Die Tripel mit N = 1, N = 11 und N = 12 scheiden deshalb infolge der ersten Verneinung aus, denn die Zahlen 2, 20 und 25 treten nur einmal als x_2 auf. Wären für die restlichen 29 Tripel die Werte der Summen $x_1 + x_3$ und $x_2 + x_3$ alle voneinander verschieden, so könnte jetzt Karsten, weil er ja den Wert der Summe kennt, die drei Zahlen eindeutig bestimmen. Da aber Karsten auch verneint,

N	x_1	x_2	x_3	$x_1 + x_3$	$x_2 + x_3$
1	1	2	450	451	452
2	1	3	300	301	303
3	1	4	225	226	229
4	1	5	180	181	185
5	1	6	150	151	156
6	1	9	100	101	109
7	1	10	90	91	100
8	1	12	75	76	87
9	1	15	60	61	75
10	1	18	50	51	68
11	1	20	45	46	65
12	1	25	36	37	61
13	2	3	150	152	153
14	2	5	90	92	95
15	2	6	75	77	81
16	2	9	50	52	59
17	2	10	45	47	55
18	2	15	30	32	45
19	2	18	25	27	43
20	3	4	75	78	79
21	3	5	60	63	65
22	3	6	50	53	56
23	3	10	30	33	40
24	3	12	25	28	37
25	3	15	20	23	35
26	4	5	45	49	50
27	4	9	25	29	34
28	5	6	30	35	36
29	5	9	20	25	29
30	5	10	18	23	28
31	5	12	15	20	27
32	6	10	15	21	25

müssen alle Tripel, für die die Werte von $x_1 + x_3$ und $x_2 + x_3$ nur einmal auftreten, ausscheiden. Danach verbleiben die Tripel mit N = 19, N = 24, N = 25 und N = 27 bis N = 32. Stellt man sie der Übersichtlichkeit halber noch einmal zusammen und schreibt dabei nur die interessierenden, mehrmals auftretenden Werte der Summen $x_1 + x_3$ und $x_2 + x_3$, so ergibt sich:

N	x_1	x_2	x_3	$x_1 + x_3$	$x_2 + x_3$
19	2	18	25	27	
24	3	12	25	28	
25	3	15	20	23	35
27	4	9	25	29	
28	5	6	30	35	
29	5	9	20	25	29
30	5	10	18	23	28
31	5	12	15		27
32	6	10	15		25

Die Verneinung der dritten Frage durch Inge verhilft zum Ausscheiden der Tripel mit N = 19, N = 25 und N = 28, weil die Zahlen 6, 15 und 18 nur einmal als x_2 auftreten. Jetzt ist das Tripel mit N = 31 eindeutig geworden, und weil Karsten die vierte Frage verneint, muß es ausgeschlossen werden. So fährt man fort. Auf die fünfte Verneinung wird das Tripel mit N = 24 ($x_2 = 12$) ausgeschlossen, auf die sechste das Tripel mit N = 30 ($x_2 + x_3 = 28$) und auf die siebente das Tripel mit N = 32 ($x_2 = 10$). Weil Karsten nunmehr die drei Zahlen nennt, kann ihm nur die Zahl 25 mitgeteilt worden sein, und die drei Zahlen müssen $x_1 = 5$, $x_2 = 9$, $x_3 = 20$ lauten. Hätte der Vater seinem Sohn die Zahl 29 mitgeteilt, so hätte keines der beiden Kinder die Aufgabe eindeutig lösen können.

L 185.

Meist findet man das Resultat nur mit großem Aufwand. Es gibt jedoch eine von Sprague stammende Methode, die es ermöglicht, derartige Aufgaben übersichtlich und ganz allgemein zu lösen:

Offenbar ist die Höchstzahl k(w) der Kugeln, für die eine Aufgabe mit den gegebenen Bedingungen (genau eine Kugel weicht hinsichtlich ihrer Masse von den anderen ab) gelöst werden kann, in jedem Fall von der Anzahl w der erlaubten Wägungen abhängig. Diese Höchstzahl k(w) wird durch die Beziehung

$$k(w) = \sum_{i=1}^{i=w-1} 3^{w-i} = 3^{w-1} + 3^{w-2} + \ldots + 3^2 + 3^1$$

bestimmt, auf deren Herleitung an dieser Stelle nicht eingegangen werden soll. Dabei muß $w \geqq 2$ sein, denn mit einer Wägung lassen sich Aufgaben von der vorliegenden Art nicht lösen, weil ja nicht bekannt ist, ob die zu bestimmende Kugel eine größere oder eine kleinere Masse als jede der übrigen hat. Mit Hilfe der angegebenen Beziehung ergeben sich leicht für w = 2, 3, 4, 5, ... die Höchstzahlen k(w) = 3, 12, 39, 120, ...

Das Prinzip der Lösungsmethode soll zunächst am einfachsten Fall für zwei Wägungen (drei Kugeln) erläutert werden. Um auszudrücken, ob eine Kugel bei einer Wägung in die linke (l) oder in die rechte (r) Waagschale gelegt oder bei dieser Wägung nicht verwendet (o) wird, führt man Lagesymbole ein. Für jede der drei Kugeln sind dann zunächst folgende Lagesymbole (in denen der erste Buchstabe die erste, der zweite Buchstabe die zweite Wägung charakterisiert) möglich:

ll, lr, lo, ol, oo, rr, rl, ro, or.

(Diese neun Buchstabenpaare sind die „Variationen der drei Elemente l, r, o zur zweiten Klasse mit Wiederholung" (siehe Aufgabe 175).)

So bedeutet z. B. das Symbol ll, daß die betrachtete Kugel bei beiden Wägungen in der linken Waagschale liegt, das Symbol ro, daß die betrachtete Kugel bei der ersten Wägung in der rechten Waagschale liegt, jedoch bei der zweiten Wägung nicht verwendet wird usw. Jede Wägung mit einer Tafelwaage ist mit einer Gleichheitsrelation vergleichbar. Weil jede Gleichheitsrelation Symmetriecharakter besitzt, sind je zwei der angegebenen Symbole (z. B. ll und rr) gleichwertig. Daraus folgt:

A) Von jedem der angegebenen Paare der Lagesymbole darf nur eines verwendet werden, weil im anderen Fall nicht entschieden werden kann, ob die eine Kugel zu leicht oder die andere Kugel zu schwer ist.

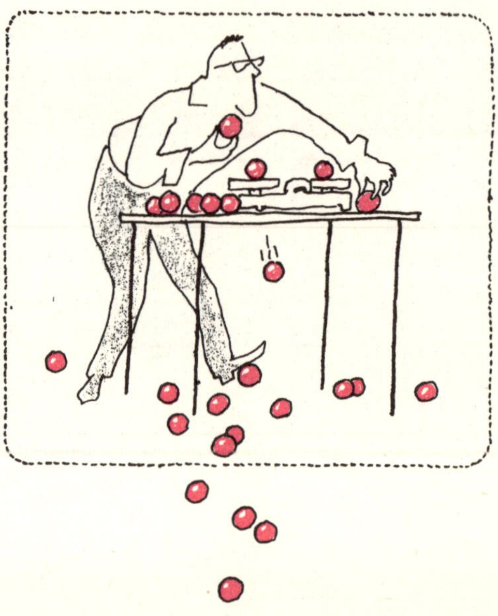

Ein solcher Massenvergleich auf einer Tafelwaage setzt voraus, daß in beide Waagschalen gleich viele Kugeln (in unserem Fall je eine) gelegt werden. Das bedeutet:
B) Die für die Kugeln auszuwählenden Lagesymbole müssen an jeder Stelle insgesamt gleich viele Buchstaben l und r aufweisen.
Unter Beachtung der Bedingungen A) und B) ergeben sich für die Auswahl der Lagesymbole für die vorliegenden drei Kugeln folgende vier Möglichkeiten:

Möglichkeit	Kugel I	Kugel II	Kugel III	
1	ll	ro	or	
2	rr	lo	ol	(symm. zu 1)
3	lr	ro	ol	
4	rl	lo	or	(symm. zu 3)

Das Symbol oo muß wegfallen, weil es für die betreffende Kugel bedeuten würde, daß man sie von den beiden Wägungen ausschließt und infolgedessen nur zwei Kugeln

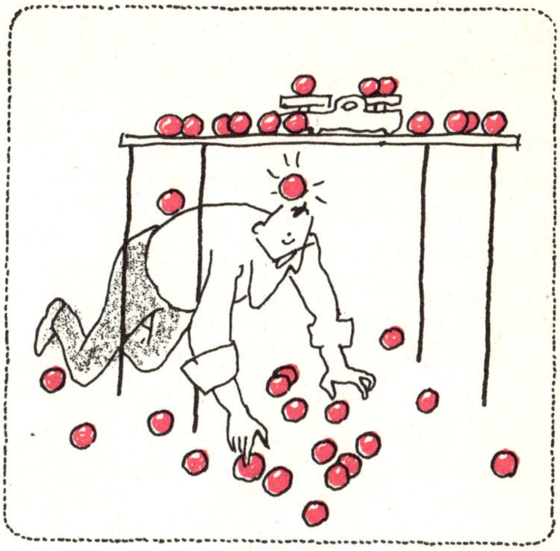

in den Wägeprozeß einbezieht, so daß eine Lösung der Aufgabe unmöglich wäre.
Die Reihenfolge der Bezeichnung der Kugeln innerhalb jeder dieser Möglichkeiten ist beliebig. Die Symbole der zweiten und vierten Möglichkeit charakterisieren die symmetrische Lage zur ersten bzw. dritten. Wird das Sinken der linken Waagschale durch L, das Sinken der rechten durch R und das Einspielen der Waage durch O ausgedrückt, so können die folgenden Fälle eintreten:

Fall	Möglichkeit 1	Möglichkeit 2	Möglichkeit 3	Möglichkeit 4	
	Wägeergebnis	Wägeergebnis	Wägeergebnis	Wägeergebnis	Schlußfolgerung
1	LL	RR	LR	RL	I (+)
2	RR	LL	RL	LR	I (–)
3	RO	LO	RO	LO	II (+)
4	LO	RO	LO	RO	II (–)
5	OR	OL	OL	OR	III (+)
6	OL	OR	OR	OL	III (–)

Dabei bedeuten z. B. l (+), daß Kugel l zu schwer, l (—), daß Kugel l zu leicht usw. ist. Das Wägeergebnis OO kann bei allen vier Möglichkeiten nicht eintreten, denn es würde Massengleichheit aller drei Kugeln bedeuten, und das widerspricht der Voraussetzung. Ferner können bei den Möglichkeiten 1 und 2 die Wägeergebnisse LR und RL und bei den Möglichkeiten 3 und 4 die Wägeergebnisse LL und RR nicht eintreten, weil dann im Widerspruch zur Voraussetzung alle drei Kugeln voneinander verschiedene Massen besäßen. Man erkennt, daß die Symbole für die Wägeergebnisse die gleiche Form wie die Lagesymbole für die drei Kugeln haben. Für jede Möglichkeit sind die Wägesymbole unterstrichen, die jeweils den drei Lagesymbolen genau entsprechen. Wählt man für die Lagen der drei Kugeln eine der Möglichkeiten 1 bis 4 (z. B. Möglichkeit 2) aus, so bedeutet ein Wägeergebnis mit einem Wägesymbol (z. B. LO), das die gleiche Form wie eines der drei Lagesymbole der ausgewählten Möglichkeit (also lo) besitzt, daß die Kugel mit diesem Lagesymbol (also

Kugel II) eine zu große Masse hat. Tritt ein Wägeergebnis (z. B. LL) ein, dessen Symbol keinem der drei Lagesymbole der ausgewählten Möglichkeit (hier Möglichkeit 2) entspricht, so hat diejenige Kugel mit dem entgegengesetzten Lagesymbol (also rr, Kugel I) eine zu kleine Masse.

Die erläuterte Methode kann nun schrittweise auf drei Wägungen (12 Kugeln), vier Wägungen (39 Kugeln) usw. erweitert werden. Für drei Wägungen sind zunächst alle $^{w}V_3^3 = 3^3 = 27$ Variationen der drei Elemente l, r, o zur dritten Klasse mit Wiederholung zu bilden und zu einander „entgegengesetzten" Paaren zusammenzustellen. Man erhält:

lll rrr	llr rrl	llo rro	lrl rlr	lol ror	rll lrr	oll orr

lro rlo	lor rol	olr orl	loo roo	olo oro	ool oor	ooo

Aus diesen 27 Variationen werden nun nach den Bedingungen A und B die Lagesymbole für die 12 Kugeln ausgewählt, und dafür gibt es wieder mehrere Möglichkeiten. Eine davon ist:

I	II	III	IV	V	VI
llr	llo	rlr	lol	rll	orr

VII	VIII	IX	X	XI	XII
lro	rol	orl	roo	oro	oor

Hierin treten (Bedingung B) an jeder Stelle je viermal die Buchstaben l und r auf. Das Symbol ooo darf nicht einbezogen werden, weil man andernfalls die betreffende Kugel

aus dem Prozeß ausschließen würde. Jetzt können, wie oben erläutert wurde, die drei Wägungen stattfinden.
Soll schließlich mit Hilfe von vier Wägungen zwischen 39 Kugeln entschieden werden, so geht man von den 12 angegebenen Lagesymbolen aus und fügt an jedes von ihnen nacheinander die Buchstaben l, r und o an. Dadurch entstehen 36 „vierstellige" Lagesymbole, die den angegebenen Bedingungen A und B genügen. Die restlichen drei Lagesymbole ergeben sich aus den Variationen lll, rro und ooo z. B. zu llll, rrro und ooor. (Es gibt hier noch drei andere Möglichkeiten.) Damit findet man für die geforderten vier Wägungen folgende Verteilungen der Kugeln auf die beiden Waagschalen:

Linke Waagschale

Nr. der Wägung	Nummern der Kugeln
1	1 2 3 4 5 6 10 11 12 19 20 21 37
2	1 2 3 4 5 6 7 8 9 13 14 15 37
3	10 11 12 13 14 15 22 23 24 25 26 27 37
4	1 4 7 10 13 16 19 22 25 28 31 34 37

Rechte Waagschale

Nr. der Wägung	Nummern der Kugeln
1	7 8 9 13 14 15 22 23 24 28 29 30 38
2	16 17 18 19 20 21 25 26 27 31 32 33 38
3	1 2 3 7 8 9 16 17 18 34 35 36 38
4	2 5 8 11 14 17 20 23 26 29 32 35 39

L 186.

Für die 13 Kugeln wählt man zunächst wieder (wie beim vorangehenden Problem) Lagesymbole. Diese müssen, weil drei Wägungen durchzuführen sind, „dreistellig" sein. Da ein Wägesatz zur Verfügung steht, brauchen die beiden Bedingungen für die Auswahl der Lagesymbole jetzt nicht zu gelten, d. h. es können beliebige 13 Lagesymbole gewählt werden, beispielsweise:

Kugel Nr.	1	2	3	4	5	6	7	8	9
Lagesymbol	rrl	rro	rrr	rll	rlo	rlr	rol	roo	ror

Kugel Nr.	10	11	12	13
Lagesymbol	oll	olo	olr	ool

Bei den drei Wägungen werden dann die Kugeln folgendermaßen auf die beiden Waagschalen verteilt:

	Nummern der Kugeln	
	linke Waagschale	rechte Waagschale
1. Wägung	keine	1, 2, 3, 4, 5, 6, 7, 8, 9
2. Wägung	4, 5, 6, 10, 11, 12	1, 2, 3
3. Wägung	1, 4, 7, 10, 13	3, 6, 9, 12

Mit Hilfe der Wägestücke stellt man nun in allen drei Fällen Gleichgewicht her. Bei der ersten Wägung betrage die Gesamtmasse der zum Ausgleich in die eine Waagschale zu legenden Wägestücke m_1, bei der zweiten Wägung m_2 und bei der dritten m_3. Die Masse einer normalen Kugel sei m_0, die der abweichenden m_x.

a) Haben alle 13 Kugeln die gleiche Masse, so lauten, wie aus der obigen Tabelle hervorgeht, die Gleichgewichtsbedingungen für die drei Wägungen:

1. Wägung: $m_1 = 9m_0$,
2. Wägung: $6m_0 = 3m_0 + m_2$,
3. Wägung: $5m_0 = 4m_0 + m_3$.

Aus diesen drei Gleichungen folgt sofort

abweichende Kugel	Bedingung für das Abweichen der betreffenden Kugel	m_0	m_x
keine	$m_1 : m_2 : m_3 = 9:3:1$	m_3	—
1	$m_1 - 2m_2 - 3m_3 = 0$	$\frac{m_2 + m_3}{4}$	m_3
2	$m_1 + m_2 - 4m_3 = 0$	m_3	$4m_3 - m_2$
3	$m_1 - 5m_2 + 6m_3 = 0$	$\frac{m_2 - m_3}{2}$	$m_2 - 2m_3$
4	$m_1 - 4m_2 + 3m_3 = 0$	$\frac{m_2 - m_3}{2}$	m_3
5	$m_1 - m_2 - 6m_3 = 0$	m_3	$m_2 - 2m_3$
6	$2m_1 - 5m_2 - 3m_3 = 0$	$\frac{m_2 + m_3}{4}$	$\frac{m_2 - m_3}{2}$
7	$3m_1 - 8m_2 - 3m_3 = 0$	$\frac{m_2}{3}$	m_3
8	$m_2 - 3m_3 = 0$	$\frac{m_2}{3}$	$m_1 - 8m_3$
9	$3m_1 - 10m_2 + 3m_3 = 0$	$\frac{m_2}{3}$	$\frac{2}{3}m_2 - m_3$
10	$2m_1 - 9m_2 + 9m_3 = 0$	$\frac{m_2 - m_3}{2}$	m_3
11	$m_1 - 9m_3 = 0$	m_3	$m_2 - 2m_3$
12	$4m_1 - 9m_2 - 9m_3 = 0$	$\frac{m_2 + m_3}{4}$	$\frac{m_2 - m_3}{2}$
13	$3m_1 - 9m_2 = 0$	$\frac{m_2}{3}$	m_3

Zwei Radfahrer kamen an eine Kreuzung und stritten sich darüber, welchen Weg sie einschlagen sollten. Einer wollte nach Norden, der andere nach Süden weiterfahren. Schließlich sagte der eine: „Rede, was Du willst, ich entscheide." Darauf fuhr er nach Norden weiter. Der andere Radfahrer schimpfte, fuhr aber auch nach Norden. Warum tat er das wohl?

Sie werden sicher auch der Meinung sein, daß sich ein Tandem kaum in zwei einzelne Fahrräder zerlegen läßt.

$m_0 = m_3$ und $m_1 : m_2 : m_3 = 9 : 3 : 1$. Weil m_1, m_2, m_3 bekannt sind, kann sofort festgestellt werden, ob diese Proportion erfüllt ist. Diese Proportion ist demnach die Bedingung dafür, daß alle Kugeln gleiche Masse haben.

b) Hat eine der Kugeln eine abweichende Masse, so werden für alle 13 möglichen Fälle die Gleichgewichtsbedingungen für die jeweiligen drei Wägungen aufgestellt, das sind insgesamt 13mal drei Gleichungen. Aus jeweils drei dieser Gleichungen ergibt sich die Bedingung dafür, daß die betreffende Kugel eine abweichende Masse besitzt. Außerdem können mit Hilfe dieser Gleichungen auch für jeden Fall die Massen m_0 und m_x bestimmt werden. Besitzt beispielsweise Kugel 1 eine abweichende Masse, so lauten die Gleichgewichtsbedingungen: $m_1 = 8m_0 + m_x$, $6m_0 = 2m_0 + m_x + m_2$, $m_x + 4m_0 = 4m_0 + m_3$, und daraus folgt die Gleichung $m_1 - 2m_2 - 3m_3 = 0$ als Bedingung für das Abweichen der Masse der Kugel 1. Darüber hinaus ergibt sich noch

$$m_0 = \frac{m_2 + m_3}{4} \quad \text{und} \quad m_x = m_3.$$

Die Tabelle auf Seite 196 gibt eine Übersicht über alle möglichen Fälle.

Hat man durch die drei Wägungen die Massen m_1, m_2, m_3 bestimmt, so müssen diese eine der angegebenen 14 Bedingungen erfüllen. Damit ist aber nicht nur die abweichende Kugel gefunden, sondern es können auch sofort m_0 und m_x berechnet werden.

Die in der Tabelle angegebenen Bedingungen hängen natürlich von der Auswahl der Lagesymbole ab. Trifft man nämlich eine andere Auswahl dieser Symbole, so erhalten die Gleichgewichtsbedingungen eine andere Form und damit auch die aus ihnen gewonnenen Bedingungen für das Abweichen einer der Kugeln.

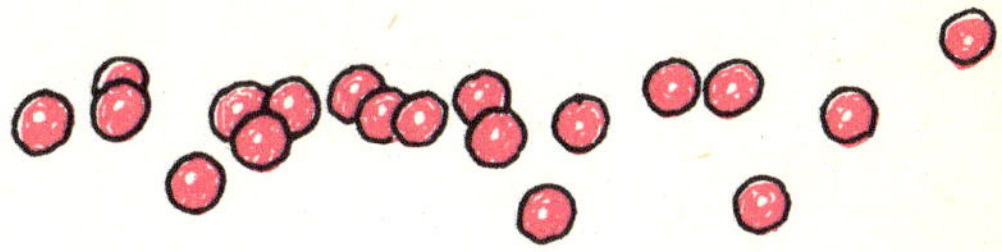

L 187.

Zuerst werden alle Losnummern und alle Buchstaben (Namen der Spieler) zu je einem quadratischen Schema angeordnet. Jedes Schema wird so aufgebaut, daß die Zeilen die Zahlen (bzw. Namen) der Mitspieler einer Tischrunde für die erste Spielrunde, die Spalten die Zahlen (bzw. Namen) der Mitspieler einer Tischrunde für die zweite Spielrunde enthalten. Weil in jeder Spielrunde 8 Tischrunden vorliegen, muß jedes Schema 8 Zeilen und 8 Spalten besitzen. Man erhält:

Zahlenschema

1	2	3					
			4	5	6		
		9				7	8
10				11	12		
	14					13	15
		18	16	17			
	20				21	19	
22			23				24

Buchstabenschema

A	J	R					
	S		B	K			
		L		T	C		
			M		D	U	
N					V		E
				F		O	W
X		P					G
	Q		H			Y	

Jede Zeile bzw. Spalte jedes der beiden Schemas enthält drei Zahlen bzw. drei Buchstaben. Beispielsweise enthält die fünfte Zeile des Buchstabenschemas die Namen E, N, V der Spieler einer Tischrunde in der ersten Spielrunde. E spielt in der zweiten Spielrunde mit G und W zusammen, und das ist aus der achten Spalte des Schemas ersichtlich. Vertauscht man zwei beliebige Zeilen bzw. Spalten eines der Schemas miteinander, so bedeutet das lediglich eine Änderung in der Reihenfolge der Tischrunden bzw. eine Vertauschung von zwei Spielern miteinander innerhalb einer Tischrunde. Die Tischrunden selbst bleiben bei dieser Operation beieinander, so daß dadurch weder am Spielreglement noch am Ergebnis der Auslosung etwas geändert wird. Weil die Festlegungen in der ersten Tabelle inhaltlich mit denen in der zweiten Tabelle übereinstimmen, müssen folglich die Buchstaben so geordnet werden können, daß die zweite Tabelle sowohl hinsichtlich der Reihenfolge der Tischrunden als auch hinsichtlich der Reihenfolge der Spieler innerhalb einer Tischrunde mit der ersten genau übereinstimmt. Diese Umordnung läuft offensichtlich darauf hinaus, daß man im Buchstabenschema systematisch je zwei Zeilen bzw. Spalten so lange miteinander vertauschen muß, bis beide Schemas zur Deckung kommen. Natürlich kann man ziellos Vertauschungen vornehmen, ohne ein Resultat zu erhalten. Um mit möglichst wenigen solchen „Transformationen" zum Ziel zu kommen, muß man die Struktur der beiden Schemas untersuchen. Dazu vergleicht man in beiden Schemas die Zeilen bzw. Spalten miteinander und erörtert, in welchen Zeilen (bzw. Spalten) die „Elemente" alle in verschiedenen Spalten (bzw. Zeilen) stehen. So stehen beispielsweise im Zahlenschema die Elemente 1, 2, 3 der ersten Zeile und die Elemente 4, 5, 6 der zweiten in verschiedenen Spalten, die Elemente 1, 2, 3 der ersten Zeile und die Elemente 7, 8, 9 der dritten dagegen nicht.

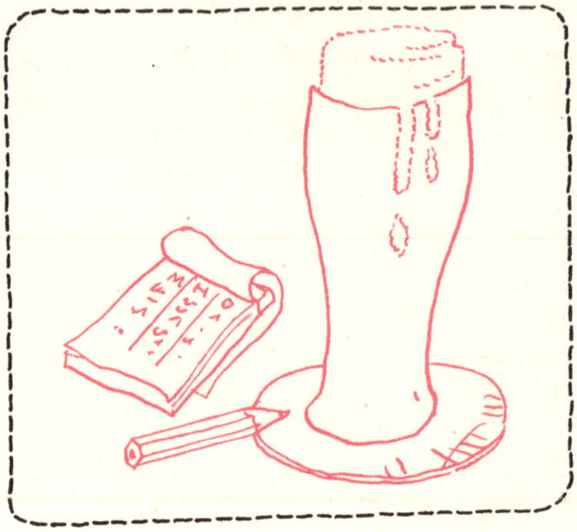

Diese Eigenschaft, die für die Struktur eines solchen quadratischen Schemas charakteristisch ist, führt zur Lösung des Problems. Sucht man diejenigen Zeilen- bzw. Spaltenpaare beider Schemas, die diese Eigenschaft besitzen, so erhält man:

Zahlenschema

Zeilenpaare mit Elementen in verschiedenen Spalten	
1 — 2	4 — 5
2 — 3	5 — 6
2 — 5	6 — 7
3 — 4	7 — 8

Spaltenpaare mit Elementen in verschiedenen Zeilen	
1 — 7	4 — 7
2 — 4	5 — 7
2 — 5	5 — 8
3 — 6	6 — 8

Buchstabenschema

Zeilenpaare mit Elementen in verschiedenen Spalten	
1 — 4	3 — 8
1 — 6	4 — 7
2 — 5	5 — 8
2 — 7	7 — 8

Spaltenpaare mit Elementen in verschiedenen Zeilen	
1 — 4	2 — 8
1 — 5	2 — 4
1 — 7	3 — 7
2 — 6	4 — 8

Diese Zahlenpaare werden so geordnet, daß fortlaufende Zyklen entstehen. Dabei baut man jeweils um die beiden dreimal auftretenden Zahlen herum die anderen auf:

	Zahlenschema	Buchstabenschema
Struktursymbole für die Zeilen	1 - 2 - 5 - 6 - 7 - 8 | | 3 - 4	3 - 8 - 7 - 4 - 1 - 6 | | 5 - 2
Struktursymbole für die Spalten	1 - 7 - 5 - 8 - 6 - 3 | | 4 - 2	5 - 1 - 4 - 8 - 2 - 6 | | 7 - 3

Die Zyklen sind mit chemischen Strukturformeln vergleichbar, weil sie die Struktur der beiden Schemas charakterisieren. Die Gleichartigkeit der Zyklen ist nur ein Ausdruck dafür, daß die beiden quadratischen Schemata gleiche mathematische Struktur besitzen. Vergleicht man jeweils die beiden Struktursymbole für die Zeilen bzw. Spalten miteinander, so sieht man, wie die Zeilen bzw. Spalten des Buchstabenschemas angeordnet werden müssen, damit es mit dem Zahlenschema zur Deckung kommt. Es müssen so die dritte Zeile an erste Stelle, die achte an die zweite, die fünfte an die dritte usw. gestellt werden. Nach Umordnung der Zeilen erhält man:

		L		T	C		
	Q		H			Y	
N					V		E
	S		B	K			
X		P					G
			M		D	U	
A	J	R					
				F		O	W

Die anschließende Umordnung der Spalten ergibt schließlich das endgültige Schema:

T	L	C					
			Y	H	Q		
		V				N	E
K				B	S		
	P					X	G
		D	U	M			
	R				J	A	
F			O				W

Weil sich dieses Schema mit dem Zahlenschema genau deckt, kann jetzt ohne weiteres durch Vergleich das Auslosungsergebnis abgelesen werden. So hatte Spieler T die Nummer 1, Spieler L die Nummer 2 usw. Natürlich kann mit Hilfe der Struktursymbole umgekehrt auch das Zahlenschema so umgeordnet werden, daß es mit dem Buchstabenschema zur Deckung kommt. Man erhält das gleiche Resultat.

L 188.

Bezeichnet man die Tage der Reihe nach mit 1, 2, 3, . . ., n, die Wassertiefe im gefüllten Zustand des Beckens mit h, die Höhe, um die der Wasserspiegel tagsüber fällt, mit a und die Höhe, um die der Wasserspiegel nachts wieder steigt, mit b, so kann die auf Seite 203 (oben) gezeigte Tabelle aufgestellt werden.

Weil der Wasserspiegel tagsüber mehr fällt, als er nachts wieder ausgeglichen wird, kann angenommen werden, daß das Staubecken am Abend des n-ten Tages leer geworden und die Höhe des Wasserspiegels gleich null ist, also $h - na + (n-1)b = 0$. Es ist möglich, aus dieser Gleichung bei gegebenen Werten der Variablen h, a und b sofort die Anzahl n der Tage zu berechnen. Man erhält:

$$n = \frac{h-b}{a-b} = \frac{15\,\text{m} - 5\,\text{m}}{7\,\text{m} - 5\,\text{m}} = 5\,.$$

Am Abend des fünften Tages wäre das Staubecken leer gewesen. Bis spätestens zu diesem Zeitpunkt mußte die Pumpanlage wieder in Gang gebracht worden sein.

	Höhe des Wasserspiegels morgens	Höhe des Wasserspiegels abends
1. Tag	h	h — a
2. Tag	h — a + b	h — 2a + b
3. Tag	h — 2a + 2b	h — 3a + 2b
4. Tag	h — 3a + 3b	h — 4a + 3b
. . .	. . .	. . .
n-ter Tag	h — (n — 1) · a + (n — 1) · b	h — na + (n — 1) · b

L 189.

Tagsüber fällt im ersten, anfangs gefüllten Schacht der Wasserspiegel um die Höhe a, im zweiten, anfangs leeren Schacht steigt der Wasserspiegel um die Höhe b, so daß sich die beiden Wasserspiegel um (a + b) aufeinander zubewegen. Nachts steigt im ersten Schacht der Wasserspiegel um c, im zweiten Schacht fällt er um d, so daß sich die beiden Wasserspiegel um (c + d) wieder voneinander entfernen. Damit ist aber die Aufgabe in ihrem ersten Teil auf Aufgabe 188 zurückgeführt. Die Anzahl n der Tage ergibt sich dann zu:

$$n = \frac{h - (c + d)}{(a + b) - (c + d)} = 55,$$

wobei $a = \frac{1}{2}$ m, $b = 1$ m, $c = \frac{1}{6}$ m, $d = \frac{1}{4}$ m und $h = 60$ m eingesetzt wurden. Am Abend des 55. Tages standen also die Wasserspiegel in beiden Schächten gleich hoch. Um diesen Wasserstand H zu berechnen, betrachtet man am besten das Ansteigen des Wasserspiegels im zweiten Schacht anhand der folgenden Tabelle:

	Höhe des Wasserspiegels	
	morgens	abends
1. Tag	0	b
2. Tag	b — d	2b — d
3. Tag	2b — 2d	3b — 2d
. . .	. . .	. . .
n-ter Tag	(n — 1)b — (n — 1)d	nb — (n — 1)d

Damit wird

$$H = nb - (n-1)\,d$$

$$= 55 \cdot 1\,m - 54 \cdot \frac{1}{4}\,m = 41{,}5\,m\,.$$

L 190.

Offenbar lautet die zu beantwortende Frage: Gibt es eine natürliche Zahl z, so daß sich n + z als eine Summe aus Quadratzahlen darstellen läßt, wobei n eine beliebige natürliche Zahl bedeutet, für die eine solche Darstellung nicht möglich ist?
Zunächst kann man durch Ausrechnen erkennen, daß sich alle natürlichen Zahlen von 129 bis 249 als Summen aus voneinander verschiedenen Quadratzahlen darstellen lassen. So ist z. B. 129 = 100 + 25 + 4, 130 = 100 + 25 + 4 + 1, 131 = 81 + 49 + 1, ..., 249 = 100 + 81 + 64 + 4. Zum Nachweis dieser Tatsache braucht man nur die Quadratzahlen von 1 bis 100 in Betracht zu ziehen. Die Folge der Zahlen von 129 bis 249 besteht aus $121 = 11^2$ Gliedern. Addiert man zu jedem Glied dieser Folge 121, so erkennt man, daß sich auch die nächsten natürlichen Zahlen von 250 bis 370 als Summen aus voneinander verschiedenen Quadratzahlen schreiben lassen. Addiert man weiter zu allen natürlichen Zahlen von 227 bis 370 die Zahl $144 = 12^2$, so folgt daraus die Darstellbarkeit aller natürlichen Zahlen bis 514 als Summen aus voneinander verschiedenen Quadratzahlen. Dieses Verfahren kann man mit 13^2, 14^2, ... fortsetzen, und man erkennt, daß alle natürlichen Zahlen, die größer als 128 sind, als Summen aus voneinander verschiedenen Quadratzahlen dargestellt werden können. Betrachtet man die Teilfolge der Folge der natürlichen Zahlen von 1 bis 128 und versucht auch die Darstellung dieser Zahlen als Summen aus voneinander verschiedenen Quadratzahlen, so gelingt das für die folgenden Zahlen n nicht: 2, 3, 6, 7, 8, 11, 12, 15, 18, 19, 22, 23, 24, 27, 28, 31, 32, 33, 43, 44, 47, 48, 60, 67, 72, 76, 92, 96, 108, 112, 124, 128.

Nun berechnet man alle möglichen Differenzen zwischen je zwei dieser Zahlen. (Das sind genau $\binom{32}{2} = \frac{32 \cdot 31}{1 \cdot 2} = 16 \cdot 31 = 496$ Differenzen, weil es $\binom{32}{2}$ Kombinationen von 32 Elementen zur zweiten Klasse gibt.) Die Werte dieser Differenzen sind in der Tabelle auf S. 205 zusammengestellt. Dabei stehen in der ersten Zeile jeweils die Minuenden, in der ersten Spalte die Subtrahenden.
Als Werte der Differenzen treten nicht alle natürlichen Zahlen von 1 bis 128 auf. Es fehlen die folgenden 21 Zahlen:
47, 51, 62, 67, 71, 82, 83, 87, 98, 99, 103, 107, 108, 111, 114, 115, 119, 123, 124, 127, 128.
Jede dieser Zahlen kann als z gewählt werden, denn addiert man zu einer beliebigen dieser Zahlen z eine beliebige der oben angegebenen Zahlen n, so muß sich eine natürliche Zahl ergeben (Konstruktion von z), die von jedem der n verschieden ist, sich also als Summe aus voneinander verschiedenen Quadratzahlen darstellen läßt. Eine Ergänzung des Wägesatzes durch eines von 21 verschiedenen Wägestücken mit der Masse m_z ist also möglich. Man wählt am besten das kleinste von ihnen. Es besitzt die Masse $m_z = 47$ g.

	2	3	6	7	8	11	12	15	18	19	22	23	24	27	28	31	32	33	43	44	47	48	60	67	72	76	92	96	108	112	124	128
2	0	1	4	5	6	9	10	13	16	17	20	21	22	25	26	29	30	31	41	42	45	46	58	65	70	74	90	94	106	110	122	126
3		0	3	4	5	8	9	12	15	16	19	20	21	24	25	28	29	30	40	41	44	45	57	64	69	73	89	93	105	109	121	125
6			0	1	2	5	6	9	12	13	16	17	18	21	22	25	26	27	37	38	41	42	54	61	66	70	86	90	102	106	118	122
7				0	1	4	5	8	11	12	15	16	17	20	21	24	25	26	36	37	40	41	53	60	65	69	85	89	101	105	117	121
8					0	3	4	7	10	11	14	15	16	19	20	23	24	25	35	36	39	40	52	59	64	68	84	88	100	104	116	120
11						0	1	4	7	8	11	12	13	16	17	20	21	22	32	33	36	37	49	56	61	65	81	85	97	101	113	117
12							0	3	6	7	10	11	12	15	16	19	20	21	31	32	35	36	48	55	60	64	80	84	96	100	112	116
15								0	3	4	7	8	9	12	13	16	17	18	28	29	32	33	45	52	57	61	77	81	93	97	109	113
18									0	1	4	5	6	9	10	13	14	15	25	26	29	30	42	49	54	58	74	78	90	94	106	110
19										0	3	4	5	8	9	12	13	14	24	25	28	29	41	48	53	57	73	77	89	93	105	109
22											0	1	2	5	6	9	10	11	21	22	25	26	38	45	50	54	70	74	86	90	102	106
23												0	1	4	5	8	9	10	20	21	24	25	37	44	49	53	69	73	85	89	101	105
24													0	3	4	7	8	9	19	20	23	24	36	43	48	52	68	72	84	88	100	104
27														0	1	4	5	6	16	17	20	21	33	40	45	49	65	69	81	85	97	101
28															0	3	4	5	15	16	19	20	32	39	44	48	64	68	80	84	96	100
31																0	1	2	12	13	16	17	29	36	41	45	61	65	77	81	93	97
32																	0	1	11	12	15	16	28	35	40	44	60	64	76	80	92	96
33																		0	10	11	14	15	27	34	39	43	59	63	75	79	91	95
43																			0	1	4	5	17	24	29	33	49	53	65	69	81	85
44																				0	3	4	16	23	28	32	48	52	64	68	80	84
47																					0	1	13	20	25	29	45	49	61	65	77	81
48																						0	12	19	24	28	44	48	60	64	76	80
60																							0	7	12	16	32	36	48	52	64	68
67																								0	5	9	25	29	41	45	57	61
72																									0	4	20	24	36	40	52	56
76																										0	16	20	32	36	48	52
92																											0	4	16	20	32	36
96																												0	12	16	28	32
108																													0	4	16	20
112																														0	12	16
124																															0	4
128																																0

L 191.

Die Geldsäcke werden fortlaufend von 1 bis 12 numeriert. Dann werden dem ersten Sack 1 Münze, dem zweiten 2 Münzen usw. entnommen, insgesamt also

$$z = 1 + 2 + \ldots + 12 = \sum_{i=1}^{i=12} i$$

$$= \frac{12}{2}(1 + 12) = 78$$

Münzen (Summe einer arithmetischen Reihe). Dann wird durch Wägung ihre Gesamtmasse M ermittelt. Befindet sich im k-ten Sack, aus dem k Münzen entnommen worden sind, Falschgeld, so ist die Gesamtmasse der 78 Münzen

$$M = [1 + 2 + \cdots + (k-1)] \cdot m$$
$$+ k \cdot (m + 0{,}3\,g) + [(k+1) + \ldots + 12] \cdot m$$
$$= (1 + 2 + \ldots + 12) \cdot m + k \cdot 0{,}3\,g$$
$$= 78 \cdot m + k \cdot 0{,}3\,g,$$

wobei m die Masse eines echten Geldstückes bedeutet. Daraus ergibt sich aber sofort durch Umformung die Nummer k desjenigen Geldsackes, der das Falschgeld enthält, zu $k = \frac{M - 78 \cdot m}{0{,}3\,g}$.

L 192.

Nach 18 Tagen war die halbe Wasseroberfläche, also $\frac{A}{2}$, mit Seerosen bedeckt. Drei Tage vorher, also am 15. Tag, nur die Hälfte von $\frac{A}{2}$, also $\frac{A}{4}$. Am 12. Tage bedeckte die Pflanze $\frac{A}{8}$, am 9. Tage $\frac{A}{16}$, usw. Das ergibt die fallende geometrische Folge

$$\frac{A}{2}, \frac{A}{4}, \frac{A}{8}, \ldots, \frac{A}{128}, \ldots,$$

in der jedes Glied den doppelten Wert des nachfolgenden besitzt und die Zeitdifferenz für je zwei aufeinanderfolgende Glieder drei Tage beträgt. Dem Glied $\frac{A}{2}$ muß dann das Glied $\frac{A}{2} \cdot 2 = A$ vorangehen. A ist aber der Flächeninhalt der gesamten Wasseroberfläche, und für die Glieder A und $\frac{A}{2}$ gilt natürlich auch eine Zeitdifferenz von drei Tagen. Der Weiher war also nach weiteren drei Tagen vollständig mit Seerosen bedeckt.

L 193.

Die Gesamtzahl der Weizenkörner, die Sessa von Sheran forderte, beträgt:

$$1 + 2 + 2^2 + 2^3 + \ldots + 2^{63} = \sum_{k=0}^{k=63} 2^k.$$

Das ist eine geometrische Reihe mit dem Quotienten 2. Wie man jeder mathematischen Formelsammlung entnehmen kann, gilt allgemein

$$s = 1 + q + q^2 + q^3 + \ldots + q^n$$
$$= \frac{q^{n+1} - 1}{q - 1} \text{ für } q > 1 .$$

Im vorliegenden Fall ist $q = 2$, und es wird

$$s = 1 + 2 + 2^2 + \ldots + 2^{63} = 2^{64} - 1$$
$$= 18\,446\,744\,073\,709\,551\,615.$$

Ein Kubikmeter Weizen enthält etwa 15 Millionen Körner, so daß der Weizen, den Sessa forderte, ein Volumen von etwa 1200 Kubikkilometer besäße. Eine derartige Menge Weizen kann auf der ganzen Erde in einem Jahr nicht aufgebracht werden.

L 194.

Man kann folgende Tabelle aufstellen:

Zeitintervall (in Std.)	Anzahl der informierten Personen
$0 = 0 \cdot 0{,}5$	1
$0{,}5 = 1 \cdot 0{,}5$	$1 + 3$
$1 = 2 \cdot 0{,}5$	$1 + 3 + 3^2$
$1{,}5 = 3 \cdot 0{,}5$	$1 + 3 + 3^2 + 3^3$
.	.
.	.
.	.
$n \cdot 0{,}5$	$1 + 3 + 3^2 + 3^3 + \ldots + 3^n$

Daraus erkennt man, daß die Anzahl der informierten Personen nach einer geometrischen Reihe mit dem Quotienten $q = 3$ anwächst. Weil 600000 Personen informiert werden sollen, muß

$$1 + 3 + 3^2 + \ldots + 3^n = 600000$$

sein. Unter Anwendung der Summenformel für die geometrische Reihe

$$\left(1 + q + q^2 + \ldots + q^n = \frac{q^{n+1} - 1}{q - 1}\right)$$

wird

$$\frac{3^{n+1} - 1}{2} = 600000,$$

d. h. $3^{n+1} = 1200001$.

Die Lösung dieser sogenannten Exponentialgleichung erhält man durch Logarithmieren:

$$(n + 1) \cdot \lg 3 \approx \lg 1{,}2 + 6.$$

Daraus folgt $n \approx \dfrac{\lg 1{,}2 + 6}{\lg 3} - 1 \approx 11{,}76.$

Beim Lösen der Gleichung wurde auf $1{,}2 \cdot 10^6$ gerundet, weil ohnehin nur ein Näherungswert für die Variable n bestimmt werden kann. Weil es genügt, volle halbe Stunden in Betracht zu ziehen, ist für n die nächsthöhere Zahl zu wählen, also $n \approx 12$. Nach $n \cdot 0{,}5\,h = 12 \cdot 0{,}5\,h = 6\,h$ wären also theoretisch alle 600000 Einwohner der Stadt Leipzig informiert.

L 195.

Bei der angegebenen Begründung wurden die von Achilles und der Schildkröte zurückgelegten Wege abwechselnd und nacheinander betrachtet. Das ist aber unzulässig, weil völlig außer acht gelassen worden ist, daß beide Bewegungen gleichzeitig ablaufen. Selbstverständlich muß Achilles die Schildkröte einholen können, denn er bewegt sich wesentlich schneller als sie. Vom Zeitpunkt des Startes bis zum Erreichen der Schildkröte durch Achilles haben sich beide die gleiche Zeit t bewegt. Bedeuten v_A und v_K die Beträge der Geschwindigkeiten von Achilles und der Schildkröte und s die Entfernung, die die Schildkröte zurückgelegt hat, bis sie von Achilles eingeholt wurde, so gilt $v_A = \frac{s_0 + s}{t}$, $v_K = \frac{s}{t}$, und aus diesen beiden Gleichungen folgt $s = \frac{s_0 \cdot v_K}{v_A - v_K}$. Mittels dieser Beziehung kann sofort der Weg s der Schildkröte berechnet werden, wenn s_0, v_A und v_K gegeben sind.

Auch die Betrachtungsweise, die den Trugschluß hervorbringt, führt zur Lösung des Problems, wenn man den Trugschluß durch geeignete mathematische Methoden beseitigt. Achilles möge den Weg s_0 in der Zeit t_0 zurücklegen. Dann gilt $t_0 = \frac{s_0}{v_A}$. Während dieser Zeit t_0 durchläuft die Schildkröte die Entfernung $s_1 = v_K \cdot t_0 = \frac{v_K}{v_A} \cdot s_0$. Für den Weg s_1 braucht Achilles die Zeit $t_1 = \frac{s_1}{v_A} = \frac{v_K}{v_A^2} \cdot s_0$, und die Schildkröte ist während dieser Zeit um $s_2 = v_K t_1 = \left(\frac{v_K}{v_A}\right)^2 \cdot s_0$ weitergelaufen. Dadurch ergeben sich die weiteren Wegabschnitte $s_3 = \left(\frac{v_K}{v_A}\right)^3 \cdot s_0$, $s_4 = \left(\frac{v_K}{v_A}\right)^4 \cdot s_0, \ldots, s_n = \left(\frac{v_K}{v_A}\right)^n \cdot s_0$.

Setzt man $\frac{v_K}{v_A} = q$, so hat Achilles nach der Zeit $t_0 + t_1 + t_2 + \ldots + t_n$ den Weg

$$s_0 + s_1 + \ldots + s_n = s_0 + s_0 q + s_0 q^2 + \ldots + s_0 q^n = s_0 (q + q^2 + \ldots + q^n) = s_0 \sum_{k=1}^{k=n} q^k$$

zurückgelegt. $\sum_{k=1}^{k=n} q^k$ ist eine geometrische Reihe, und es gilt

$$\sum_{k=1}^{k=n} q^k = \frac{q - q^{n+1}}{1-q} = \frac{q}{1-q} - \frac{q^{n+1}}{1-q},$$

wie man durch Multiplikation leicht feststellen kann. Folglich wird

$$s_0 + s_1 + \ldots + s_n = \frac{s_0 \cdot q}{1-q} - \frac{s_0 q^{n+1}}{1-q}.$$

Weil bei der angegebenen Betrachtungsweise Achilles unendlich viele Teilentfernungen zurückzulegen hätte, muß n gegen unendlich streben. Dabei geht q^{n+1} gegen null, weil $q < 1$ ist, und man erhält:

$$s_0 + s_1 + \ldots = s_0 \cdot \sum_{k=1}^{\infty} q^k = \frac{s_0 \cdot q}{1-q}$$

$$= \frac{s_0 \cdot \frac{v_K}{v_A}}{1 - \frac{v_K}{v_A}} = \frac{s_0 \cdot v_K}{v_A - v_K}.$$

Das ist der Weg, den Achilles zurücklegen muß, um die Schildkröte einzuholen. Um den Trugschluß zu beseitigen, muß man demnach den Grenzwert einer konvergenten geometrischen Reihe bilden.

L 196.

Man geht von der Anzahl n der erlaubten Schnitte aus und fragt: Welche maximale Gliederzahl z darf dann eine Kette besitzen, wenn aus den durch das Aufschneiden von n verschiedenen Gliedern entstandenen Einzelstücken nacheinander z Ketten mit 1, 2, 3, . . ., z Gliedern aufgebaut werden sollen, und welche Glieder muß man dabei aufschneiden?

Soll nur ein Glied aufgeschnitten werden, so muß es das dritte sein, denn es bildet eine eingliedrige Kette. Die vorangehenden beiden Glieder bilden eine zweigliedrige Kette, die wiederum zusammen mit dem aufgeschnittenen Glied eine dreigliedrige Kette bilden. Nach dem aufgeschnittenen dritten Glied dürfen dann noch höchstens vier zusammenhängende Kettenglieder folgen, die eine viergliedrige, zusammen mit dem aufgeschnittenen eine fünfgliedrige, zusammen mit den beiden ersten eine sechsgliedrige und zusammen mit den beiden ersten und dem aufgeschnittenen eine siebengliedrige Kette bilden. Damit ergibt sich für $n = 1$ die maximale Gliederzahl $z = 7$.

Sollen zwei Glieder aufgeschnitten werden, so können diese zusammen eine zweigliedrige Kette bilden. Jetzt erfolgt der erste Schnitt am vierten Kettenglied, denn die drei vorangehenden Glieder bilden eine dreigliedrige Kette, und diese bildet zusammen mit dem aufgeschnittenen vierten Glied eine viergliedrige Kette, die wiederum mit dem zweiten aufgeschnittenen Glied eine fünfgliedrige Kette bildet. Weil bereits Ketten bis zu fünf Gliedern gebildet werden können, muß sich an das aufgeschnittene vierte Glied ein sechsgliedriges Kettenstück anschließen, und nach diesem muß dann das zweite aufgeschnittene Glied – es ist das elfte – folgen. Jetzt können bereits alle Ketten bis zu 11 Gliedern aufgebaut werden, so daß schließlich noch ein zwölfgliedriges Kettenstück angefügt werden darf. Demnach ergibt sich für $n = 2$ die maximale Gliederzahl $z = 23$. (Das ist bereits die Lösung des vorliegenden Problems.)

Diese Überlegungen lassen sich fortsetzen und die Resultate in der untenstehenden Tabelle zusammenfassen.

Wie man erkennt, tritt eine geometrische Reihe mit dem Quotienten 2 auf. Als Höchstzahl z der Kettenglieder bei n Schnitten ergibt sich damit:

$$\begin{aligned} z &= n + (n+1) + 2(n+1) \\ &\quad + 2^2(n+1) + \ldots + 2^n(n+1) \\ &= n + (n+1)(1 + 2 + 2^2 + 2^3 + \ldots \\ &\quad + 2^n) \\ &= n + (n+1)(2^{n+1} - 1) \\ &= (n+1) \cdot 2^{n+1} - 1, \end{aligned}$$

wobei die Summenformel für die geometrische Reihe benutzt wurde. Bei einer Kette mit 23 Gliedern sind also mindestens zwei Schnitte erforderlich, und zwar müssen das vierte und elfte Kettenglied aufgeschnitten werden. Zwei Schnitte sind auch für alle Gliederzahlen z mit $8 \leqq z \leqq 23$ notwendig. Ist die Gliederzahl größer als 23, so kommt man mit zwei Schnitten nicht mehr aus.

Die Frage, welche n Kettenglieder im allgemeinen Fall aufgeschnitten werden müssen, kann leicht beantwortet werden, wenn man beachtet, daß die Kette aus $n + 1$ Teilen mit den Gliederzahlen $2^0(n+1)$, $2^1(n+1)$, $2^2(n+1)$, ..., $2^n(n+1)$ und aus n aufzuschneidenden Einzelgliedern besteht. Diese Einzelglieder verbinden je zwei aufeinanderfolgende Kettenteile miteinander, so daß die z-gliedrige Kette folgenden Aufbau besitzt:

$$\begin{aligned} z &= 2^0(n+1) + 1 + 2^1(n+1) \\ &\quad + 1 + 2^2(n+1) + 1 + \ldots + 1 \\ &\quad + 2^n(n+1) \end{aligned}$$

Das erste aufzuschneidende Kettenglied hat dann die Nummer $2^0(n+1) + (0+1)$, das zweite die Nummer $2^0(n+1) + 2^1(n+1)$

Anzahl der Schnitte n	Anzahl n der aufgeschnittenen Glieder + Gliederzahlen der Teillängen	Gesamtzahl der Glieder z
1	$1 + 2 + 4$ $= 1 + (1+1) + 2 \cdot (1+1)$	7
2	$2 + 3 + 6 + 12$ $= 2 + (2+1) + 2 \cdot (2+1) + 2^2 \cdot (2+1)$	23
3	$3 + 4 + 8 + 16 + 32$ $= 3 + (3+1) + 2 \cdot (3+1) + 2^2 \cdot (3+1) + 2^3 \cdot (3+1)$	63
4	$4 + 5 + 10 + 20 + 40 + 80$ $= 4 + (4+1) + 2 \cdot (4+1) + 2^2 \cdot (4+1) + 2^3 \cdot (4+1) + 2^4 \cdot (4+1)$	159

$+ (1 + 1)$, das dritte die Nummer $2^0(n + 1) + 2^1(n + 1) + 2^2(n + 1) + (2 + 1)$ usw. Das n-te (letzte) hat die Nummer $2^0(n + 1) + 2^1(n + 1) + \ldots + 2^{n-1}(n + 1) + ([n - 1] + 1)$. Zusammengefaßt sind bei einer Kette mit $z = (n + 1)\, 2^{n+1} - 1$ Gliedern alle Glieder mit den Nummern

$$(n + 1) \cdot \sum_{i=0}^{i=k} 2^i + (k + 1)$$
$$= 2^{k+1}(n + 1) + k - n$$
$$\text{für } k = 0, 1, 2, \ldots, (n - 1)$$

aufzuschneiden. Durch Einsetzen der bekannten Werte aus der oben angegebenen Tabelle kann man leicht die Richtigkeit der Formeln nachprüfen.

L 197.

Wird die Mindestzahl der Nüsse mit a bezeichnet, so kann man folgendes System diophantischer Gleichungen aufstellen:

$$\begin{aligned} a &= 5x_1 + 1 \\ 4x_1 &= 5x_2 + 1 \\ 4x_2 &= 5x_3 + 1 \\ 4x_3 &= 5x_4 + 1 \\ 4x_4 &= 5x_5 + 1 \\ 4x_5 &= 5x_6 + 1 \end{aligned}$$

Jede dieser Gleichungen charakterisiert eine der sechs vorgenommenen Teilungen. Die Variablen x_1, x_2, x_3, x_4, x_5 bedeuten nacheinander die Anteile der fünf Matrosen bei der jeweiligen Teilung, und x_6 ist die Anzahl der Nüsse für jeden Matrosen bei der letzten Teilung. Durch fortgesetzte Substitution von unten nach oben ergibt sich aus diesem System die diophantische Gleichung

$$1024\,a = 15625\,x_6 + 11529.$$

Das Lösen dieser Gleichung erfordert, geht man systematisch vor, einen zu großen Aufwand. Wird das Problem jedoch allgemein behandelt, so kann man die Lösung durch Überlegung relativ schnell finden. Bezeichnet man die Mindestzahl der erforderlichen Nüsse mit a, die Anzahl der Matrosen mit n und die Anzahl der Nüsse, die nach jeder Teilung für den Affen übrigbleiben, mit r, so ist das folgende System diophantischer Gleichungen zu lösen:

$$\begin{aligned} a &= n \cdot x_1 + r \\ (n - 1)x_1 &= n \cdot x_2 + r \\ (n - 1)x_2 &= n \cdot x_3 + r \\ &\;\;\vdots \\ (n - 1)x_{n-1} &= n \cdot x_n + r \\ (n - 1)x_n &= n \cdot x_{n+1} + r \end{aligned}$$

Die Variablen $x_1, \ldots, x_n$ haben die gleiche Bedeutung wie $x_1, \ldots, x_5$ im oben angeführten speziellen Fall. x_{n+1} ist die Anzahl der Nüsse für jeden Matrosen bei der letzten Teilung. Natürlich muß $r < x_{n+1}$ sein. Werden die Variablen von unten nach oben schrittweise eliminiert, so ergibt sich

$$a = \frac{n^{n+1}}{(n-1)^n} \cdot x_{n+1} + r \cdot \left[\left(\frac{n}{n-1}\right)^n + \left(\frac{n}{n-1}\right)^{n-1} + \left(\frac{n}{n-1}\right)^{n-2} + \ldots + \left(\frac{n}{n-1}\right)^1 + 1 \right].$$

Die Klammer enthält eine geometrische Reihe mit dem Quotienten $\left(\frac{n}{n-1}\right)$. Wird auf diese Reihe die Summenformel angewendet, so kann der entstehende Ausdruck in die Form gebracht werden:

$$a = \frac{x_{n+1} + r}{(n-1)^n} \cdot n^{n+1} - (n-1)\, r\,.$$

Alle hier auftretenden Größen (n, x_{n+1}, r) müssen natürliche Zahlen sein, also auch der Faktor

$$\frac{x_{n+1} + r}{(n-1)^n}\,.$$

Der kleinste Wert für diesen Faktor ist null. In diesem Fall ergibt sich aber für a eine negative ganze Zahl. Ist jedoch

$$\frac{x_{n+1} + r}{(n-1)^n} = 1\,,$$

so ist a eine natürliche Zahl, und diese muß folglich die kleinste sein, die die gegebenen Bedingungen erfüllt. Für den vorliegenden speziellen Fall ist $n = 5$ und $r = 1$. Berücksichtigt man noch $\frac{x_{n+1} + r}{(n-1)^n} = 1$, so folgt schließlich $a = n^{n+1} - (n-1)r = 5^6 - (5-1) \cdot 1$, also $a = 15621$. Darüber hinaus hat man $x_{n+1} = (n-1)^n - r = 4^5 - 1 = 1023$. Jeder Matrose erhält bei der letzten Teilung 1023 Nüsse.

L 198.

Allgemein werde die Kraftstoffmenge, die das Fahrzeug mit sich führen kann, als eine Ladung V bezeichnet. Der Weg, der mit einer Kraftstoffladung zurückgelegt werden kann (in der Aufgabe 500 km), werde eine Einheit e genannt, und die zu überwindende Gesamtentfernung vom Start S bis zum Ziel Z (in der Aufgabe 800 km) sei a. Weil das Fahrzeug die letzte Wegeinheit e von a mit einer Kraftstoffladung V zurücklegen kann, betrachtet man am besten den schrittweisen Aufbau der Depots vom Ziel Z (Ende der Eisbarriere) aus. Eine Einheit e vor dem Ziel muß demzufolge das letzte Depot D_1 (Numerierung in umgekehrter Reihenfolge) angelegt werden. Nach D_1 muß so viel Kraftstoff gebracht werden, daß das von dem vorhergehenden Depot D_2 kommende Fahrzeug die auf dem Wege von D_2 nach D_1 verbrauchte Kraftstoffmenge gerade wieder zur vollen Ladung V auftanken kann, um anschließend nach Z zu fahren. Der Abstand $\overline{D_1D_2}$ zwischen D_1 und D_2 muß kleiner als $\frac{e}{2}$ sein, denn sonst könnte in D_1 kein Kraftstoff deponiert werden, weil bei $\overline{D_1D_2} = \frac{e}{2}$ das Fahrzeug auf dem Wege von D_2 nach D_1 und von D_1 nach D_2 zurück bereits eine volle Kraftstoffladung V verbraucht. Am günstigsten ist, $\overline{D_1D_2} = \frac{e}{3}$, $\overline{D_2D_3} = \frac{e}{5}$, $\overline{D_3D_4} = \frac{e}{7}$ usw. zu wählen. (Natürlich sind auch alle anderen Entfernungen $\overline{D_kD_{k+1}}$ zwischen zwei aufeinanderfolgenden Depots möglich, sofern nur stets $\overline{D_kD_{k+1}} < \frac{e}{2}$ ist. Jedoch er-

hält man dabei stets einen insgesamt höheren Kraftstoffverbrauch als bei der angegebenen Wahl der Entfernungen zwischen den Depots, und außerdem erhöht sich die Anzahl der Fahrten. (Diese Tatsache soll hier nicht bewiesen werden, man kann sie aber rechnerisch nachprüfen, wenn beispielsweise durchweg $\overline{D_kD_{k+1}} = \frac{3}{7} \cdot e < \frac{e}{2}$ oder $\overline{D_kD_{k+1}} = \frac{1}{10} \cdot e$ gewählt wird.) Der Kraftstoffverbrauch auf dem Wege von D_2 nach D_1 beträgt dann $\frac{V}{3}$, und diese Kraftstoffmenge ist in D_1 zu deponieren. Startet das Fahrzeug von D_2 mit einer Ladung V nach D_1, so verbraucht es auf dem Hinweg $\frac{V}{3}$, deponiert in D_1 die Kraftstoffmenge $\frac{V}{3}$, kehrt unter Verbrauch des Restes $\frac{V}{3}$ nach D_2 zurück, nimmt in D_2 wieder die Ladung V auf, fährt nach D_1, tankt hier die Kraftstoffmenge $\frac{V}{3}$ nach und kann mit der vollen Ladung V nach Z weiterfahren. Daraus folgt, daß im Depot D_2 zwei Ladungen Kraftstoff zur Verfügung stehen müssen, einschließlich der Menge, die das Fahrzeug auf seiner letzten Fahrt vom vorhergehenden Depot D_3 nach D_2 beim Eintreffen in D_2 noch im Tank hat. Werden D_3 in der Entfernung $\frac{e}{5}$ von D_2, D_4 in der Entfernung $\frac{e}{7}$ von D_3 usw. errichtet, so kommt man durch analoge Betrachtungen zu dem Schema auf der folgende Seite.

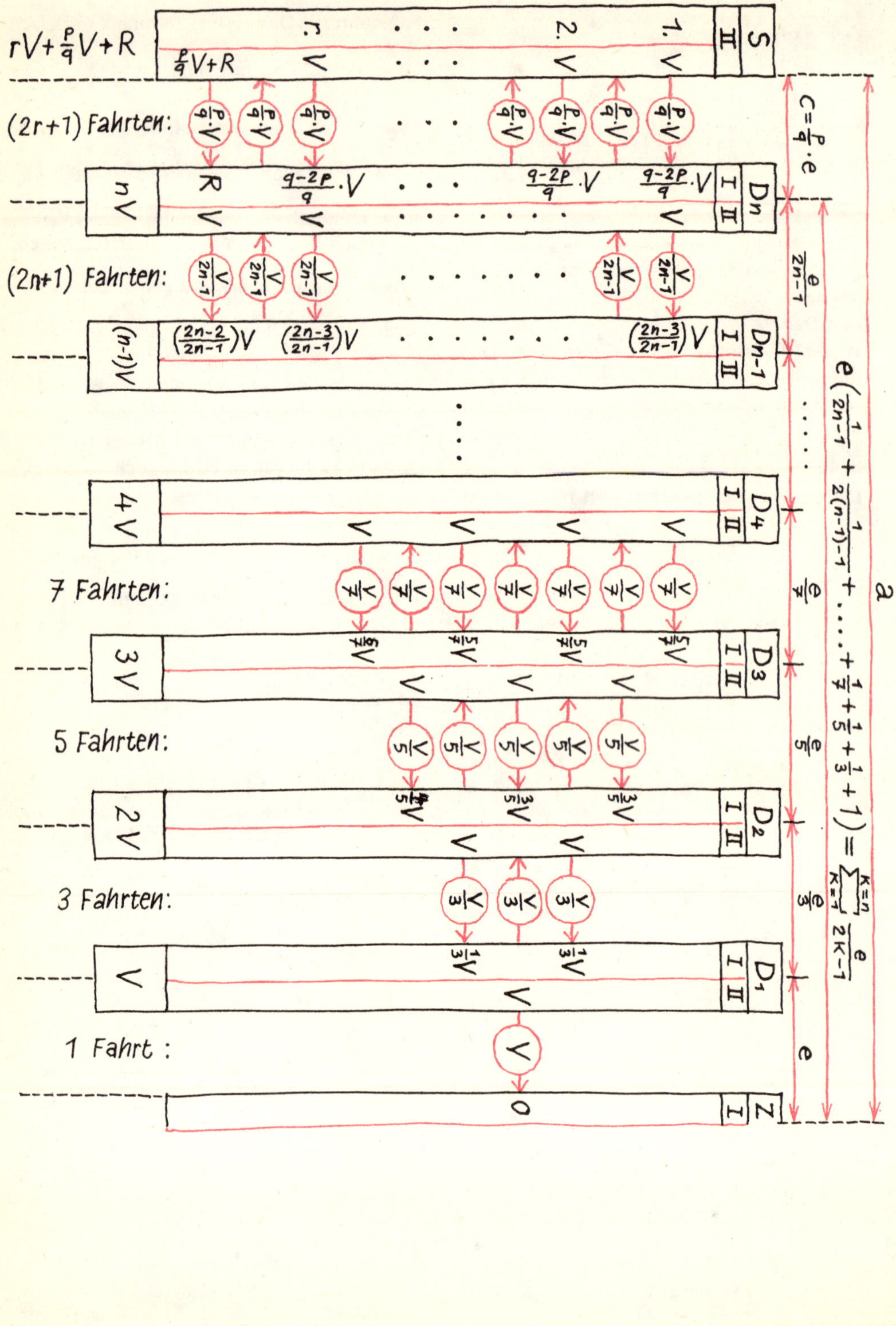
(2r+1) Fahrten:
(2n+1) Fahrten:
7 Fahrten:
5 Fahrten:
3 Fahrten:
1 Fahrt :

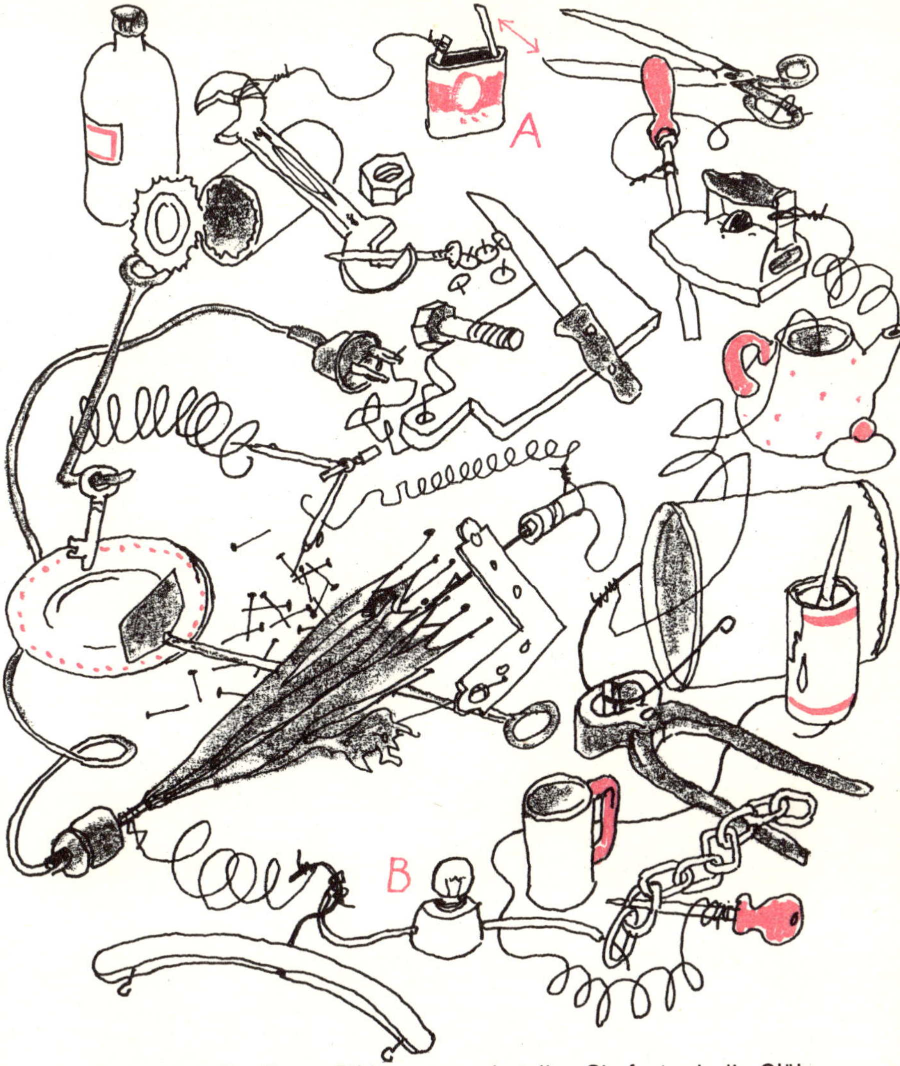

Betrachten Sie dieses Bild genau und stellen Sie fest, ob die Glühlampe B aufleuchtet, wenn man die Schere mit der Batterie A in Kontakt bringt! Wie verhält es sich damit?
(Die Batterie soll selbstverständlich noch unverbraucht sein.)

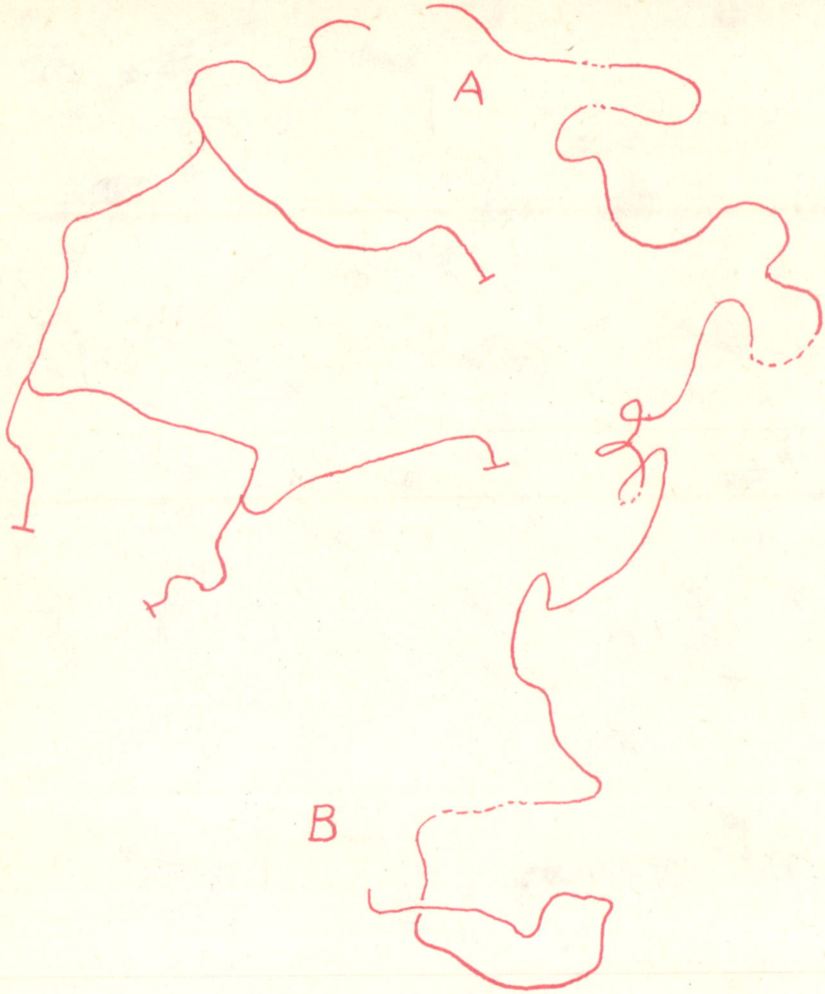

Um die Aufgabe zu lösen, müssen Sie nicht unbedingt die gleiche Anordnung, wie sie das Bild zeigt, herstellen. Es genügt nachzuprüfen, ob die dargestellten Gegenstände stromleitende Eigenschaften haben und den Stromkreis zu schließen vermögen.
An den nicht durchgehenden Linien (siehe Skizze) erkennt man, daß die Glühlampe nicht leuchten kann.

Die notwendigen Fahrten sind durch Pfeile symbolisiert. Die Angaben in der Mitte jedes Pfeiles drücken aus, welche Kraftstoffmenge auf der Fahrt verbraucht wird. Die Angaben an den Anfängen der Pfeile bedeuten, welche Kraftstoffmenge vor Fahrtbeginn aufgenommen wird, und die Angaben an den Pfeilspitzen nennen die nach der betreffenden Fahrt in dem betreffenden Depot eingelagerte bzw. bei der jeweils letzten Fahrt noch im Tank vorhandene Kraftstoffmenge. Deshalb sind für die einzelnen Depots zwei Spalten I und II angelegt worden. Die Summe aller Werte in I muß jedes Mal den gleichen Wert wie die Summe aller Werte in der entsprechenden Spalte II haben, und dieser Wert gibt die Kraftstoffmenge an, die zur Überwindung der folgenden Etappe nötig ist. Man erkennt, daß für die Gesamtentfernung

(1) $$a = c + e \cdot \sum_{k=1}^{k=n} \frac{1}{2k-1}$$

gilt. Dabei ist die Reihe so weit zu summieren, daß

$$e \cdot \sum_{k=1}^{k=n} \frac{1}{2k-1} \leqq a < e \cdot \sum_{k=1}^{k=n+1} \frac{1}{2k-1},$$

d. h. $$\sum_{k=1}^{k=n} \frac{1}{2k-1} \leqq \frac{a}{e} < \sum_{k=1}^{k=n+1} \frac{1}{2k-1}$$

ist und demzufolge $0 \leqq c < \frac{e}{2(n+1)-1}$ wird.

Für $c = 0$ wird das Depot D_n der Startort S. n Ladungen Kraftstoff werden dann zur Überwindung der Entfernung a mindestens benötigt. $(n-1)$ Depots, die $\frac{e}{2n-1}, \frac{e}{2n-1} + \frac{e}{2(n-1)-1}, \ldots, \frac{e}{2n-1} + \cdots + \frac{e}{5} + \frac{e}{3}$ von S entfernt liegen, müssen errichtet werden, und $\sum_{k=1}^{k=n} (2k-1)$ Fahrten sind insgesamt erforderlich.

Für $0 < c < \frac{e}{2(n+1)-1}$ kann man

(2) $$c = \frac{p}{q} \cdot e$$

setzen und als Teil von e mit $0 < \frac{p}{q} < \frac{1}{2(n+1)-1}$ deuten. Um die Entfernung c einmal zurückzulegen, wird die Kraftstoffmenge $\frac{p}{q} \cdot V$ benötigt. In D_n kann dann jedesmal die Kraftstoffmenge $V - 2 \cdot \frac{p}{q} \cdot V = \frac{q-2p}{q} \cdot V$ deponiert werden. Von D_n aus kann das Ziel Z mit der Kraftstoffmenge $n \cdot V$ erreicht werden, weshalb insgesamt von S nach D_n eine Kraftstoffmenge von n Ladungen zu transportieren ist, und das geschieht durch r-maligen Transport von $\frac{q-2p}{q} \cdot V$ und eines Restes $R < \frac{q-2p}{q} \cdot V$ bei der letzten Fahrt von S nach D_n, so daß

(3) $$n \cdot V = r \cdot \frac{q-2p}{q} \cdot V + R$$

gilt. (r ist die bei der Division von $n \cdot V$ durch $\frac{q-2p}{q} \cdot V$ auftretende natürliche Zahl. Sie sei mit $r = N\left(\frac{n \cdot V}{\frac{V}{q} \cdot (q-2p)}\right) = N\left(\frac{n \cdot q}{q-2p}\right)$ bezeichnet.)

Der Rest R muß sich beim Eintreffen des Fahrzeugs in D_n gerade noch im Tank befinden. Also muß das Fahrzeug in S letztmalig mit der Kraftstoffmenge $\frac{p}{q}V + R$ starten. Unter diesen Umständen sind, wie aus dem angegebenen Schema ersichtlich ist, von S nach D_n insgesamt $(2r+1)$ Fahrten erforderlich, so daß sich zur Überwindung der Entfernung von S nach Z

(4) $$(2r+1) + \sum_{k=1}^{k=n} (2k-1)$$

Fahrten ergeben. Die insgesamt notwendige Kraftstoffmenge ergibt sich [unter Benutzung von Gleichung (2)] zu

(5) $$r \cdot V + \frac{p}{q} \cdot V + R = \left[n + \frac{p}{q}(1+2r)\right] V.$$

Die Anzahl der zu errichtenden Depots entspricht der Anzahl der bei der Reihe $\sum_{k=1}^{k=n} \frac{1}{2k+1}$ summierten Glieder. Diese Depots $D_n, D_{n-1}, \ldots, D_1$ sind, von S aus gerechnet, in den Entfernungen c, $c + \frac{e}{2n-1}$, $c + \frac{e}{2n-1} + \frac{e}{2(n-1)-1}, \ldots,$ $c + \frac{e}{2n-1} + \ldots + \frac{e}{5} + \frac{e}{3}$ zu errichten.

Mit Hilfe dieser allgemeinen Resultate kann man nun alle speziellen Fragen der Aufgabe sofort beantworten. Aus den Gleichungen (1) und (2) folgt $\frac{p}{q} = \frac{c}{e} = \frac{a}{e} - \sum_{k=1}^{k=n} \frac{1}{2k-1}$, womit p, q und n bestimmt sind. Für $a = 800$ km, $e = 500$ km ergibt sich $\frac{p}{q} = \frac{8}{5} - \left(1 + \frac{1}{3} + \frac{1}{5}\right) = \frac{1}{15}$. (Die Reihe darf nur bis zum dritten Glied summiert werden, weil sich bei Summation bis zum vierten Glied ein negativer Wert für $\frac{p}{q}$ ergeben würde.) Man hat jetzt $p = 1$, $q = 15$, $n = 3$. Mittels p und q wird r bestimmt: $r = N\left(\frac{3 \cdot 15}{15 - 2 \cdot 1}\right) = N\left(\frac{45}{13}\right) = 3 \cdot$ Gleichung (5) ergibt die mindestens benötigte Kraftstoffmenge $\left[3 + \frac{1}{15}(1 + 2 \cdot 3)\right] V$, das sind $3\frac{7}{15}$ Ladungen, und aus Gleichung (4) erhält man $(2 \cdot 3 + 1) + \sum_{k=1}^{k=n} (2k-1) = 16$ als Anzahl der durchzuführenden Fahrten. Die Depots D_3, D_2, D_1 sind, vom Startort aus gerechnet,

in Entfernungen von $c = \frac{1}{15} \cdot e = 33\frac{1}{3}$ km, $\frac{1}{15} \cdot e + \frac{1}{5} \cdot e = 133\frac{1}{3}$ km und $\frac{1}{15} \cdot e + \frac{1}{5} \cdot e + \frac{1}{3} \cdot e = 300$ km zu errichten.

Die Gesamtentfernung, die auf die angegebene Weise überwunden werden kann, ist nach Gleichung (1) $a = c + e \cdot \sum_{k=1}^{k=n} \frac{1}{2k-1}$. Die Summe $\sum_{k=1}^{k=n} \frac{1}{2k-1}$ hat keinen endlichen Grenzwert, kann demnach für eine entsprechende Anzahl Glieder jeden beliebig großen Wert erreichen. Die Vermutung, daß a begrenzt sei, ist also falsch. Wird $a = 1000$ km, $e = 500$ km angenommen, so ergibt sich

$$\frac{p}{q} = \frac{c}{e} = \frac{a}{e} - \sum_{k=1}^{k=n} \frac{1}{2k-1} = 2$$

$$-\left(1 + \frac{1}{3} + \frac{1}{5} + \frac{1}{7} + \frac{1}{9} + \frac{1}{11} + \frac{1}{13}\right)$$

$$= \frac{2021}{45045},$$

und es ist dann $p = 2021$, $q = 45045$, $n = 7$ (Anzahl der anzulegenden Depots). Weiter erhält man $r = N\left(\frac{7 \cdot 45045}{45045 - 2 \cdot 2021}\right) = 7$, und die mindestens benötigte Kraftstoffmenge ergibt sich zu $\left[7 + \frac{2021}{45045}(1 + 2 \cdot 7)\right] \cdot V$, das sind $7\frac{2021}{3003} \approx 7\frac{2}{3}$ Ladungen. Schließlich findet man aus Gleichung (4) als Anzahl der durchzuführenden Fahrten: $(2 \cdot 7 + 1) + \sum_{k=1}^{k=7}(2k-1) = 64$.

L 199.

Für die Lösung des Problems wählen wir die gleichen allgemeinen Bezeichnungen wie in Aufgabe 198. ($a =$ Gesamtentfernung von S bis Z, $e =$ Wegeinheit, $V =$ Kraftstoffladung, usw.) Weil das Fahrzeug mit einer Kraftstoffladung V vom letzten Depot D_1 bis zum Ziel Z und von Z wieder nach D_1 zurückgelangen muß, wird $\overline{D_1Z} = \frac{e}{2}$ gewählt. Vom vorangehenden Depot D_2 ist dann so viel Kraftstoff nach D_1 zu bringen, daß das Fahrzeug am Ende der letzten, von D_2 nach D_1 führenden Fahrt in D_1 den noch vorhandenen Kraftstoff zur vollen Ladung V auftanken kann – es muß ja mit einer Ladung V von D_1 nach Z starten – und daß darüber hinaus in D_1 noch eine Kraftstoffmenge zurückbleibt, die bei der Rückreise für die Fahrt von D_1 nach D_2 gebraucht wird. Die gleichen Betrachtungen gelten für alle vorangehenden Kraftstoffdepots. Die Entfernungen zwischen zwei aufeinanderfolgenden Depots müssen aus demselben Grund wie in Aufgabe 198 kleiner als $\frac{e}{2}$ sein. Um für das vorliegende Problem den geringsten Kraftstoffverbrauch zu erzielen, wählt man $\overline{D_1D_2} = \frac{e}{4}$, $\overline{D_2D_3} = \frac{e}{6}, \ldots$ (Selbstverständlich kann auch jede andere Einteilung gewählt werden, sofern nur immer $\overline{D_kD_{k+1}} < \frac{e}{2}$ ist. Dabei ergibt sich aber, wie leicht nachgerechnet werden kann, ein größerer Kraftstoffverbrauch.) Das Schema auf S. 220 lehnt sich an das der Aufgabe 198 an. Es ist im oberen Teil (Speicherung des Kraftstoffs in den

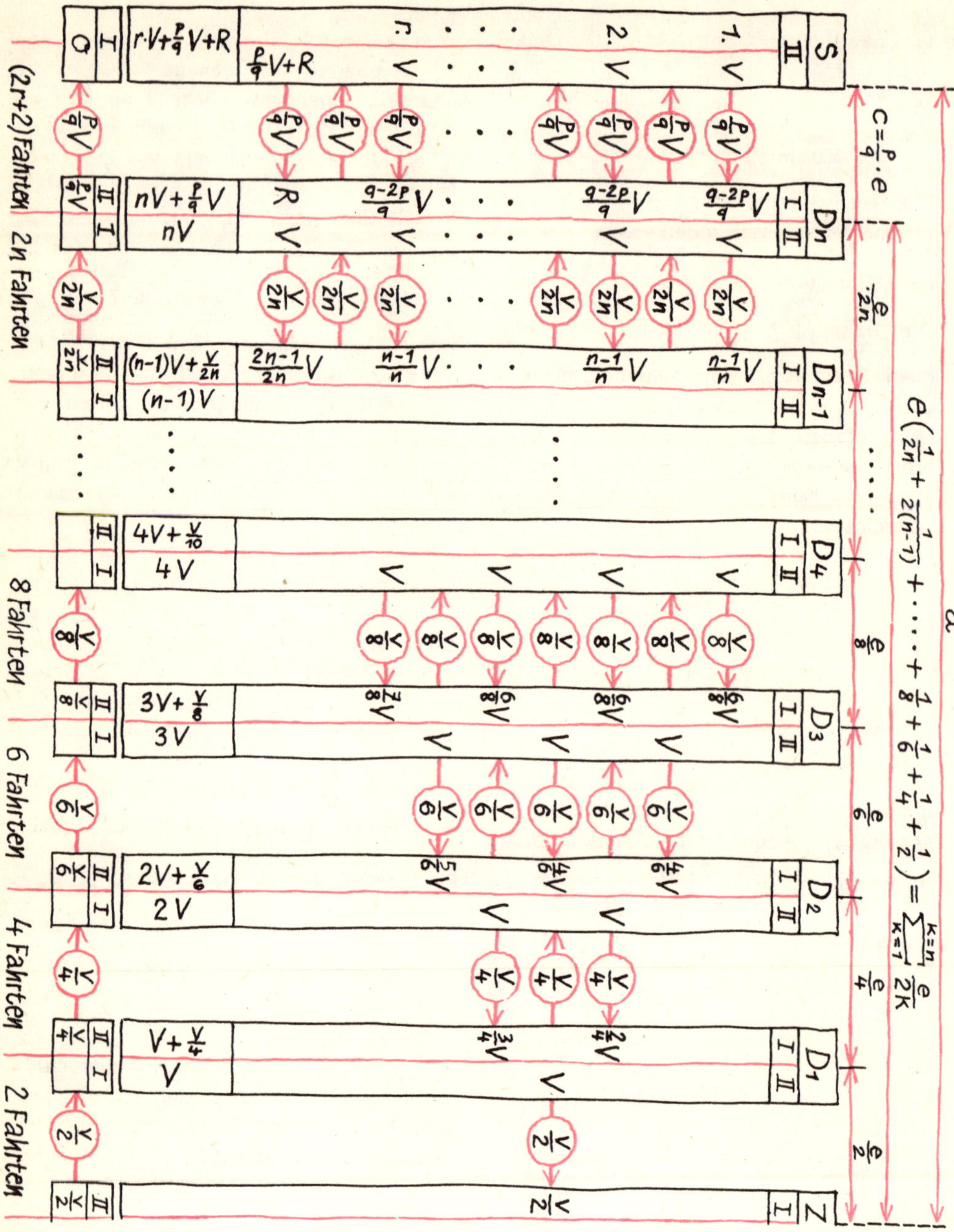

(2r+2) Fahrten
2n Fahrten
8 Fahrten
6 Fahrten
4 Fahrten
2 Fahrten
S
Z
a

Depots und Reise von S nach Z) genauso aufgebaut wie vorher. An den unteren Enden der Spalten I sind die Kraftstoffmengen aufgeschrieben, die in das jeweilige Depot zu transportieren sind. In den Spalten II stehen die Kraftstoffmengen, die für die Hinreise benötigt werden. Der untere Teil des Schemas veranschaulicht die Rückreise, weshalb hier jeweils die beiden Spalten I und II bei den Depots in umgekehrter Richtung angeordnet sind.

Wie vorher muß dann wieder die Reihe so weit summiert werden, daß

$$\sum_{k=1}^{k=n} \frac{1}{2k} \leq \frac{a}{e} < \sum_{k=1}^{k=n+1} \frac{1}{2k} \text{ gilt.}$$

Aus dem vorliegenden Schema erkennt man: Der gesamte Kraftstoffverbrauch K wird im allgemeinen Fall auch $r \cdot V + \frac{p}{q} \cdot V + R$, jedoch sind jetzt r und R durch die Gleichung

$$n \cdot V + \frac{p}{q} \cdot V = r \cdot \frac{q-2q}{q} \cdot V + R$$

mit $\quad 0 < R < \frac{q-2p}{q} \cdot V$

bestimmt, wobei $r = N\left(\frac{n \cdot V + \frac{p}{q} \cdot V}{\frac{q-2p}{q} \cdot V}\right) = N\left(\frac{nq+p}{q-2p}\right)$ ist (s. Verabredung), und damit erhält man

$$\text{(1)} \quad K = \frac{nq + 2p + 2pr}{q} \cdot V .$$

Für den Fall $c = 0$ folgt $p = 0$ und $R = 0$, woraus sich $n = r$ und damit $K = n \cdot V$ ergibt. Die Anzahl der insgesamt durchzuführenden Fahrten wird im allgemeinen Fall

$$2(r+1) + \sum_{k=1}^{k=n} 2k,$$

im Falle $c = 0$ nur $\sum_{k=1}^{k=n} 2k$ sein.

Die Depots $D_n, D_{n-1}, \ldots, D_1$ (im allgemeinen Fall ist wieder n die Anzahl der summierten Glieder der Reihe) sind in Abständen

$$c,\ c + \frac{e}{2n}, \ldots,\ c + \frac{e}{2n} + \frac{e}{2(n-1)} + \ldots$$

$$\ldots + \frac{e}{6} + \frac{e}{4}$$

vom Startort S zu errichten. Im Falle $c = 0$ wird $S = D_n$, und man hat ein Kraftstoffdepot weniger.

Anhand der entwickelten Formeln können jetzt die in der Aufgabe gestellten speziellen Fragen sofort beantwortet werden. Zunächst ist

$$\frac{p}{q} = \frac{a}{e} - \sum_{k=1}^{k=n} \frac{1}{2k}$$

$$= \frac{6}{5} - \left(\frac{1}{2} + \frac{1}{4} + \frac{1}{6} + \frac{1}{8} + \frac{1}{10}\right)$$

$$= \frac{7}{120} < \frac{1}{12},$$

also $p = 7$, $q = 120$, $n = 5$. Ferner hat man

$$r = N\left(\frac{nq+p}{q-2p}\right) = N\left(\frac{607}{106}\right) = 5 .$$

Gleichung (1) ergibt

$$K = \frac{600 + 14 + 70}{120} \cdot V = \frac{57}{10} \cdot V,$$

und das ist eine Kraftstoffmenge von insgesamt 5,7 Ladungen. Die Gesamtzahl der durchzuführenden Fahrten wird

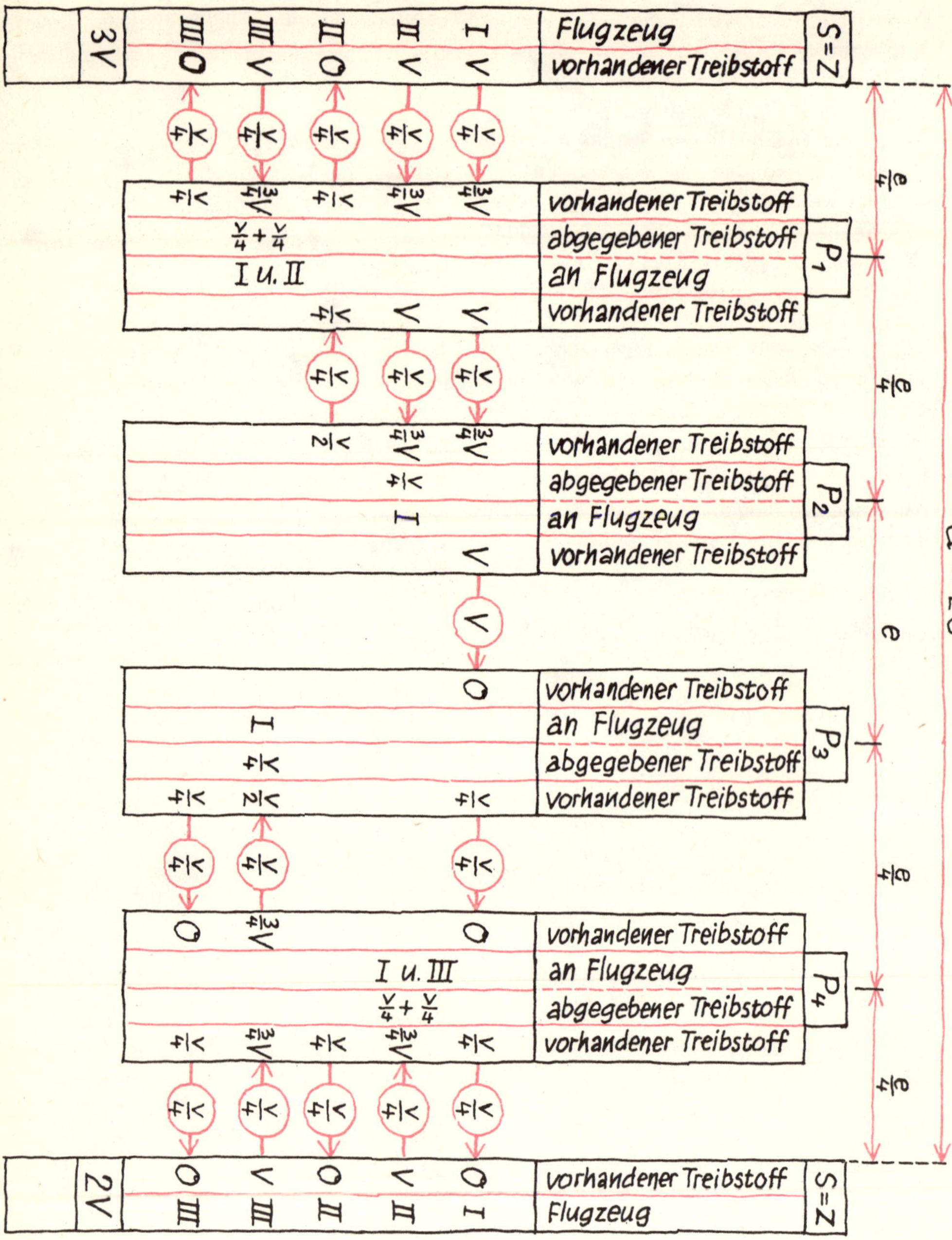
Flugzeug
vorhandener Treibstoff
S=Z
vorhandener Treibstoff
abgegebener Treibstoff
an Flugzeug
vorhandener Treibstoff
vorhandener Treibstoff
abgegebener Treibstoff
an Flugzeug
vorhandener Treibstoff
vorhandener Treibstoff
an Flugzeug
abgegebener Treibstoff
vorhandener Treibstoff
vorhandener Treibstoff
an Flugzeug
abgegebener Treibstoff
vorhandener Treibstoff
vorhandener Treibstoff
Flugzeug
S=Z

$$2(r+1)+\sum_{k=1}^{k=5} 2k = 12+2+4+6+8+10$$
$$= 42.$$

Die fünf Kraftstoffdepots müssen, vom Startort aus gerechnet, in den Entfernungen $29\frac{1}{6}$ km, $79\frac{1}{6}$ km, $141\frac{2}{3}$ km, 225 km und 350 km errichtet werden.

Weil auch die Reihe $\sum_{k=1}^{\infty} \frac{1}{2k}$ keinen endlichen Grenzwert besitzt, kann es für das Vordringen in das Innere des Kontinents keine Grenze geben.

L 200.

In Anlehnung an die beiden vorhergehenden Probleme (198 und 199) sollen P_1, P_2, P_3 usw. die Orte bedeuten, an denen der Kraftstoff von Flugzeug zu Flugzeug übergeben wird. S/Z sei Start und Ziel, d. h. die Insel im Ozean, von der die Maschinen starten bzw. auf der sie landen, denn der Abflug kann in zwei zueinander entgegengesetzten Richtungen erfolgen. (Dasselbe gilt für die Landung.) Im Schema auf Seite 222 sind unter den P_k jeweils vier Spalten angegeben. An jedem Pfeilanfang ist die Kraftstoffmenge verzeichnet, die die betreffende Maschine beim Abflug vom betreffenden Ort mit sich führt. Der Pfeil zeigt die Flugrichtung an, und in der Mitte des Pfeils ist der während des Fluges verbrauchte Kraftstoff angegeben. An der Pfeilspitze steht die beim Eintreffen der Maschine am jeweiligen Ort noch vorhandene Kraftstoffmenge angeschrieben. Die beiden mittleren Spalten bei den P_k enthalten die vom betreffenden Flugzeug abgegebenen Kraftstoffmengen und die Maschinen, an die der Kraftstoff abgegeben wird.

Man erkennt aus dem Schema sofort: Maschine I ist in der Lage, den Erdball im Non-Stop-Flug zu umrunden. Insgesamt sind drei Flugzeuge (einschließlich Maschine I) für dieses Vorhaben erforderlich, und es werden genau fünf Treibstoffladungen benötigt. Bei diesem Einsatz der Flugzeuge legt jede der Maschinen II und III die Entfernung des halben Erdumfangs zurück. Sie befinden sich deshalb nicht beide ständig in der Luft und können beim Nachtanken auf der Insel eine Pause einlegen.